児童相談所のプロフェッショナルたち

阿部みちる

東京図書出版

はじめに　～この本を手に取ってくださった方へ～

この本は、六人の児童相談所職員に、その人が生きてきた道のり、家族や友人など大切な人のこと、仕事で大事にしていること、未来や希望について、インタビュー形式で語っていただいたものです。

彼らは、私が二つの児童相談所で働いた２０１７年から２０２１年に同じ職場にいて、たくさんのことを教えてくれた人たちで、現在も五ヵ所の児童相談所で働いています。

テレビや新聞などのマスコミや、インターネットでよく見聞きする児童相談所ですが、実際にそこで働いている職員と話をしたことがある人は、とても少ないと思います。実際、謝罪会見などは別として、現役職員が表舞台で何か発言したり、注目を集めるなんてことは滅多にないからです。何十年もまったく違う業界で働いてきた私も、最初は「どんな人たちが働いているんだろう」と興味津々でした。

誰もが支援を必要とする存在として生まれてきます。守り育ててくれる他者がいなければ、一日も生きていけないのが人間だからです。支援される側だった人間が、どのような道のりを経て支援者になっていったのか、そして今、支援者としてどんなことに苦しみ　どんなことを大切にして毎日を送っているのか――涙がいっぱい詰まった一人ひとりの人生が、それを物語ってくれています。

児童相談所に関心がある人も、そうでない人も是非、六人の物語を味わってみてください。途中、専門用語が出てくることもありますが、興味のない人は読み飛ばしていただいて結構です。逆に児童相談所や相談援助職として働いている人なら、その部分はとても気になるところかもしれません。子育て中の人であれば、ちょっとお休みしてこれからのことを考えるいい機会になるかもしれないですし、子どもに興味のない人も、ご自身の人生と共鳴するところが必ずあると思うので、面白がって読んでほしいと思います。もし、あなたが十八歳以下の子どもなら、この本はあなたのこれからの人生にきっと役立ってくれることでしょう。

巻末に、私の個人的な思いも少し書かせていただいたので、そこでまたお会いできたら本当に嬉しいです。

ではでは、ご一緒に児童相談所の世界へ、しばしトリップいたしましょう！

※インタビューは2022年2月から同年10月まで実施しました。プライバシー保護のため、人物名や家族構成などの一部を変えています。

児童相談所のプロフェッショナルたち◇目次

金木　満

五十代男性

児童心理司

プロローグ

児童相談所で毎週定期的に開かれる援助方針会議。

十一月とはいえ、会議室に注ぐ陽ざしはほっこりと温かい。しかし、会議室は一種異様な緊張感に満たされていた。

会議室前方には係属《けいぞく》リストが映し出された大型スクリーンがあり、左右に向かい合って所課長が並ぶ。その後ろにスクリーンを見つめる職員たちが何列にもなって座っている。隣の人との距離は、わずか数センチ。七十人くらいの人が大会議室にびっちりと詰め込まれた状態だった。

進行者が指名した人が短時間で状況を説明し、全体で議論して次々と新たな方針を出していく。初めてその会議に出席した私は、そのスピード感と膨大な情報量に圧倒されるばかりだった。

それでも、たった一つ覚えていることがある。保護された小学生について議論された時、下のきょうだいにも直接話を聞いた方がいいという流れになった。その瞬間、「大丈夫なのか？」と不安を感じた。生き物としての直感――。

その時、前方に座っていた男が手を挙げた。男は「児童相談所に話を聞かれた後、その子は家でどうなりますか？」と発言し、話は振り出しに戻った。よくわからないがホッとした。その男が金木心理司だと知ったのは、もう少し後になってからのことである。

「陽が当たらない人に光を当てたい」

インタビューで金木が語った仕事の流儀、そのままのシークエンスである。以来、彼は児童相談所での私の師匠になった。

【プロフィール】

大学院を卒業後、広域自治体に福祉職として入職。知的障がい者支援施設、重度身体障がい者施設、発達障がい者支援センターに勤務する。児相歴はトータル十八年のベテラン心理司。インタビュー時の２０２２年３月、長年勤めた自治体を退職し、新設される児童相談所の立ち上げメンバーに加わった。

安定した公務員生活のイメージとは裏腹に、私生活では二度の夜逃げ、転校、結婚、個人再生手続き、離婚、子どもとの別れ、新しい家族との出会いなど、破壊と再生を繰り返す激動の半世紀を生きてきた。支援する側であると同時に、支援される立場でもあった経験から、独自の支援観を持つ。

現在は、市町村の子ども家庭相談員として働く妻と小学生の双子との四人暮らし。

ガンコおやじとひ弱な息子

みちる まず、金木さんが生まれ育ったご家庭のことから聞かせていただきたいと思います。

金木 両親は見合い結婚です。父は昭和一ケタ生まれ。東北の農家に生まれて、代用教員をしながら高校を卒業した後、東京の大学で経済を専攻して自衛隊に入隊しました。自衛隊と言ってもマッチョな自衛隊じゃなくてコンピューター技師を養成するコース。当時は、ちょうどコンピューターが入ってきた頃で、民間で技術者を養成するのが難しかったから自衛隊がやったんですね。大砲の弾がどうやって飛んでいくかみたいなのは全部コンピューターで計算するので、自衛隊でも必要な技術でした。父は、その第一号だそうです。自衛隊でコンピューターの扱い方を学んでから関西の証券会社にコンピューター技師として入り、そのタイミングで母と結婚しました。姉が生まれ、都市近郊の大規模ベッドタウンのプロトタイプだった団地に引っ越し、そこで私が生まれました。父と母、四歳上の姉、私の四人家族です。その後、父の会社には工学部を卒業した若くて専門知識がある人たちがガンガン入ってきて、コンピューター室を外注に出すという話になり、父は追われるように営業部に異動になりました。

一方、母は富士山の裾野にある町で生まれました。大地主の娘として「蝶《ちょう》よ花よ」のお嬢さんで育ったんですが、農地改革で土地を全部取られちゃった。働くことを知らない家だったので財産を切り売りして、結局その土地にはいられなくなって他所の土地に移住しました。そんな差し迫った状況だったのに、母は華道と書道を修める短大に行かせられるんです。本人は薬剤師になりたかったらしいんですが、周囲から「とんでもない」と反対され、その短大なら行ってもいいということになった。お金も実力もないけど、プライドだけは高い一家でした。

みちる　子どもの頃の金木さんは、どんなお子さんだったのでしょう？

金木　えっとね。今思えば発達に偏《かたよ》りがありました。非常に体が弱くて、ものすごく華奢《きゃしゃ》で、ひょろひょろーっとガリガリで、色が白くて、ひ弱を絵に描いたみたいな子。病気をしない月がなかったし、こじらせて何回か死にそうになったこともあったそうです。母はそれを気に病んで、どこに行くにも連れて歩いてベタベタに甘やかしました。姉は元気で愛嬌《あいきょう》があって、いつもニコニコしてたから、みんなから声をかけられるんですけど、私は人から「可愛いね」と顔を覗き込まれると、あっちを向いちゃう。反対側に回って「可愛いね」と言うと反対を向く。そういう愛想のない嫌な子でした。父は頑丈な人で、病気とか全然しない人。だから、私のことは不甲斐なく思っていたと思います。昭和一ケタ生まれで怖かった。

みちる　ガンコおやじですね？

金木　ガンコおやじ。本当にガンコおやじ。怖いから、もっと母の方へ行っちゃうみたいな、そんな子でした。それでも幼稚園に入ると、だいぶん手がかからなくなったので、母は自宅で書道と華道の教室を開くんです。自分の世界が欲しかったんでしょうね。その頃は専業主婦が多かったから、父は母が働くのをよく思っていなかったみたいで、そこではトラブルが多かったです。

みちる　小学校に上がってからも、体は弱かったんですか？

金木　そうですね。毎月のように風邪をひいてました。今も体は弱いです。コロナが流行る前までは、ちょくちょく風邪をひいてたので。

みちる　そんなふうに見えないですね。あれだけお酒が飲めるのに（笑）。体は弱いけど、肝臓は強いですよね？

金木　父が大酒飲みだったんです。羊羹《ようかん》を食べながら飲めちゃう本当の呑兵衛。私には、それはできない。母は全然飲めない人です。

みちる　幼稚園で覚えている出来事ってありますか？

金木　とにかく手先が不器用でしたね。指人形を作ると糊をべったり付けちゃって、指に入れたらぐちゃぐちゃっとなって。落ち着きもなかったけど、足はめちゃくちゃ速かったです。走ったり、跳んだりが好きで、自転車も姉より早く補助輪なしで乗ってました。それ以外に得意なことはあまりなくて、幼稚園に上がるまでは、ほとんど言葉を発せず「うんうん」と頷《うなず》いているような子でした。でも、姉が国立の教育大学附属小学校に通っていたので、私もそこを受験して進学することになりました。

みちる　教育熱心なご両親だったんですね。小学校時代は、どんなお子さんでしたか？

金木　やっぱりボーッとして色が白い、もやしっ子。人に関心がなくて何も考えてないポヨンとした子というのは変わりません。ただ、やっぱり足だけはめちゃくちゃ速くて、運動会ではリレーの選手に必ず選ばれていましたね。それ以外は、あんまりパッとしない子どもでした。

みちる　先ほど、発達に偏りがあったとおっしゃっていましたが、具体的にはどういう感じだったんでしょう？

金木　やはり自閉傾向があるんだと思います。人よりモノが好きとかね。仲良しの友だちはいましたけど、どっちかというとモノが好きなんです。小学校の最初の頃は、プラモデルが大好き。機械ものは全般的に好きでした。あと、動きは激しかったですね。ぱっと動いちゃう。ふっといなくなっちゃうから親はすごく不安だったそうです。「しばらく目を離せなかった」と言っていました。

みちる　でも、そういう子が小学校では一人で通学するようになるんですね？

金木　学校まで、バスと電車で一時間ちょっとくらいかかりました。最初のうちは姉が一緒だったし、父も通勤経路を変更して最寄り駅まで一緒に行ってくれました。学校の友だちは、いろんな地域から通ってくるので、学校から帰って遊ぶことができないんです。休みの日に、たまに学校の友だちの家に遊びに行くと一日仕事でした。でも、住んでいた団地には子どもがいっぱいいた時代だったので、地元の友だちが別にいたんです。上の階にガキ大将が住んでて、よく取っ組み合いの兄弟喧嘩《けんか》をしてました。その子が声をかけると、子どもが「ぶわっ」と集まるんです。家で母が書道教室をやっていたので、そこでも近所の子どもたちが集まった。母はすごく怖い先生だったので、ガキ大将はよく怒られていましたね。私は先生の子どもだし、学校も違うので、彼らの中ではちょっと別枠扱いでした。

みちる　上に住んでた子どもたちは取っ組み合いの喧嘩をするような家庭だったけど、学校の友だちはどんな家庭の子どもだったんでしょう？

金木　全然雰囲気が違います。すごくハイソな家の子たちでした。歴史がある学校で、先輩には有名人もたくさんいて、その地域である程度お金があったり、意識の高い人は、みんなその小学校に子どもを入れたんです。私のようにド庶民で団地に住んでる子なんて、ほとんどいないわけですよ。お父さんが大企業の社長とかプロ野球選手とかで、すごい家に住んでるんです。本当にその格差はすごかったけど、小学校の時はあまり感じなかったですね。幼稚園から大学院まである学校なんですけど、進学時には内部試験があって上位の子だけが進学できるシステムでした。小学校で進学できなかった子は公立や私立の中学に行くんですけど、地元の公立中学に出戻るとドロップアウトしたことを他の子たちが知っているから、すごくやりにくい。一方、ドロップアウトした子たちと入れ替わって附属中学に新しく入ってくる子たちは、公立小学校で一番頭がいい子たちです。お金持ちで、勉強ができて、頭がよくて、美形って人たち。内部進学者はゴリゴリ受験勉強してないから、中学では新しい子たちに押されてどんどんドロップアウトしていきます。中学から高校に上がる時も同じ。中学に行くと、本当に貧富の差が激しくなりました。お金がある人じゃないと勉強できないみたいな。それは、ひしひしと感じました。

みちる　アメリカの大学でも、上位校の学生にはお金持ちの子どもが多いと聞きます。

金木　それは、すごく感じましたね。私は奇跡的に中学に進学できたんですけど、その頃に父が事業で失敗してえらいことになりました。

みちる　あれ？　お父さんは会社員でしたよね？

金木　そうなんですよ。証券会社で営業をやってたんですけど、いろいろ業務上不適切なことが明らかになるかもしれないというので、私が小学校五年生くらいの時に会社から独立させられたんです。

みちる　トカゲのしっぽ切りみたいな感じ？

金木　そうそう。父は独立開業したら会社のお客さんも連れていけると思ってたけど、誰もついてきてくれなくてお金が回らなくなってしまったんです。六年生のある朝、父が急に仕事に行かなくなった。「今日も休み？」みたいな感じになって、どうしたんだろうなと思いました。それで、父も多分お金のことでピリピリしてて、私もちょうど思春期になっていたので、何度か父と大喧嘩しました。それまでぼーっとしてた子だったのにね。殴り合いまではいかないけど、朝から怒鳴り合いです。それを母がとりなすみたいなことが始まりました。父が「態度が悪い」ってガチャガチャ言い、私が「もう一回言ってみろ！」って怒鳴り、母が「早く、もうあんた行きなさい」って言って……私は「いつもと同じなのに、なんでこんなに怒鳴られなきゃなんないんだ」ってプンプンしながら学校に行きました。

その時期は中学の進学判定試験が迫っていて、毎日のように塾に通う生活でした。平日は夜七時から八時半まで、日曜も朝九時から三時間の特訓授業がありました。そこは大学の先生がプライベートでやっている進学塾で、ものすごく厳しいんです。入塾試験に落ちるほど私のレベルに合っていない塾でしたけど、姉が通っていたので、そのよしみで入れてもらいました。その塾には同級生で、すごく落ち着いてて、頭が良くて、別格みたいにいいところに住んでる女の子や、裁判官の息子も来ていました。その横で、私は先生からずっと怒られるんです。「あのな、金木くんな、下手な考え休むに似たりって言ってな。わからんかったら先生んとこにすぐ来い。教えてやるから」って。だけど、私は一応こう考えて……というか休むに似たりで、ちょっと居眠りしたりして（笑）。今もね、夕方七時くらいに児童相談所の時計を見て「ああ、まだ帰れないな」って思うと、その塾に通っていた頃のことを思い出すんです。それくらい印象に残ってますね。

みちる　そんな調子だと中学に進学するのは難しかったんじゃないですか？

金木　そうです。「あなたは中学ドロップアウト組です。受験資格さえ与えられません」と言われていたのが、どういうわけか試験で百点満点を取った。それまで塾で言われたことはやらなかったんだけど、言われたことをやってみたら点数が取れたんですね。それで、進学判定試験だけは受けさせてやろうということになり、試験の結果が奇跡的に良かったので進学組に滑りこめました。

苦しみながら大人になった

みちる　中学生活はいかがでしたか？

金木　なんとか進学できたものの、成績はクラスで一番ビリ。やってることがわからない。まわりは全員俺よりも賢い。で、カネも持っているっていう……一年生の一学期からそういう状態でした。その頃には家もどんどん傾《かし》いできて、父が借金取りから逃げるために別の場所に単身赴任したり、母は教室を閉めてパートに出たりと環境も激変していきました。

みちる　「蝶よ花よ」で育ったお母さんがパートに出たんですね。どんな仕事をされたんですか？

金木　住んでた団地の中にスーパーがあって、そこの精肉売り場でパートを始めました。

みちる　立派なお母さんですね。尊敬します。

金木　本当にお金が全然ないし、しょっちゅう借金取りが来るんですよ。家に帰るとこう……あの人たちって貼り紙を貼って嫌がらせをするんです。玄関のドアに「金返せ」とか書いた貼り紙をベッタリ貼っていくんですよ。

みちる　よくドラマで見ますけどね。

金木　そうそう。あれをお約束通り、ちゃんとやるんですよ。で、一回タチの悪い借金取りが家に来て、因縁を吹っかけてきたんです。父は借金取りから身を隠しているから家にはいなくて、母が玄関先で対応しました。母が「主人はいません」「借金はお返しします」「ごめんなさい」「すみません」を繰り返しているのを見ていたら、いい加減、私も頭にきちゃって怒鳴ったんですよね。「おい、もう帰れよ！」って。

みちる　中学生がですか？

金木　そう。そしたら借金取りが「おう、親が親なら子も子やな！」って怒鳴り返してきた。それで怒鳴り合いの喧嘩になって、母が一一〇番して警察を呼びました。やってきた警察に借金取りが「玄関には入ってへんで」と主張して、警察も当時は民事不介入だったので「もう夜だから近所迷惑だし、不法侵入でもないなら穏便に」みたいなことを言って、その場は収められました。

みちる　波乱万丈ですね。子どもの時からいろんな経験をされてるんですね。

金木　ドラマみたいでしょ？（笑）そんな感じで、中一の終わりくらいから中二の頃は家も荒《すさ》んだし、私自身も荒んで悪いことばかりしました。煙草を吸ったり、学校をさぼったり……母はそんな状況でも私と姉を塾に行かせてましたけど。で、私は自転車も盗むんです。占有離脱物横領ですね。児童相談所でよく言う「占脱」ってやつです。人の自転車を盗んで乗り回したり、万引きを繰り返したりしました。そして中二の終わりには、とうとう自転車の窃盗で捕まってしまうんです。十四歳の誕生日の三日前だったので罪に問われることはなく、学校からもお咎《とが》めなしだったんですけど、母はもう泣いて泣いて……はい。

みちる　そういう荒れた時期でしたけど、お年頃だから好きな女の子はいたんじゃないですか？

金木　いました、いました。小学校から一緒に中学に上がった子。それほど勉強はできないけど、可愛くて性格も明るくて、あっさりしていて、いい子。だから小学校の時から人気がありました。ある時、その子がリストバンドをしてたんです。友だちに「あいつ、どないしたん？」って聞いたら、「なんか自分で切るらしいねん」って。リストカットです。きっと、いろいろあったんでしょうね。

その子のことが可愛いなと思ってたら、その子が自分の友だちを紹介してくれました。その友だちは、以前から私に好意を持ってくれてたらしくて。それで、その紹介してもらった女の子と中二の夏、大人気の映画『銀河鉄道999』を見に行きました。それが人生初のデート。そのあと彼女が貸してくれたYMOのレコードを、家にあるおもちゃのプレーヤーで聴いたら状態を悪くしちゃって、それが原因かどうかわからないけど突然絶交されました。友だちは、みんなオーディオを持っていたけど、うちはそんなものを買うお金なんて全然なかった。私が今でもオーディオにこだわるのは、その経験があったからかもしれません。

みちる　ああ、金木さんらしいです、すべてが（笑）。

金木　それでも小学校の終わりくらいから中二の頃には、やっと人に興味を持つようになってきたんですよ。前はモノにしか興味がなかったのにね。そんな中二の夏休み、蓄膿症《ちくのうしょう》が悪化して手術することになりました。そのあたりから友だち関係がぎくしゃくしだして、クラスから私一人がポンと外れてしまったんです。仲が良かった子たちが、私があまり興味を持てないことで盛り上がるようになって、話題がかみ合わなくなっていたところに、三週間も入院して塾に行かなくなったので、まったく交流がなくなっちゃった。二学期になって学校に行ったら、私は彼らから完全に浮いてました。家も荒んで、私自身も荒んでいたので、「もういいよ、おまえら」みたいな感じになって、別の悪いことをする友だちとつき合うようになっていきました。

考えてみれば、私が小学校で仲良くしてた子たちは、みんなドロップアウト組だったんです。一番仲が良かったやつも、やっぱりドロップアウト組。仲間の中で私だけが進学できた。中学に入ってからやっとできた友だちも、中二の二学期にそうやって離れていって、そこで友だち関係は本当になくなってしまいました。

みちる　やっと人に興味が持てるようになった中学生にとっては過酷な経験ですね。

金木　そう。でもね、その入院生活が、とても印象的だったんです。六人部屋に入院したんですけど、眼科と耳鼻科が同じ病棟で、耳鼻科の患者は私だけ。あとの五人は眼科の患者でした。年齢は四十代くらいで、みんなおじさん。その病院には完全に視力がない人を手術で回復させることができると評判の眼科医がいて、全国から手術を受けるために集まってくる。だから相部屋の五人は全員ほぼ目が見えない人たちでした。障がいを持った人と接したのは、そこが初めてです。みんな人生半ばで失明しているから、すごい経験をしているんですね。そのおじさんたちに、本当に厳しくしつけられました。私も基本ぼーっとしているので、なんかこう不注意に「じゃ、こうやればいいじゃないですか」とか言うと、「おまえ、目見えへんのに、どないしてやるねん?」と突っ込まれる。何かにつけて「おまえは坊ちゃん、嬢ちゃん学校に行ってるからな」「中学生のガキだから」と手厳しく批判されました。

そんな入院中のある日、おじさんの一人が手術して目が見えるようになりました。その人、三カ月も入院しているけど見えるのは初めて。病院には看護師さんの他にシスターもいるんですけど、手術後に初めてシスターに会った時、その人、「はじめまして」って挨拶したんですよね。

おじさんたちから厳しい洗礼を受けたけど、そんな素敵なことが起こるのを間近で見ることができた入院生活ではありました。

みちる　感受性が瑞々しい中学生にとっては強烈な体験ですよね。それが中二の夏休みの出来事。そして二学期が始まって、やっとできたと思った友だちが離れていき、悪い仲間と悪いことをするようになっていった……その後、転機はいつ訪れるんですか？

金木　自転車を盗んで捕まったのと、ほぼ同じタイミングで父に新しい仕事が見つかったんです。母は独身の頃、少しだけ大きな会社で働いたことがあって、その時に可愛がってもらった上司が、どんどん偉くなっていたんですね。家がどうしようもなくなって、母が最後その人に泣きついたら、子会社で採用してもらえることになりました。子会社というのは親会社の保養施設で、会議や宿泊施設のほかに社員が飲食できる「ホール」を運営しているんです。ホールというのは、要するに大きな居酒屋。板前さんや従業員がたくさん働いていて、平日の夜に営業していました。保養施設だから儲《もう》けを出してはいけないので、社員はバカみたいに安い値段で飲み食いできるんです。父はホールのマネージャーとなり、私たち家族はその施設の端っこの居住エリアで生活できることになりました。ただ、勤務地が関東だったので、一緒に暮らすためには転校しなきゃいけない。母から「中学卒業までの一年間、私たちだけここに残るって手もあるけど、どうする？」と聞かれて、私は「人生やり直したいから一緒に行きたい」って言いました。友だち関係がぐちゃぐちゃになっちゃったし、「俺よりみんな賢い」って環境がもう嫌だった。高三だった姉は卒業して浪人することが決まっていたので、転居には何の支障もありませんでした。それで、中二の終わりに一家で引っ越したんですけど、もう極貧生活なので「夜逃げ」です。借金取りがついてきちゃうから住民票は置いたまま、家もそのままにして、荷物だけ段ボールで出しました。住民票は、私が高一くらいまでそのままでしたね。母も女将《おかみ》としてホールで働くことになったので、両親ともに店のオープンに向けて忙しくて、転校の手続きも忘れられていました。

みちる　新生活はどうでしたか？

金木　基本的にお金がかからない生活です。住み込みなので電気代や水道代はかからない。食事は三食、板前さんが作ったものを食べられる。安い給料だけど、ほとんど使わないで済むので貯金もできる。母は花を生けたり、書が書けるので、女将にはうってつけの人材。いいことずくめでしたけど、ただ一点、転校先の中学が非常にガラの悪い学校だった。元の学校は一学年で四クラスしかなかったのに、新しい学校は十クラス以上もあってバカみたいに人数が多いのと、あとツッパリ時代ということもあって選《よ》りすぐられた子ばかりなんです。それで、私、関西訛《なま》りでしょ。漫才ブームもあって、ツッパリたちをえらく刺激しました（笑）。当時の私は態度はトゲトゲ、目がギラギラしていたしね。休み時間、遠くのクラスから私の関西弁を聞きたいってツッパリたちがやってくる。すごいプレッシャーです。それで、さすがにゴールデンウィーク明けに学校に行けない状態になりました。熱が下がらなくなって一週間くらい休んじゃった。結局、治って学校に行くんですけど、とにかく文化が違う、言葉が違う、このままではここで生き残れないと思いました。で、私なりに考えて、関西弁を生かしてお笑い系のアホな切れキャラを演じることにしたんです。それもうまくいかなくて、その後は関西弁も封印して三ヵ月でほぼ消しました。ほんとにつらくて……ちょうど紫陽花が咲いていた頃だったんです。紫陽花の時期って長いんですよね。ちょうどそのつらい時期にずっと紫陽花が咲いていて、学校のまわりにもいっぱい紫陽花があって……今でも紫陽花を見ると、本当に残念な気持ちになるんです。頼りにしていた担任の先生が病気で入院して、後任の女性教諭と折り合いが悪かったり、中三は中三でいろいろありました。あとね、当時は特殊学級と言ってましたけど特別支援級があって「さつき組」って言ってたんです。子どもたちは残酷だから「おまえバカすぎるから、さつき組に行け」みたいなことを平気で言い合うのにも驚きました。

私自身は転校して成績はトップになった。前の学校ではビリでしたけど、新しい学校では全然勉強しなくてもトップ。今度はクラスに自分より勉強できる人がいない環境。とにかく学校全体のレベルが低かったんです。転校してからも県立高校に進学するために個人塾に行くんですけど、そこの先生とも相性が良かったです。塾は学校よりしんどくないし、決まった時間、勉強していればいいだけなので楽でした。

みちる　前の学校と違って新しい学校には、いろんな家庭の子どもがいたんでしょうね？

金木　仲が良かったのがヤクザの息子です。お父さんが本物のヤクザ。そいつは、ずーっといじめられっ子だったけど、途中から鍛えてめちゃくちゃケンカが強くなり、それまで自分をいじめてきた子を片っ端からのしていきました。私が転校した時、その子が初めに声をかけてくれたんです。立場としてはその子より私の方が下だったんですね。だから、私のことをすごく大事にしてくれた。その後、その子はどんどん荒んでいって中卒になりました。その仲間もみんな中卒。私も秋頃からまた悪いことをするようになりました。成績は良かったんですけど、つき合ってる連中がそのヤクザの息子とかで、友だちの家に入り浸ってタバコを吸ったりしていました。店が夕方からオープンするから親の目もないし、夜九時に閉店する頃にタバコ臭さ全開で帰る生活です（笑）。でも、親も転職したばかりだから正直そんなことにかまっていられない。でね、私はバイクをかっぱらって無免許運転で捕まるんです。

みちる　ああ、自転車じゃなくて今度はバイクを？

金木　そうです。十三歳の時、友だちのお母さんが乗ってるスクーターに無免許でちょっと乗せてもらったら、すごく楽しくて、それからバイクのことしか頭になくなっちゃった。バイクをかっぱらった時は父も一緒に暮らしていたので、えらい怒られて殴られました。今度は十四歳になっていたので家庭裁判所に行くんです。そこで「無免許で運転すると免許が取れない」ってことを教わって、バイクに乗れなくなったら大変だということで、そこから悪いことはしなくなりました（笑）。高校に入学して、父がとにかく「部活をやれ」と言うのでサッカー部に入るんですけど、バイクに乗りたくて三カ月でやめました。とにかく高校時代はバイク一色でしたね。バイトして免許を取ったり、バイクを買ったり。

みちる　バイクの魅力ってなんでしょう？

金木　最初は「漕《こ》がなくても勝手に走る」ってところですかね。とにかく大好きで、乗りたかったんです。進学した高校は「公立で唯一バイクが乗れる高校」でした。高校に進学してからも、ほとんど勉強しないでバイクに乗って遊んでばかりいました。私にとって、中三は非常につらい時期でしたけど、高校に入るとメンバーもシャッフルされて、ここから始められるという気持ちになれた。仲がいい友だちが二人できて、私を含めた三人でよく遊びました。そいつらと初めてバイクで旅行に行ったりとか、いろいろ一緒に経験しましたね。

みちる　今でもおつき合いがあるんですか？

金木　あります。一人は大手の電機メーカーに勤めていて人工衛星の部品を作っています。そいつの影響は結構受けましたね。もう一人は製薬会社に就職して抗がん剤専門の営業をやってるんですけど、転職するたびに、どんどん役職が上がっていって、今はすごい高給取りになってます。

みちる　そして金木さんは心理士になるんですね。

金木　そうそう。私はね、高校で遊びすぎて大学受験の時に、かなり低い偏差値を取るんです。

みちる　アップダウンが激しいですね。

金木　そう。姉に見せたら「ありえん」「どうやったらこんな偏差値を取れるのか」と聞かれるほどひどい成績。それで浪人しました。大学に行って講義についていくことはできるっていう自信はあったんです。「なんとでもする」って思ったけど、ただ入れない。もう本当に追い詰められて浪人したんだけど、勉強は高校一年生で止まっているので追いつくわけがないし、やったところでわからない。しょうがないから浪人でも推薦入試が受けられる大学を探して、高校の先生に推薦書を書いてもらって受けたのが某大学の教育学科。それで奇跡の合格をしました。教育大学の附属に行ってたことと、当時、姉が国立大学の教育学科に在籍していたこともあって、私の中に「教育」というワードがあったんでしょうね。でね、「心理学」という言葉も、小学校の低学年の時から知っていたんですよ。多分、姉に教えてもらったんだと思います。「人の心をいろいろするんだよ」「じゃ、人の心がわかったら、いろいろできるね」って。

みちる　なるほど。人生のかなり早い時期に、すでに「教育」と「心理」というワードが入っていたんですね。

金木　大学では映画研究会に入りました。機械が好きだったので、高校の時からカメラはすごくやりたかった。でも、カメラは一人でもできるけど、映画は一人じゃできないと思って映画研究会に入ったんです。で、大学には行くけど教室には行かず、部室にずっと籠《こも》ってました。大学一年生で最終的に取れた単位は四単位。四単位は書写の先生がお情けでくれました。

みちる　うーん……どうしてそういうことになるんでしょう?

金木　父が公金使い込みをするんです。それが監査でバレちゃった。もともと株をやってたじゃないですか。それに使い込んでたんです。ブラックマンデーで株が大暴落し、監査が乗り切れなくなって即刻クビです。大学一年生の十一月から様子がおかしくなって、十二月には住居の退去命令が出ました。それで、またしても夜逃げしなきゃならなくなった。父は、これまた母の紹介でホテルの住み込み従業員になり、母と姉は荷物だらけのワンルームで暮らし、私は大学の近くに部屋を借りました。父は運転免許を持っていないので、私が夜逃げの主戦力です。トラックを借りたり、家の車を使って何度も往復して三カ所に荷物を運びました。そんなこともあって前期試験は受けたけど、後期試験を受ける状況じゃなかったんです。

みちる　大変でしたね。お父さんにとっては一世一代の大博打だったんでしょうか。

金木　わからない。父がそうなった時に呆《ほう》けちゃって動かないんですよ。ゴロゴロしちゃって。今まで、そんな姿は目にしたことがなかった。その時は「おまえのせいでこうなったんだから何かしろよ」と思いました。

みちる　と言いながらも、結局家族のために頑張る金木さんなんですよね。お母さんも、それでもお父さんについていく感じがすごいです。

金木　最初の夜逃げの時、私があまりにも荒んでいたので、母の知り合いとかに「満くん、しっかりしいや」みたいなことを言われたんですよね。だけど、その荒れてる中二の頃っていうのは、とにかく「まわりの大人は誰も信用しない」ってモードに入っていたので、大人の言うことは「はいはい」っていい加減に聞いていた。

みちる　大人というのは、親も含めてですか？

金木　親はしょうがない。母は自分を守ってくれているのがわかるから、母は守らなきゃならないっていう気持ちはありました。姉もね、守らなきゃならない。「家族以外はみんな敵」みたいな……。

みちる　お父さんも守るべき存在だった？

金木　そうそう。家族だけはね。

みちる　なんだろ、金木家の絆……。

金木　だから、私は基本的に福祉に対して、一回目の夜逃げの時から絶望しているんです。福祉に助けてもらったという記憶がまったくない。二回目の時も人に頼るとか、誰かにSOSを出すとか、助言をもらいたいとか一切思わなかった。まぁ、こっちが勝手にやらかしたことなんですけどね。今、福祉をやってるのに、基本的に私、福祉をあてにしていないんです。福祉も心理学もあてにならない。だから、自分で限界設定しちゃってるんです。ケースに対しても、私たちが何か助けるとか、何かができるとはまったく思っていないんですよね。ただ、あなたが解決するために私は情報を提供するし、応援するってスタンスです。

結局ね、私はもともと当事者なんです。だから支援される側。だけど、支援された覚えはないし、支援でなんとかなるとは思っていないところがある。そうした自分の原体験が、今の仕事のスタンスを形作っていると思いますね。

みちる　支援者としての金木さんの根底に「福祉も心理もあてにならない」というスタンスがあるというのはすごく興味深いですね。一家で二度目の夜逃げをしたのは、お姉さんと金木さんが大学に在学していた時ですけど、誰からも支援を受けずにどうやって卒業できたんでしょう？

金木　そこで姉が出てくるんです。姉が描いていた漫画が売れ出した。ジャンルはボーイズラブです。姉は大学を一年留年して卒業し、就職せずに同人作家として食べていくことになりました。父も働いてましたけど、給料は雀の涙。姉の稼ぎで、私は大学と大学院を出してもらいました。

みちる　そんなに儲かったんですか？

金木　すごかったです。同人誌なので、コミケや通信販売で売る。通信販売は小為替《こがわせ》を送ってもらって本を送るシステムなんですけど、姉は創作活動で忙しいので、私と母が小為替の換金や、本の発送を担当しました。一作で何百万円という儲けが出て、有限会社を設立してファミリービジネスを立ち上げました。

初めての児童相談所

金木　大学では一年留年し、大学院の修士課程を終えて二十六歳で広域自治体に入職しました。児童相談所に初めて配属されたのは、二カ所の福祉施設を経験した後です。その頃には姉の本が売れなくなっていたので、世帯寮を借りて母と姉を呼び寄せて一緒に暮らしていました。その世帯寮にいた六歳年上の先輩に、ものすごく影響を受けたんですよ。その先輩とは、ちょうど児童相談所の一年目に出会ったので、児童相談所での私の考え方とか振る舞いみたいなものは、その人から学んだところが大きいと思います。その人は福祉職ではなくて現業職でした。バリバリの元暴走族で、中学か高校を卒業して自治体に入った人です。

みちる　金木さんは年上の男性にご縁がありますね。蓄膿症で入院した時も、おじさんたちに厳しくしつけられました。

金木　そうですね。男性モデルが父じゃなかった。子どもの頃、一番慕っていたのは母方の叔父で、その人が大好きでした。確かに、男性モデルを父に求めずに他の人に求めてたっていうのはありますね。最後の男性モデルが、その先輩だったかもしれないです。先輩は「おまえは、とにかく母離れができてないから」って直球でくるんですよ。「なんで、おまえが母親の面倒を見なきゃいけないんだよ？　家族を守らなきゃならないのはわかるけど、それと今おまえがやってることは違うよ」とかバシバシ言われるんです。「家族以外の大人はみんな敵」だった私にとって、自分のことをこれほど見抜いてくれる人がいるってことが衝撃でした。その先輩の言っていることは納得できるから否定できないんです。ちょっとでも否定すると、「でもおまえ、それはこういうことだよね。だから、こうだよね」って全部理詰めでひっくり返されちゃう。

みちる　なるほど。先輩から言われたことは、それまで金木さんが思いもしなかったことだったんですか？

金木　そうです。私には「親孝行するのが何で悪いんだ？」みたいな思いがありました。ところが、先輩は「おまえがやってることは親孝行じゃない」って言うんです。「おまえのおふくろさんも子離れができていないし、おまえも親離れができていない」「かっこ悪い」「マザコン丸出し」と責められました。私も「ああ、そうなのか」と思って……母は、その先輩が大嫌いでした。自分から息子を引き離すわけですから。ちょうどその頃、前妻と結婚するタイミングだったんですけど、前妻も先輩が大嫌いだった。母と私を引き離すのはいいけど、自分からも引き離しかけているいると感じたみたいです。先輩といると私がものすごく変わっていって、今までとは違うキャラになるから。

みちる　それだけ先輩の影響力は強かったんですね。

金木　すごく強かった。私、すでにバイクを一台持っていたんですけど、児童相談所に配属になった自分へのお祝いに、もう一台買ったんです。そしたら、先輩から「おまえさ、そんなことしてる場合か？　おまえ、今度結婚するんだよね？　経済的なことまで口を出したくないけど、おまえはそういう立場じゃないし、身分でもないよな？」「おふくろさんとの関係とか、これからの仕事のこととか、今一番大事な時じゃないの？　だから、おまえ、バイク売れ」って言われました。先輩にそう言われた私は、バイクを売ろうかなと思うんだけど、やっぱりバイクが好きだから一晩寝ると気持ちが戻っちゃう。「やっぱりバイクは売れないっす」って言ったら「ふざけんじゃねえ」ってさんざん叱られて、結局バイクを二台とも手放しました。

みちる　二台ともですか？　働いて苦労して買ったのに。

金木　「一生乗るなとは言ってねえだろ」「おまえが今やるべきことをちゃんとやったら買えばいい。いつでもバイクは買えるんだから。おまえは今、結婚に集中しなきゃなんないだろ」と言われて、「なるほど、その通りだな」と思ったんです。その頃の私は本当にチャランポランでした。もともと家はチャランポランだし、自治体職員としても、社会人としてもチャランポラン。先輩は、そこをすごく心配してくださったんだと思います。

みちる　初めての児童相談所は、いかがでしたか？

金木　大学院では「教育心理」を専攻しました。心理学にはたくさん流派がありますけど、私がやっていたのは「行動分析」っていう行動理論を使った研究。行動理論はバラス・スキナーのネズミを使った実験が有名ですよね。私がやっていたのは自閉症のお子さんを対象にした養護学校や特別支援学校でのプログラムの開発です。でも、当時の児童相談所の心理職はフロイトの精神分析的なアプローチをする流派の人が大半を占めていました。行動分析と精神分析は水と油くらい違うから、心理グループの中で私だけが異色だった。でもね、当時は心理職で大学院を出ている人がいなかった時代だったこともあって、私には自閉症のことに関しては誰にも負けないという自負があったんです。だから、私はみんなと考え方が違うし、生意気だし、大学院を出てるっていうので、所内でとても目立つ存在でした。チャランポランな人間のくせに、児童相談所の援助方針会議で心理職の人が言っていることが、どうしても納得できなかった。分析的にどうしたとか、もっと枠組みを明確にして心理としてのプログラムを考えなきゃいけないとか……「子どもの役に立たないでしょ、あんたが言ってることは」って思いました。口に出しては言えませんでしたけど（笑）。

みちる　金木さんの流派である「行動分析」の良さについて教えてください。

金木　極端に言うと、「思い」とか「感情」とかではなく「結果」をどう見ていくか、どうしたらその結果が生まれるかっていうところに心理職として着目していくんです。ぼんやりとした精神力動とかじゃなくて、結果としてこの子が何か変わったかってところ。もちろん、行動分析ですべて解決できるかって言ったらできないんですよ。自閉症の人は能力的な課題や特性があるから、それを明確にしていって、その子に合った新しい枠組みに移るように環境を設定していけば、ある程度行動できるようにはなります。でも、そこはそこですごく課題がある。尚かつ、児童相談所には不登校とか、引きこもりとかっていう子どもの社会行動を改善することが求められるから、個別の枠組みや理屈だけでは組み立てられないんです。だから、行動分析が精神分析に勝てるかって言ったら勝てないんだけど、少なくとも占い師めいた世迷言《よまいごと》は言わないわけですよ、私の立場は。わかんないものはわかんない。で、当時の児童相談所の心理の人たちは、わからないことに対して「ああだ、こうだ」って言うのを楽しむみたいな雰囲気があって、それがすごく嫌でした。

「あんたたちが楽しいだけじゃないの?」と思って。当時も認知行動療法というのはあったんです。例えば学校に行けないとか、間違った思考を修正していくとかね。でも、まだ日の目を見ていない頃だったし、認知行動療法も行動療法から派生したものなので、児童相談所にいる精神分析の人たちには拒否感があった。行動理論っていうのが、とにかく嫌いな人たちばっかりだったんです。「人間はネズミじゃないから、そんな単純なものではありません」とか言われました。

当時、児童相談所で唯一受け容れられていた行動理論に近い領域が「家族療法」だったので、自治体でやっている家族療法研究会に入れてもらいました。家族療法がベースになってできたのが『サインズ・オブ・セーフティ・アプローチ』[*1]（以下、サインズ）です。

みちる　私も児童相談所でサインズの基礎研修を何度か受けさせていただきました。私の理解としては、子どもの安全を第一に、家族が自分たちの強みを出し合って専門職や関係機関と協働しながら主体的に解決に導いていくメソッドと捉えたんですけど……でも、習ったことをそのまま現場でやろうとすると、今ひとつぼんやりしてしまうんですよね。一番わからないのは「問題」の捉え方で、何か直接的な原因や因果関係があって問題が起こっていると考えてしまうと、この複雑に成り立っている現実にあって、すごく平坦な感じがするんです。私にはケースワーカーとしての経験が圧倒的に欠けているので、それでぼんやりしてしまうんだと思います。お話の途中ですけど、ここでサインズについて私にもわかるよう簡単に説明していただけますか？

金木　サインズって相談援助職の人たちが、これまでやってきた経験から導き出されたアプローチなんです。つまり、うまくいったケースワークを集めて体系化して整理したらこうなったっていうものです。

みちる　なるほど。帰納的に導き出されたものなんですね？

金木　だから、それが見えないでやると「なんでこの順番になっちゃうの？」ってわけがわからなくなる。支援者にとって大事なことは、困っている相談者が主体的に問題を解決していくのをどれだけ手助けできるか、そして支援者がいなくなってもその人自身の力で解決できるようになるにはどうしたらいいかっていうところですよね。サインズって、そこはもうそのままなんです。上から「ああだよ、こうだよ」っていうやり方は、結局その人の技術にはならない。大事なのは、また同じようなことがあった時に相談者が自分で解決できる技術を身につけることです。解決するための力は誰でも持っています。相談者からその力を目一杯引き出すために、支援者は「解決するためには、こういうツールがありますよ」と伝えていく。その大事なところさえ押さえていれば、支援者も相談者も「ああ、なるほどね」ってなるんですけど、ツールから入っていくと頭にくるんですよ、サインズって。私も初めはそこがわからなかったから、なんでもサインズ、サインズって言われるのが嫌で露骨に噛《か》みついたりしました。

みちる　大事なところを教えてくださってありがとうございます。話を金木さん自身のことに戻しますね。初めて配属された児童相談所は、金木さんにとってあまり居心地のいい場所じゃなかった?

金木　そうです。職場だけじゃなく、私生活でも尊敬する先輩から私自身と心理学について、すごく否定されました。例えば「児童相談所では、こういう心理検査をやるんですよ」って言うと、「何の意味があるの、それ?」って言われる。「でも、こういうことがわかるんですよ」って言うと、「それはさ、親に子どもの状態を説明するのに、おまえが適当なことを言うよりは役に立つのかもしれないけど、それでその子が良くなるの?」って。

みちる　核心を突いてきますね。

金木　私自身も「そうだよな」と思って職場に行くわけです。すると援助方針会議では自分の担当している「この子、なんとかしなきゃ」って思うケース、つまり私が大事だと思うケースは全部スルーされていく。「それは報告で終わりね」って。「いや、だけど、ここはもっと支援しなきゃならないんじゃないですか?」と言うと、「いや、こっちの方が大事だから」ってなっちゃうんですね。私には、その優先順位のつけ方がわからなかった。もちろん、命の危険があるケースが最優先だってことはわかるけど、それ以外では種別とかの違いで重みはつけられないと思うんです。例えば、不登校と虐待でどちらが重いかって一概には言えないですよね。

みちる　本当にそうですね。

陽が当たらない人に光を当てたい

金木　そんな感じで児童相談所に馴染まないまま、施設の心理職に異動になりました。それが児童相談所が虐待を扱うようになった平成十二年度の前年のことです。余談ですが、虐待を扱うまでの児童相談所は人気職場だったんですよ。土日休みで時間に余裕があった。困ってる人に施設の利用を促したりするのが仕事で、親と敵対関係になることがほとんどなかったから、本当にのんびり仕事をしていました。

みちる　じゃ、いい人でいられるんですね？

金木　そう。児童相談所は、いい人でいられる職場だったから超人気職場だったんです。結局、最初の児童相談所勤務で虐待に絡んだケースは一件しか担当しませんでした。

みちる　今となっては想像もできないのどかさですね。

金木　そう。それでね、異動した先は高齢者の施設でした。日課が決まっているから、毎日が平穏に過ぎていく。でも私生活では、またいろいろ問題が起きました。先輩の助言を受けて、母との距離を取ることにしたんです。すごくもめました。発端は前妻を家に入れるか入れないかっていう本当に些細《ささい》な問題です。私が住んでいたところは世帯寮とはいえ、母と姉と私の大人三人が荷物を持って暮らすには手狭でした。だから母は、そんなむさ苦しいところに将来の嫁を上げるなんて、体裁が悪くて絶対にイヤだった。そういうことにこだわる母なんです。でも、先輩は「結婚する相手ぐらいよ、てめえんちに入れてよ、みんなでお祝いするのが普通じゃねえの？」って言って。前妻も前妻でＡＳＤ（自閉スペクトラム症）傾向がある人なので、そんな母とうまくやれない。先輩は、その辺のことも考えてくれました。ちょうど単身赴任していた父も体調が良くなかったので、両親と姉で公団住宅を借りて住むことになり、私はそこから少し離れた世帯寮に引っ越して、前妻との結婚生活をスタートさせました。だけど私の実家は、父がそういう人だし、母は生活力がないし、姉はまったく社会性がないので、全然回らないわけです。それでも母は一生懸命やるんですけど、どうしようもなくなると「満、どうしたらいい？　満、どうしたらいい？」って聞いてくる。

で、また父が変な借金をして自己破産しました。私は働きながら、実家と自分の引っ越し、結婚、父の自己破産の手続きをすることになりました。前妻の実家は普通の家庭だったので、「なんで、そんなに実家に振り回されるの？」と前妻の不満は募るばかり。私も「どうしてこんなことしなきゃいけないんだろう」って思いましたけど、その経験が後々仕事で生きることになりました。そして今度は、とうとう私自身がやらかしてしまうんです。

みちる　えっ、まだ何かあるんですか？

金木　高齢者施設に異動して四年目に新居を購入したんですけど、お金の計画を失敗しました。前妻は大学の後輩で優秀な人でしたけど、働きたくない人でした。私は前妻の収入も見込んでローンを組んじゃったんですね。そして私には貯金がほとんどなかった。初任給は姉の借金の返済に充ててたし、給料は全部母に渡して、私は小遣いをもらう生活だったから……私は小さい頃からモノが好きでしょ。だから好きなバイクや車を買いたいし、自分の家も欲しい。だけど働いても働いても、ほとんど実家に持っていかれるので、強引にローンを組んだりしない限り、私には何も残らない。そう思ったんですね。家を買って二年くらいでローンが返済できなくなり、自己破産まではいかなかったけど個人再生手続きを取らざるを得なくなりました。個人再生手続きというのは、家以外のものは全部計画的に返済していくという手続きです。

そのぎくしゃくが原因で前妻との関係が悪くなり、離婚することになりました。ちょうど高齢者施設から児童相談所に戻った年です。結局ね、私は自転車泥棒から始まって、夜逃げ、自己破産、個人再生手続き、離婚調停まで、児童相談所に関係することを、ほとんど私生活でやってるんです。だから大抵のことはわかります。

みちる　やってみたんですね（笑）。

金木　やってみたんです（笑）。あとね、児童相談所で働いてみて気づいたのは「なんだ、児童相談所の主役って心理司じゃなくて福祉司なんだ」ってことでした。心理司の言ったことなんて、ケースワーク上で使えるものだけ使われて、結局は大人の都合で回っていくんだってことがわかった。私はケースワーカーがやりたかったんですよね。生かせる経験だってあるし。それで、うっかり心理の立場で福祉司的な動きをしてしまうと上司から怒られる。「それは心理司の仕事ではありません」って。

みちる　福祉司からすると有難いですけどね。私も二十八条ケース[*2]で心理の人に、ものすごく助けていただきました。

金木　いや、それは上司のおっしゃる通りで、やっぱりそこは分けた方がいいんです。でも今は、本来の役割分担をわかったうえで改めて役割分担できるならやってもいいんじゃないかとは思っています。その子にとってどうなのかってことが、まず大事かなと。とにかく、私は初めから「金木の動きは心理じゃない」と上から言われ続けてきた。子どもの頃から、つい最近まで支援される側にいたから、支援されることがどれだけ情けないか、どれだけつらいかっていうのは骨身にしみて知ってるんですよね。自分の体験にあてはめて、目の前にいる相手が「今はあの時の、あんな感じなんだろうな」ってわかるから、逆に何もできないこともあります。

私が支援される側にいて一番嬉しかったのは、やっぱり近くで話を聞いてくれたり、何も言わなくても自分のことを見抜いてくれる、わかってくれる人の存在です。子どもであれ、親であれ、口ではいろんなことを言ったり、行動がとっ散らかっていたとしても、誰にも言えないところを見抜いてもらって、「こうなんだよね」とか「それでいいよ」って言ってくれる人が近くにいることが、どれほど力になるかって思うんです。先輩から私が見抜いてもらって嬉しかったようにね。それさえあれば、後はもう自分でできます。仕事をしていて、そういう思いはいつも意識のどこかにありますね。

みちる　本当にわかってほしいこととか、言いたいことを言葉で表現するのは難しいですよね。

金木　言えないですよ。それとね、陽の当たらない人っているじゃないですか。陽が当たっている人はいいんですよ、みんなが見てくれるから。でも、陽が当たってないけど、すごく頑張っている人に、私は光を当てたいんです。それってある意味、見抜くというかね、「わかってるよ」「見てるよ」ってことだから。私、最近、もう面白おかしくばかりはできないなって思うんです。

みちる　面白おかしくばかりはできない？

金木　これまでの経験から自分はあんまりガリガリ頑張ると、かえって結果が出ないと思い込んでいたところがありました。なんか適当な遊び人でチャラチャラしていた方が、かえってうまくいくことが多かったから。逆に一生懸命やると空回りしてしまう。自治体に就職できたのも、パイロットになりたくて全日空を受けたついでに、あまり深く考えずに受けたらポンポンと話が進んで入れたし、今の家は子どもがショッピングセンターで風船をもらって「見学に行くと千円差し上げます」と言われて軽い気持ちで行ったら手に入った。仕事をするようになってから順調にキャリアを伸ばすことができたのだって、自分を評価してくれる人と運よく巡り会ったからです。だから私の場合、あまり思いつめたり努力したりするよりも適当に流れに乗ってやった方が結果がいいんじゃないかと思ってたんですね。でも今はもう、そんな風船のように風にのって気ままに流れていくだけの生き方はできないのかなと思うんです。ちょうどいいタイミングでインタビューの話をいただいたんですけど、こうやって自分の人生を振り返るとね、なんか児童相談所の職員になるために、これまでの私の人生はあったんだなって思うんですよ。

みちる　金木さんの人生を聞かせていただいていると、破壊と再生の繰り返しという印象を受けます。かなりのパワーで破壊と再生が繰り返されて、それに翻弄《ほんろう》される中で「この仕事しかできないんじゃないか」って方向に導かれていったというのが、なんだか運命的ですね。

父の死、離婚

みちる　二度目に児童相談所に戻った年に、私生活ではいろいろ起こったんですね？
金木　そうです。児童相談所に異動になって仕事も通勤もハードになったのに、施設勤務と比べて給料はぐっと下がりました。お金が立ち行かなくなって、私が弁護士のところへ行って個人再生手続きを取ることになっても、前妻は相変わらず家に引きこもってゲーム三昧。前妻との間にできた男の子もＡＳＤ傾向があって、たびたび幼稚園でトラブルを起こすんですけど、その対応も私の役割でした。父の方は、前年の終わりから認知症の症状が出て、入院を経て施設に入所しました。
みちる　大変でしたね……。
金木　そんな中、結婚生活を続けるのが難しくなって離婚することになりました。子どもと暮らせなくなってしまうのは、やっぱりつらかった。すごく可愛かったので。そこはなかなか整理できなくて時間がかかりました。離婚してからも、子どもが入学した小学校の前で一句詠んだりして「何やってんだ」って感じでしたけど。結局、いろいろあったその年の終わりに離婚が成立し、父が亡くなりました。

みちる　金木さんにとって、前の奥さんとの間にできたお子さんも大切な存在ですが、同じようにお父さんも人生の初期に大きな影響を受けた重要な人物だと思います。お父さんとの別れについて、もう少し詳しく聞かせていただけますか？

金木　いろいろあったその年の前年、母が「お父さんが変なことを言ってる」って私に電話してきたんです。認知症の症状が出ていて、隠し財産があるとか、いろんな妄想を口走る。そこに性的な内容が入っていたのには驚きました。昭和のガンコおやじですから、全然そういうキャラじゃないと思ってたんですけどね。しばらくの間、父のかかりつけの病院の精神科のドクターが、私と直接電話でやりとりしてくれたんですけど、そこからまた急激に症状が進んで「家で生活するのは限界だから入院させましょう」ってところまでいってしまいました。父に入院するってことは言えなかったです。いつもの循環器内科に行くよって嘘をついて病院まで私が連れて行きました。後々、嫌な気持ちになるだろうから母と姉には手を出させなかった。病院は循環器内科が四階で、精神科が八階。父とエレベーターに乗って、八階のボタンを押しました。ドアが開いたら、いつもの循環器内科と様子が違う。父が私を見て「おまえ、騙《だま》したな」って言って……そこから、えらい騒ぎになりました。ドクターと看護師さんが父をなだめてくれたんですけど、八十歳近い父が、わんわん泣くんです。これまでいろんなことがあったけど、私は父が泣いたのを見たことがない。とにかく昭和一ケタのおっかないオヤジだったから。昔、父方祖母が亡くなる直前に父と私で会いに行った時も、涙ひとつ見せず淡々としていた父なのに、その時はもう、子どものようにわんわん泣くんです。最後は、私がいると余計反応しちゃうから、「あとはこちらでやりますので早くお引き取りください」と看護師さんに言われ、エレベーターに乗りました。エレベーターのドアが閉まるまで、オヤジの号泣する声が聞こえました。その後、三カ月入院して施設に移ることになり、結局、家には帰れなかった。病院や施設では服薬で状態が安定していたので、父と穏やかに話す時間はありましたけど。それから、どんどん弱っていって最後は肺炎をこじらせて、近くの病院に入院することになりました。入院先の病院から「持病があるから怖くて手がつけられない」と言われ、「じゃ、こっちでやります」とストレッチャーが装備された車を自分で借りて、以前通院していた病院まで父を搬送しました。

母から電話で父の危篤を知らされたのは暮れも押し詰まった午後、児童相談所で働いていた時です。私、怖くて、すぐに行けなかったんですよ。電話をもらって三時間くらいしてから行ったら、もう意識はありませんでした。行きたくなかったんです。とにかく怖かった。父は最期まで家に帰れなかったから、結局、私が父に死までの引導を渡したようなものでしょ。私も、いずれ自分の子どもたちにそういう形でやられるんだろうなとは覚悟しています。父が亡くなり、その葬儀と告別式の間に離婚が成立しました。

みちる　金木さんが児童相談所に戻ってきた年に前の家庭が終わり、生まれ育った家庭の中心にいたお父さんも亡くなった。二つの終わりが同じタイミングだったというのは感慨深いですね。

初めて大事にされたと思った

みちる　今の奥さんとのことを教えてください。

金木　妻とは仕事で出会いました。関係機関の市町村で子ども家庭相談員として働いていたんです。父が亡くなって一年以上経った頃に結婚式を挙げ、広い世帯寮に引っ越しました。

みちる　奥さんのどんなところに惹《ひ》かれたんですか？

金木　妻はね、毎朝弁当を持たせてくれるような人なんです。私が「ありがとう」って言ったら、「私だって嫌いなものを食べるのは嫌だから。お弁当なら好きな物だけ詰めて持っていけるでしょ」って言ってくれる。そういうところがね、心にしみました……私のことをすごく大事にしてくれるんだなって。

みちる　金木さんの人生は激動だから、そういう日常の何気ない温かさが心にしみますね。

金木　はい。私ね、それまで女性から大事にされた経験がなかったんです。私がいろいろ尽くすっていうのはありましたけど。

みちる　でも、お母さんは、すごく大事に育ててくれましたよね？

金木　今はそう思いますけど、前はそんなふうに思っていませんでした。むしろ、父が頼りなかったから母は私を頼ってきたわけで、私にとって母は「お世話をする人」というか「守るべき人」だったんです。だから正直、母から大切にされたって印象はないです。私からすると、生まれて初めて自分を大事にしてくれた女性は妻なんですよね。そんな妻だから、彼女と結婚してからは、それまでとは打って変わって順調な生活が続きました。妻との間に子どもが生まれ、慰謝料の支払いが終わり、マイホームを購入しました。仕事でも昇格して、関係機関に研修講師として派遣されたりして充実した毎日でした。

そんな中、担当したケースに関してすごくショックな出来事があったんです。その子は酷《ひど》い虐待を受けていた子で、とにかく落ち着きがなくて、前に一時保護所できつく叱ったことがありました。親がなかなかの人で「家に帰ってくるな」の一点張りだったから、行き場がなくて仕方なく自立支援施設に入所していたんだけど、十八歳になって退所することになった。私が心理の担当としてその子と再会したら、その子も私に叱られたことを覚えていて「これからどうする？」「親から自立して一人でやっていくっていう道もあるよ」と話し合いました。その子は親と離れて自分でやっていきたいと言い、私たちはそれを応援することになりました。その子は勇気を出して母親にそのことを話したんですね。そしたら母親が激怒して児童相談所にクレームをつけてきた。それで夜、その子と母親と担当福祉司と私で話し合いをすることになって、その時にその子が生まれて初めて母親に反抗したんです。自分の気持ちをちゃんと言えたんですよね。それに対して母親はギャーギャー文句を言ってましたけど、最終的にその子の意向をのみました。ところが、その条件として心理司の金木を担当からはずせと言ってきた。

みちる　私にも同じような経験があります。そのお母さんは、子どもの中で金木さんの存在が自分よりも大きくなっていることが許せなかったんじゃないでしょうか。それでどうなったんですか?

金木　その時の支援課長が条件をのんだんですよ。

みちる　ええっ……今まで怖くて親に何も言えなかった子が、やっと自分の気持ちを言えたのに、それを応援してくれる人がいなくなってしまうわけですよね?

金木　「そこで戦わないんだ」って唖然としました。それが本当に悔しくて悔しくて。ちょうどそれが年の暮れ。年末は家族で実家に帰るのが恒例なので、実家でお酒を飲んで私、わんわん泣きました。人前で泣いたのは人生でそれ一度きりです。本当に残念で悔しくて……相談できる人もいなかったし、どうしたらいいかわからなくなっちゃった。その課長は年度末で異動になりましたけど、新しく来た課長の第一声が「えっ、そこで担当はずしちゃったの？」でした。その時ね、課長が代われば全部変わるんだなと思いました。それまで私はわりと組織には従順なところがあって、「この人は偉い人だから、この人の言うことは正しい」って思う口だったけど、そこからは変わりましたね。

いつからこの仕事が天職だと思ったか

みちる　金木さんの児童相談所歴はトータルで何年ですか？
金木　十八年です。
みちる　十八年ですか……恐れ多くて、金木さんと児童相談所の話なんかできないですね。
金木　いえいえ。
みちる　十八年勤めて、今回辞めるけれど、やっぱり次も児童相談所。先ほど「児童相談所の職員になるために、これまでの私の人生はあったんだなと思う」とおっしゃっていましたが、そう思ったのはいつからですか？　おそらく児童相談所でやっていこうと思った出来事やタイミングがあったのではないかと思うんですが、どこのポイントで児相スイッチが入ったんでしょうか？
金木　実は私、ずっと児童相談所でやっていく決意が持てなかったんです。一番なりたかったのは飛行機のパイロット。だから大学院を卒業した時に受けたのが全日空と広域自治体の二社だけ。全日空が受かってたら、迷わずそちらに行ってました。子どもの頃から乗り物の運転手になりたくて、最初はバスの運転手、次は私鉄の運転手、それから飛行機の運転手になった。私の中で、機械の操作とか、乗り物の運転の究極の姿が飛行機のパイロットだったんです。

みちる　全日空と日本航空ならわかりますが、どうして広域自治体だったんでしょう？

金木　母から「とにかく、お金に困らない堅い仕事をしてくれ」「お父さんみたいにはならないでくれ」ってさんざん言われ続けていたので、公務員という選択肢が出てきたんだと思います。大学院で自閉症の研究をやっていたこともありました。そんな感じだから、入職してからも続けるつもりはさらさらなくて、同期にも「いつでも辞めてやる」と公言して憚《はばか》らなかった。福祉の仕事も、心理の仕事も、自治体の仕事も、全然スイッチが入らなかったんです。

初めて福祉や心理の仕事が面白いなと思ったのは発達障がい者支援センターに配属になった時です。その時は人が足りなかったので、心理職でありながら相談者から直接話を聞いて他機関に繋《つな》いだり、市町村や幼稚園、施設など関係機関の支援や調整をしたりと、要するにケースワークみたいなことをやらせてもらいました。それがとても面白かったんです。その後に行った児童相談所では、また普通の心理に戻って「つまらないなー」と思うんですが、その次の児童相談所では家族再統合支援チームに配属されたので、また多少ケースワークができる立場になった。その頃には家庭もお金も安定した生活を送れるようになっていましたけど、仕事でケースワークを考える時に自分自身のこれまでの経験が生きることに気づいたんです。わかるんですよね、自分が当事者だったから。そうやって改めて自分の人生を振り返ってみると、すべてが児童相談所のケースに絡んだ経験ばかり。そのあたりから、私がこれまで人生でいろいろやらかしてきたのは児童相談所の職員になるためだったのかなと思うようになりました。

みちる　いろんなタイプの人がいると思うんですけど、例えば自分と同じ経験をしている人を見ただけでイラッとしたり、嫌な気持ちになったり、目を背《そむ》けたくなる人もいますよね。フラッシュバックしちゃうとか。金木さんの場合は、自分の「強み」というふうに感じるのでしょうか?

金木　というか、「もうこれしかできない」って諦《あきら》めてるところもあるのかもしれない。私の人生、なんでこんなアホなことばかりやらかしてきたんだろう、何の役にも立たない経験ばかりだなって思うけど、児童相談所の職員としてケースに向き合う時には、このくだらないエピソードが全部生きてくるんですよね。このしょうもない経験があるからこそ、どんなケースであっても私の中に理解と共感が生まれるんです。そう考えたら経験したことには何一つ無駄がないし、私の人生すべてが役に立つ。まるで天から児童相談所の職員をやれと言われているとしか思えない。これって天命なんじゃないかと感じました。

みちる　すごい。そんなふうに感じたんですね。

金木　以前、心理の雑誌に偉い先生が書いていらっしゃるのを読んだんですけど、パイロットの語源って「水先案内人」なんだそうです。パイロットって言うと、今は飛行機の運転手を思い浮かべますよね。でも本来は、船がどっちに進めばいいのか、そのためにはどういうふうに操作すればいいのかってことを伝える人のことをパイロットと呼んだそうです。心理士の仕事は、この水先案内人に非常に近くて、ケースがどっちに行ったらいいかを、時にはケースにぴったり寄り添って言う場合もあるし、俯瞰《ふかん》した目で見渡して判断する場合もある。その行ったり来たりが心理士にとっては一番大事なことだと書いてありました。それを読んで、先を見通して方向性を助言する「案内人」ってことで言えば、心理士もパイロットも同じなんだなと思ったんです。

みちる　そう考えると、子どもの頃からの夢が叶《かな》ったとも言えますね。いろいろあったけど、ある意味、順調な人生なのかもしれないです（笑）。「これって天命なんじゃないかと感じた」というところで児相スイッチが入った金木さんですけど、どうして今回辞めることにしたんでしょう？

金木　家族再統合支援チームから、今度は別の児童相談所の心理グループに異動になったからです。それでケースワークから一気にはずれてしまいました。心理グループのスーパーバイザー（以下、ＳＶ）という立場を一応与えられるんですけど、それは私のやりたいことではないし、うちの自治体のキャリアパスから考えても納得がいかない人事でした。
みちる　正当に評価されていないと感じた？　組織の人事評価のあり方に疑問を持ったということでしょうか？
金木　そうです。それはすごく今も感じてます。この道で三十年近くやってきて、最後にその評価？っていうのが、やっぱりすごく残念だった。そのことで私自身がすごく不安定になってしまって、職場でも家庭でも葛藤《かっとう》の多い毎日を送るようになりました。そんな中で「このまま、ここにいれば退職まで心理をやらせてもらえるけど、自分を評価してくれない組織にいるよりは必要としてくれるところに行きたい」という思いが募っていきました。それで、何か違うことをやろうと思って、若い人たちと一緒に別の広域自治体の教員採用試験を受けたんです。
みちる　それはまた、思い切った舵の切り方ですね。
金木　社会人でも受けられる臨床心理士枠があったんです。仕事はスクールカウンセラー。遠距離なので採用になったら単身赴任だったんですけど、その時は私が精神的に落ち着かない状態だったので、家族と少し距離を置いたほうがいいかなとも思いました。でも、落ちちゃった。採用試験の結果が出たすぐ後、妻に治療が必要な病気が見つかって、子どもたちのためにも遠くに行くことにならなくて良かったと思いました。落ちたのには、ちゃんと理由があったんですね。
みちる　金木さんは前の奥さんとの子どもを含めて三人の子どもたちのお父さんですけど、児童相談所で同じ年頃の子どもたちとふれ合いますよね。どんな感じですか？

金木　前妻との子どもはＡＳＤ傾向があったので結構意識しました。「あ、同い年だ」「随分違うな」「うちの子、大丈夫かな」とかね。今はあまり意識しませんね。妻のキャラが大きいと思います。

みちる　奥さんのキャラが大きいというのは？

金木　妻はね、「ま、なんとかなるよ」って人なんです。「しょうがないよ」とかね。すごく大雑把なんです。それには随分助けられますね。前妻はそれで引きこもってしまったので。

児童相談所の仕事を通じて私が学んだ大切なことの一つは「子どもは親の思い通りには絶対にならない」ってことです。きっと私の父も、それは痛感していたと思います。私は思い通りの息子じゃなかったから。よく母が言うんですよ。子どもって「親のここだけは継いでほしい」ってところは何一つ継がないけど、「ここだけは継がないでほしい」ってことは教えなくても勝手にやってる。そういうもんだねって。私は今、父が会社を辞めた時と同じ年齢なんです。同じ年で父も息子も会社を辞めることになって、母は父と私を重ね合わせて見てるんじゃないかな。私はこれまで母から「父のように家族に迷惑をかけるような仕事の選択をするな」って、ずっと言われ続けてきたんですよね。父は結局、独立して自分のだらしなさもあってコケちゃったんですけど……でもね、じゃ独立したのが悪かったかっていうと、そうじゃなかったんじゃないかなと思うんです。

みちる　なるほど。中学の時はそう思ってなかったですよね？

金木　思わなかった。二回目の夜逃げの時もそう思っていなかったから、もしかすると最近そう思うようになったのかもしれません。自分の子どもたちにしても、私がこうなってほしいとイメージするような子たちじゃ全然ありませんね。双子の上の子は穏やかな友だちが多くて、とてもいい子なんですけど、世界観がすごく限定されている子なんですよね。人生全部を自分が今住んでる町で完結したいと言ってます。私が「もうちょっと広い世界に目を向けるのも悪くないんじゃない？」と言うと、「いや、ここでいい」って（笑）。親の仕事も何となくわかってきてて、「保護所ってなに？」とか聞いてきたり、テレビで虐待で亡くなったお子さんのニュースが流れるとガン見しています。下の子はユーチューバーになりたいそうです。学校に行くのが難しい子だから、私も妻もあまりバイアスをかけずに「まぁ、やってごらんよ」って言ってます。とにかく私も親の思い通りにはならなかったし、きっと自分の子どもたちもそうなんだろうと思うから、子どもたちに親としての自分の思いは押しつけないようにしています。

児童相談所で働く後輩たちへ

みちる　児童相談所で働く後輩の皆さんへ、何かメッセージがあったらお願いします。

金木　児童相談所って手を抜こうと思えば、いくらでも手を抜ける職場です。「大丈夫、大丈夫」って何もしないのが、実は一番楽なんです。子どもが死なない限りはね。公務員なんだから、いかに楽をして金を稼いで安定するかを優先して考えるっていうのもありだと思う。だけど、関わる子どもがどう思うかとか、家族がどうなるんだとか、そういうことを考えると児童相談所という職場はすごくめんどくさいことをいっぱいやらなきゃいけないところなんです。

みちる　おっしゃるとおりです。

金木　児童相談所職員って、その最初のスタンスをどっちに置くかっていうところに尽きるんですよね。だから、公務員として「私は楽できる真っ当な公務員になりたいんです」って人が児童相談所に来ても、誰もその人やその考え方を否定することはできない。それはそれとして認めなきゃならないじゃないですか。で、その人に「じゃ、この子の人生どうなるの?」って言ったところで、「いや、私の人生には関係ないから」って言われたら反論できないんです。同じ職場で働いているからって、その人を変えることなんてできませんよね。ただ、少しでも子どものためにとか、その家族のためにっていうスタンスがある人については、どんなお手伝いでもしたいです。ケースのことで悩んでいて、それが「楽しよう」って方向性の悩みじゃなくて「どうやって動けば、この子のためになるんだろう」って悩んでいる人に対しては、先輩としてどこまでも具体的なサポートをしたいと思います。ただ、やっぱり「公務員は安定企業だから」ってスタンスの人には何を言っても響かないですね。

みちる　私は成り行きで短期間、公務員をやってみただけの人間なので、よくわからないんですが、公務員の中には世代に関係なく一定数そういう人がいるんですか？

金木　世代に関係なくいます。私にはそういうスタンスを変える資格も権限もないので、ただの「嫌なことばかりいっぱい言う人」になってしまうんです。「嫌なこと」というのは、会議とかの場でケース対応について「なんで、そういう判断に至らないのか」と厳しめにコメントすることです。ただ、そうやって嫌なことをいっぱい言っても、だからその人が子どものために動くってことにはなりません。で、管理職の人たちは何を考えているかと言うと「いかに職員を潰《つぶ》さないか」ってことに尽きますね。何人潰したかは自分の悪い実績になっちゃうから。自分たちが現場にいた時は、そんなこと絶対やらなかったり許されなかったことを、管理職になった途端に認めちゃうっていうのはすごく感じますね。本当は管理職が「そんなの俺が通さないよ」って言わなきゃいけないんですけど、言わないです。

みちる　言ったら辞めちゃう？

金木　パワハラになっちゃう。管理職も自分で言えないから、私みたいなのに言わせてるんです。でもね、そんな中でも有難いのは、若手の人で私の言ってることに「うんうん」って共感してくれる人がいること。やっぱりわかる人はわかっているんです。そういう人を見ると、「ああ、この人は若いけどわかってくれてるんだな」と思って嬉しくなりますよね。最近、新しい児童相談所を立ち上げるために研修に来ていた若者二人と一緒に仕事をしたんですけど、「僕たちで新しい児童相談所をつくるんだ」というすごいやる気があるんですよね。「これまで広域児童相談所ができなかったことを僕らがやるんだ」って。その一生懸命さ、熱量がすごく伝わってきました。

みちる　眩《まぶ》しいですね。

金木　眩しいです。隣のSVにも「えっ、それでいいんですか？」みたいな感じで向かっていく。その後、私のところに来て「納得いかないんですけど。ふざけんなですよね」って。私も「そうだね。あなたのおっしゃる通りだね。もっと言ったれ」って（笑）。

みちる　自治体に入る時に、初めから児童相談所を希望する人は少ないと思います。だけど、幸か不幸か児童相談所に配属されてしまった人たちの中で「うんうん」っていう人と、そうじゃない人とは、どこが違うんですかね？

金木　やっぱり、子どもの視点に立てるかどうかってことだと思います。もちろん、支援者も人間だから得手不得手はあると思いますよ。例えば、思春期女子が苦手とかね。でも、大きなところで「このまんまだと、この子はどうなっちゃうの？」とか「せっかく子どもが訴えることができたのに、それをスルーするの？」とか、子どもの視点に立って考えられる人かどうか。

みちる　なるほど。

金木　私がこれまで大事にしてきたことで、これから児童相談所で働く人たちに伝えたいことは、「もし自分がケースの立場だったら、自分の言葉に納得できて『この人の言うことだったら聞こうかな』と思えるだろうか」ってことを、いつも頭の片隅で意識して仕事をするってことです。児童相談所に入ったばかりだと、そういう視点を持つのは難しいと思いますけどね。あとは自分がつらくなったら周囲に助けてくれる人は絶対いるはずなので「助けて」とか「つらい」ってSOSを出すことが大事です。「私、つらいです！」って大騒ぎすれば、みんな何とかしてくれるはずです。それが難しい職場もありますけど、互いに「どう？」とか「なに？」って気にし合う雰囲気は大事です。同僚が「お節介も専門性のひとつ」だと言ってましたけど、本当にそう思います。

みちる　金木さんは眩しい若者たちがつくる新しい児童相談所にこれから行くわけですけど、そこでの自分の役割って何だと思いますか？

金木　できることとできないことはありますけど、そこには「これまでとは違う児童相談所をつくる」って思いがきっとあると思うので、そこは引き出せるようにお手伝いしたいです。もし、私の経験が役立つのであれば、どんどん提案していきたいですね。

新たなスタートラインに立って

みちる　最後に、新たなスタートラインに立った今の気持ちを聞かせてください。

金木　どうなるか全然わからないですけどワクワクしますね。転校生みたいな気持ちです。この数年は、家族再統合チームから心理のSVになったり、教員採用試験を受けたりと回り道しましたけど、結局は本来いるべき場所に引き戻される経験をしてきたように感じています。だから、これからが本当のスタートです。私って欲が深いんですよ。

みちる　どんなふうにですか？

金木　これまでの人生で、欲しい時に欲しいものが手に入らなかったっていうのが、自分の中に強烈に残る人間なんですよね。家が厳しかった中学時代や、自治体に入って稼げるようになっても自分でお金を使えなかった時のことが、ずーっと強烈にグルグルしてるんです。今回、退職金をいただいたんですけど、それで何をしたと思います？

みちる　聞くのが怖いです……。

金木　中学の時に欲しかったものと、就職した時に欲しかったものを全部手に入れました。それは当時のものなのでヴィンテージものです。その時みたいに新品で手に入らないので、古いものを手に入れて、それを完全にレストアするという、すごくお金のかかることをしました。今、それが全部終わったところです。私にとっては、過去の自分と訣別するための儀式みたいなもので、これで全部チャラになって新しい場所に立てたという気がしています。これからも児童相談所で働くことに変わりはないですけど、新しい職場では真面目にコツコツ頑張ろうと思っています。これまで行き当たりばったりノリでやってきたところがあるので、その反省もあります。

みちる　金木さんの場合は、真面目にコツコツ仕事に集中できない状況もありましたよね。金木さんのお話を伺って、困難な状況の中でも、よくここまで長い道のりを歩いてこられたなと感じました。私は同じ職場で働いた経験から、金木さんという人は子どもや弱者の権利を擁護《ようご》するために調整していく役割を担っていかれる方なのではないかという印象を強く持っています。

金木　そうですね。重複になりますけど、私のテーマは陽が当たらない人に光を当てていくことです。だから仕事をしていく中で、どんな場面であっても陽が当たらない人のことを周囲に伝えていきたいし、その人自身にも「見てるよ」と伝えたい。これからも、常にそれを意識してやっていきたいと思っています。思えば二十数年前、最初に配属された児童相談所で「なんでこのケースはすごく大事なのに検討にあたらなくて、そうじゃないケースが検討されるんだろう?」って全然納得できなかった経験がありましたけど、その視点はこれからも大事にしていきたいですね。

みちる　貴重な経験を共有してくださって感謝します。長時間、ありがとうございました。

児童福祉司

工藤むつみ

五十代女性

プロローグ

小学校の頃、富司純子が女侠客《きょうかく》を演じる映画『緋牡丹博徒』シリーズが好きだった。話の筋はよくわからなかったが、男だらけの悪の世界に、火のような強い情念を持った美しい女主人公・お竜が、たった一人で切り込んでいく。その潔さに加えて、賭博シーンで見せる白い片肌のエロティックな香りに小学生は酔った。

何十年か経ったある夕方、現実の世界で緋牡丹のお竜と再会した。お竜がいたのは賭博場ではなく児童相談所。びしっと居住まいを正し、電話の前に座るお竜。丁か半か——。

ブラインドを通して、夕陽が黴《かび》臭いグレーの事務机や黄ばんだ白壁、埃《ほこり》や塵《ちり》が沈み込んだカーペットをぼんやりとオレンジ色に染めている。テレビドラマ『太陽にほえろ』さながらの光景だが、お竜のまわりは鉄火場の風情が漂う。多分、これから難しい保護者かなんかに電話するところなのだろう。

一時間後。お竜はまだ電話の相手と話していた。時折、「それはできません」「ですから、先ほど申し上げたとおりです」と、キッパリした口調でお竜が答える。ほとんど相手がしゃべっていて、お竜は聞き役に徹している。電話は延々と夜まで続いた。

お竜は工藤という名の福祉司だった。工藤が幼少期に憧れていたのは緋牡丹のお竜ではなく、仮面ライダーだという。しかし、明日のために戦う「虹の戦士」であることに変わりはない。工藤の戦いは今日も続く。

【プロフィール】

消防士の父、専業主婦の母との間に生まれた一人娘。出生時、医師から「命の保障はできない」と宣告されるほどの難産だったが、母子ともに奇跡的に命をとりとめる。

育ったのは昭和のテレビ全盛期にあった都市近郊の住宅地。まだまだ、赤の他人のご近所同士が互いの家を頻繁《ひんぱん》に行き来し、地域の子どもたちを育て合う文化が色濃く残る時代だった。あるがまま、まるごと受け容れてくれる両親、自分の家のようなご近所さん、気の置けない友だち、生活の中に学びを与えてくれる先生など、人間関係に恵まれて幸せな子ども時代を過ごす。

短大を卒業後、念願の幼稚園教諭となるが、そこから退職、結婚、離婚と人生の暗いトンネルに入っていく。転機は基礎自治体への入職。保育園での被虐待児との出会いをきっかけに、広域自治体の児童相談所二カ所で児童福祉司としての経験を積み、地域に新設される児童相談所の立ち上げメンバーとなる。

生まれ育った町で一人暮らし。

生まれ育った町のこと

みちる　はじめに、今、児童相談所でどんな仕事をしているのか簡単に教えてください。

工藤　家族再統合支援、里親支援、研修などの人材育成事業、法務相談を担当する係を統括しています。家族再統合支援では、対立しがちな担当福祉司と保護者の間に入って一緒に話し合ったり、一時保護や施設入所しているお子さんの家庭引き取りプログラムを担当福祉司と作ったりしています。あと、うちの児童相談所は開設して間がないので、経験が浅い福祉司が多くて、子どもや家族を客観的に見立てるのがなかなか難しいんですね。そこをバックアップするために、私たちがファシリテーターとして入ってスタッフ会議を開き、一緒にケースの整理をします。その会議には心理担当グループ、地域担当グループ、一時保護所の係長が入る場合もあって、それぞれ立ち位置が違う人たちが、みんなで整理しながら同じ方向を向けるようにします。でもスタッフ会議の一番の目的は、地域で働く福祉司のモヤモヤを少しでも晴らすことです。里親支援については民間のフォスタリング機関に研修や普及啓発などで入ってもらい、もう少し包括的に進めていく予定です。

とにかく立ち上がったばかりの児童相談所なので、私は担当する一つ一つの仕事の体系とか仕組みをゼロからつくっていくことをやっています。まだまだこれからで、試行錯誤の毎日です。

みちる　何もないところから何かをつくっていくって大変なことですよね。仕事については、また後ほど詳しく伺うとして、まずは工藤さんの子ども時代のことからお聞きしたいです。

工藤　生まれたのはA市です。A市には今も両親が住む実家があって、私もすぐ近くで暮らしています。両親は同い年で、父は消防署勤め、母は専業主婦でした。私は二人が二十七歳の時に生まれたんですけど、とにかく生まれた時が大変だったんです。それまでずっと順調だったのに、臨月に入ったところで突然、母が妊娠中毒症で倒れてしまい、お医者さんから「母子ともに危険なので親族を集めてください」と宣告されました。「次に痙攣《けいれん》がきたら諦《あきら》めてください」とまで言われた後にも何度も痙攣がきて、父は「もう、こりゃダメだな」と思ったそうです。でもね、運命的だったのが、その時に大雪が降ったんです。その病院は総合病院で、産科だけじゃなくて外科や麻酔科も入ってて、そのお医者さんたちが、いつもなら帰宅している時間なのに、電車が止まっていたから全員残ってた。それで、緊急手術ができたんですって。お陰で私は奇跡的に助かったけど、母は三、四日、意識不明で、意識が戻ってからも一カ月半くらい入院したそうです。

父に「ごめんね」って言われたことがあります。「あの時は、子どもはダメでも、お母さんだけは何とか生きていてほしいと思っちゃった」「お母さんが死んで赤ん坊だけが残されても、お父さん一人じゃ育てられないと思った」って。

みちる　ご両親は、ものすごく愛し合っていたんですね。

工藤　お見合い結婚ですけどね。出産したのは結婚して一年半から二年くらい経ってから。父は飲んだ時、たまにその話をするんだけど、母は意識がなかったから全然覚えてなくて「何も大変じゃなかった」って(笑)。その時は、父が本当に大変だったみたい。若い夫婦だから病院に払うお金がなくて、消防署の先輩にお金を借りたりして。私が小学校に上がった頃かな、父が私を連れてその先輩のお宅に「こんなに大きくなりました」ってご挨拶に行ったんですよね。その時に、その先輩と父がお酒を飲みながら、「あの時は大変だったよね」って話をして、父が号泣してました。それを見て「ああ、本当に大変だったんだな」と思って……それが影響しているのかわからないけど、私は小学校くらいまで体が弱くて、すぐに熱を出す子でした。その後は元気になりましたけど。

みちる　小学校に上がる頃までで、印象に残ってる出来事ってありますか?

工藤　ご近所同士が、とても仲が良かったですね。今はあまり見かけなくなった昭和のつきあい。向かいの家に、私のことを可愛がってくれる面倒見のいいおじちゃんがいて、しょっちゅう遊びに行ってました。ある夜、私が寝たあと、両親が向かいの家に行ってたんです。たまたま私が目を覚まして、「誰もいない」って大泣きした。その泣き声を聞きつけて、みんなが「むっちゃんが泣いてる」「ごめん、ごめん」って駆けつけてくれたのを覚えています。うちは貧乏で車がなかったけど、おじちゃんの家にはあったので、母が寝坊して園バスに乗り遅れると、おじちゃんが車で幼稚園に連れて行ってくれました。他にも車を持っている近所の人が誘ってくれて家族同士で出かけたりしたので、車がなくて不便だと感じたことはなかったです。ご近所同士で、そういう助け合いというか、互いに気にかける雰囲気があって、それは今も続いています。

みちる　ご両親はどんな方ですか？

工藤　父はね、普段は淡々としていて、母はまわりの人たちから言わせると「サザエさん」みたいな人。おっちょこちょいで、あまり深く考えない。社交的で明るくて、いろんなことに好奇心を持つタイプだから、友だちは割と多いかな。学校から帰ると、家で近所の人たちがオセロとか花札をやってるんです。近所の人たちは、よく集まってましたね。例えば、編み物が得意なおばさんの家で、みんなで編み物したり。刺繍《ししゅう》とか、その時々に流行っているものを、誰かの家に集まって、みんなでおしゃべりしながらやるって感じ。昭和四十年から五十年代のA市は空き地が多くて、そこにポツンポツンと家が建って、それぞれ引っ越してきた頃で、地元の人は少なかったと思います。うちの両親も地元じゃない。

みちる　ご近所づきあいのことで他にも覚えていることってありますか？

工藤　近所に大声で子どもを叱る家がありました。ものすごい怒鳴り声が聞こえる。今だったら完璧に心理的虐待。多分、叩いたりもしていたと思う。うちの両親もわかってはいたけど、「それはダメだよ」とか正面切って諭《さと》すようなことはしなかった。そのかわり、父がその子たちに剣道を教えたりとか、母が一緒に買い物に連れて行ったりしてました。「あの親は危ないから、子どもたちを離した方がいい」といった意識はまったくなくて、ごく普通に近所づきあいの延長でやりとりしてた。私が学校から帰ると、その子たちが父と昼寝してたりしてね（笑）。その家のお母さんは、今でもつきあいがあって、とてもいい人なんですよ。きっと、その時はいろんなことがあったんでしょうね。

当時の子どもたちには、自分の家以外にそういう逃げ場がありました。私にも逃げ場はあって、すぐ裏に母がすごく仲良くしていた友だちが住んでいて、幼稚園に行く前から、ちょっと目を離すと一人で遊びに行ってたそうです。母が私を捜してその家に行くと、玄関に私の小さい靴がちょこんと脱いである（笑）。子どもの頃のご近所は、全部自分の家みたいでしたね。改まって約束して遊びに行くんじゃなくて、行きたい時に行って、遊んだり、ご飯を食べさせてもらったり。親が外出してて鍵を持ってなかったりすると、その大声で子どもを叱る家にも行って、親の帰りを待たせてもらうこともありました。そういう日頃からのつき合いがあるから、うちの親も「子どもを虐待している人」みたいな特別な目で見ることはなかったんでしょうね。むしろ、「一緒に子どもを育ててくれている人」だったんです。どの子も、まとめて「この地域の子」みたいな感じ。今思うとね、あの感じは、なかなか貴重だったかもしれない。

みちる　そういう経験が、今の仕事にも生きているのでしょうか？

工藤　あまり意識したことはないけど、すごく思い出されますよね。私は、いい時代に、いい地域で育ったなとは思う。仕事で「今、この家には何が必要か」を考える時に、あの時の、ああいう感じがあればいいのかなと思うことはよくあります。今、それが地域に残っているかどうかわからないけど、それが持つ力はすごいと思う。

子ども食堂とか居場所支援とかの取り組みがあるけど、今はそれをわざわざ作らなきゃならないでしょ。居場所がないから作らなきゃならないんだけど、でも本当にそこが子どもたちの居場所になるかっていうと、私の中ではちょっとまだわからないんです。そうした活動を否定してるわけじゃなくてね。すごくいい活動だし、立場的にもそこに繋《つな》ぐしかないから、地域にそうした資源があるのは本当に有難いことですけど。でもね、例えばご飯を食べられる日は週に二回、何曜日と何曜日って決まっているとすると、その決められた枠のその時間に行くってことが、子どもだった頃の私にとっては一番苦手だったんです。順番として、すごく好きな人がそれを始めたんだったら行くかもしれないけど、何曜日にやってるから行くっていうのは、私の感覚とは少し違う。地域の自然な繋がりが持つ安心感って、やっぱり親が繋がってるから生まれるものだと思うんですよね。子どもが安心できる場所って、やっぱり親が信頼してる人がいるところ。子どもは親が反対してるところには行きづらいから。だから例えばね、一時保護を解除する時に、子どもの安全を担保するために親族との交流を条件にすることがあるでしょ。でも、親とその親族の関係が良くないと、子どもにとっては居心地が悪いというか、居場所になりえないと思うんです。やっぱり親との関係がいい人のところが、初めて子どもの居場所になりえる。本来だったら、大人同士がしっかり話し合って、合意と信頼のうえで家に帰せたら、子どもにとってはベストですけど、そんなことができるくらいなら、そこまでこじれてないってところもあって、なかなか難しいです。

小さい時は変わった子どもだった

みちる　工藤さんは小さい時、どんな子どもだったんですか？

工藤　小学校四年生くらいまで、とても変わった子どもでした。お転婆で外遊びが大好き。リカちゃん人形には目もくれず、仮面ライダーごっこばかりしてて、とにかく生活すべてが仮面ライダー一色でした。ごはん茶碗から自転車まで、使う物にはみんな仮面ライダーの絵がついていて。自転車も黒いカッコいいのが欲しかったけど、父が「こっちはどう?」って、可愛い女の子のアニメキャラがついているピンクの自転車を勧めてくる。「それはどうしても嫌だ」「仮面ライダーがいい」ってごねて、それで散々やり取りしたあげく、ピンクの自転車に仮面ライダーのステッカーを貼るという折衷《せっちゅう》案で収めたこともありました。で、そこまでは、まぁ、普通ですよね。どこが変わっているかというと、例えばね、母の日に、先生から「お母さんの絵を描きましょう」って言われて、みんな上手かろうと下手だろうと、とりあえずお母さんの絵を描くじゃないですか。でも、私が描くのは仮面ライダーなんです。

工藤 何をどうやっても仮面ライダーにしか行きつかない。そして、その絵を親が参観日で見るわけ。

みちる （爆笑）

みちる お母さんは怒らないんですか？「恥ずかしいじゃないの！」とか。

工藤 いやー、うちはあんまりね、そこは全然ない。もちろん、恥ずかしかったとは思うけど。今でも親から聞かされるのは、幼稚園の参観日に、先生が「金魚を知らない人」って言ったら、私一人が「はーい！」って手を挙げたんですって。「むっちゃん、金魚見たことないのね」って言われて、親は心の中で「いつも見てるでしょ、知ってるでしょ」って思ったそうです。その日の帰り、母が私を金魚屋さんに連れて行って金魚を見せたら、「これなら知ってる」って（笑）。親は、金魚のことを「おとと」って教えた自分たちが悪いって反省してましたけど、普通に幼稚園で生活していれば、繋がるはずなんですよね。でも、私はなんかもう、何もかもが全然繋がらなかったんです。絵とかも、すごく下手くそで、お面とかを切るのでも線の通りに切れない。線の外側を切るから、お面の内側に全部、線が残っちゃう。「線の通りに切るんだよ」って教わるんだけど、線の通りに切るって概念が自分の中にまったくない。小学校二年生くらいまでは、そんな感じで、ひどかった。本人は別に困らないし、恥ずかしいとも思わないから、「もっと上手にやらないと」という感覚も全然なかったです。

みちる　隣の子が線の通りに切ってるから私もやらなきゃとか、そういう同調圧力みたいなものもなかった？

工藤　なかったですね。あの頃のままだったら、どんなに楽しいでしょうって思います。

みちる　のびのびと天真爛漫《てんしんらんまん》に育ったんですね。お母さん、子育て上手ですね。

工藤　そこがサザエさんみたいで、あんまり考えないから。最初に話した生まれた時のことがあるし、体も弱かったので、「今日、元気で幼稚園に行けた」とか「熱が下がった」とか、それだけで良かったんです。ハードルがすごく低くて、「生きててくれれば儲《もう》けもの」くらいの感じでした。人に迷惑をかけたり、時間を守らないことには厳しかったけど、自分の感覚的なものを否定されることはなかったです。唯一、他の子と比べて良かったのはセリフ覚え。幼稚園の劇では人のセリフまで覚えちゃうくらい劇は大好きでした。劇って非日常でしょ。非日常を体験できるのは、すごく楽しかった。

みちる　仮面ライダーも非日常ですね。工藤さんにとって、仮面ライダーはどういう存在だったんでしょうか？

工藤　自分自身ですかね。自分と仮面ライダーを同一視していました。なんで、カッコいいと思ったのかな？　うーん、見た目だったかも。バイクに乗って颯爽《さっそう》と登場するとかね。ビジュアル的に仮面ライダー役の藤岡弘さんのインパクトもすごく強かった。今のヒーロー戦隊ものは何体も出てきて、チームで助け合って悪と戦うでしょ。ゴレンジャーとかは、なんだかんだ五人出てきて戦うじゃないですか。でも、初期の仮面ライダーは一人で戦う。孤独なんです。すべての責任を負いながら、自分一人で助ける。わちゃわちゃ出てくるより、一人で完結しているのが良かった。わかりやすかったです。近所の子たちと仮面ライダーごっこをする時は、敵対するショッカー役も持ち回りでやりました。「エイ、トウ！」とか言って戦うんだけど、私がショッカーをやった時に階段から落ちて、それがすごく悔しかったのを覚えています。「なんてカッコ悪い」って恥じましたね。

みちる　そんな子が小学校に上がり……学校は楽しかったですか？

工藤　よく廊下に立たされてたけど楽しかった。キャッキャして話を聞いていないから、先生に棒でパンパン叩かれました。今思えば体罰ですよね。でも、その分、よく遊んでくれた先生でした。テストは何回やっても自分の名前を書くのを忘れちゃう。多分、注意欠陥の傾向があった。それは今でもそうだと思うけど。で、先生に「名前ないぞ。これ誰だ？」って言われて、「残ってるのは私だけなんだから私だってわかるのに、なんでわざわざ言うのかな？　黙って返してくれればいいのに」としか思わない。とにかく忘れ物が多くて、忘れると教室の後ろで正座しなきゃいけないから、二年生までは、ほとんど自分の席にいなかったです(笑)。

みちる　でも、子どもって小三、小四くらいで変わりますよね?

工藤　そうなんです。私も変わりました。低学年の時の成績って、ABCの三段階評価で大体みんなオールAをもらえるじゃないですか。でも、私はオールBだったんです。親は「普通で良かった」「いいね」みたいな感じで、とやかく言わなかったから気にしてなかったけど、さすがに四年生くらいになって勉強がわからなくなってきちゃった。算数の距離と時間と道のりの文章問題で引っかかったんです。その時、担任だったB先生が、休みの日に私ともう一人、近くに住んでいた仲良しの女の子を自分の家に呼んで勉強を教えてくれました。今じゃ考えられないですよね。B先生は授業もすごくユニークだった。算数で何アールとかの「広さ」をやるでしょ。私だけじゃなくて、みんなもその広さがイメージできなかったんです。そしたらB先生が「模造紙を何枚つなげたら1アールになるのかやってみよう!」って言って、みんなで校庭に出てやってみたんです。模造紙をつなぎ合わせたら結構な広さになって、ちょうど桜が咲いていたので模造紙の上に座って、みんなでお花見をしました。

みちる　素敵な授業ですね。その先生との出会いは、工藤さんにとって大きかったんじゃないですか?

工藤　親もそう言ってました。三十代後半くらいの女の先生で、土曜の午後には学校で「B塾」っていうのをやってくれたんです。何をするかというと、和紙の染め物とか、闇鍋《やみなべ》とか。闇鍋は、家から鍋に入れるものを一人一つ持って行く。入れる子以外は、みんな目隠しするから、他の子が何を入れたのかわからない。チョコを入れる子もいれば、ニンジンが丸ごと一本入っていたり。合間には少し勉強もしました。そこからです。「勉強って面白い」と目覚めて、成績が良くなった。授業をちゃんと聞くようになったんですね。

B先生に関しては、ショックな思い出もあります。そのクラスでいじめがあったんです。強い女の子が弱い女の子をいじめてて、みんな気づいていたけど、誰も何も言えなかった。ある時、私ともう一人の女の子が、強い女の子から弱い女の子の洋服を切るように命じられました。その時の私たちには断る勇気がなくて、私は弱い女の子にだけ聞こえるように「切る真似だけするね」って言って、切った振りをして、すぐにその場を離れました。もう一人の友だちも切る真似をしようと思ったけど、ちょっと切れちゃったらしいんです。弱い女の子のお母さんがB先生に相談したんでしょうね。先生が休みの日に友だちの家に電話をかけてきて「そういうことがあったの？」って確認したら、友だちが「わーっ」て泣いちゃった。驚いた友だちのお母さんが家に来て、私はあったことを話しました。私がショックだったのは、B先生が私に電話しないで友だちに電話したこと。先生は私を疑ったのかなと思って、すごく心外でした。でもね、最終的にB

先生がいじめっ子のお母さんと話をしたらしく、その子がすごく変わったんですよ。それで、クラスの雰囲気も良くなりました。B先生が具体的に何をしたかは、いまだにわからないけど、クラス全体で共有しなかったから、個別にアプローチしたんだと思う。

今思えば、B先生はソーシャルワーク的な動きをされたんだと思います。勉強できない子に「勉強しなさい」とか、その親に「家でこれをやらせてください」とか、そういう関わり方じゃなくて、土曜の午後にみんなで染め物や闇鍋をやりながら勉強したり、いじめっ子の親子と個別で話したりね。保護者たちの信頼や安心感も大きかったと思います。土曜日、学校から帰ってきた子どもにお昼を食べさせて、また学校に行かせるっていうのは、先生への信頼がないと難しいですもんね。すごいなぁと思います。あとね、B先生が途中で産休に入ったんです。産休中なのに、その間も勉強を教わるために先生の家に行ったんですね。その時に、「赤ちゃんにミルクをあげるね」って言って、私たちの目の前で先生がおっぱいを出して授乳し始めた。それは結構、衝撃的でした。普通、別の部屋に行ったりとか、ちょっと布で隠したりとかしそうだけど、先生はそうしなかった。あの時期、B先生にいろんな意味で刺激をもらって、私の中で何かが覚醒《かくせい》したような気がします。

中高時代　～居場所のない友だちが気になった～

みちる　そして小学校高学年になるわけですけど、記憶に残る出来事があれば教えてください。

工藤　不登校の子がいました。当時、「不登校」とか「登校拒否」という言葉は知らなかったけど、「なんで来ないのかな」と気になって、「みんなで迎えに行こうよ」「会いに行こうよ」と提案して、その子の家に行きました。あんまり深く考えていなかったけど。

みちる　その前のいじめの時も、いじめる方にも、いじめられる方にも気を使うようなお子さんでしたよね。まわりの友だちのことは、よく見えていたんでしょうか。

工藤　気になるんですよね。なんか気になったんだと思うんです。中学に入ってからもそうだったけど、そういう、少しはずれてしまうというか、ちょっと乗れていないのは、どうしてなのかが気になりました。習い事に行かないで、学校に来ない子の家に行ったことがあって、その時は父から「自分のこともできないのに、人のことなんか考えられないでしょ。まず、自分のことをやりなさい」と注意されました。その時の父の言葉は、今も影響しています。自分のことができない人間に、人様のお世話ができるわけがない。「確かにそうだな」と思いました。

みちる　思春期に入りますけど、仮面ライダーの他に好きな男の子はいたんですか？

工藤　小学校の時はいなかったけど、中学ではすごく好きな子ができて大変だったんです。その子に会うために学校へ行ったっていうくらい。
みちる　情熱的な子だったんですね。
工藤　うん……でも、あの……普段は元気だけど、恋愛とかは恥ずかしくなっちゃって全然ダメ。でも、もうとにかく、見てるだけでもいいくらい好きだった。
みちる　彼のどんなところが好きだったんですか？
工藤　そのへんの中学生とは、ちょっと違う感じでした。寡黙《かもく》で大人っぽかった。野球部のキャッチャーで、ガッチリしていて……ほら、もともと『仮面ライダー』の藤岡弘さんのようなガッチリ系が好きだから（笑）。そこはね、生涯ずっと変わらないです。
みちる　キャッチャーだったら、みんなのまとめ役？
工藤　そうですね。中学の男子なんて、みんなうるさいじゃないですか。まだ半分、小学生だし。でも、その彼は、ちょっと大人っぽい雰囲気だったんですよね。それが今まで出会ったことがないタイプで新鮮だった。二年生で同じクラスになって告白したら、「自分は今、野球を一生懸命やりたいから彼女はいらない」って断られました。「それほどの野球部でもないのに。単に断るための理由かな」と思って（笑）。振られちゃったから、次のバレンタインデーはチョコレートを用意していかなかったんだけど、朝、学校に行ったら、彼と仲がいい男子たちから「工藤、今日は告白しても大丈夫だぞ」「昨日、ヤツとちゃんと話つけておいたから」「木工室で待たせてる」と言われて……「えーっ、私チョコ持ってきてないし、無理だから」って断ったんだけど、たまたまカバンの中にコンビニで買ったチョコが一個入ってて「それでいいから渡せ」と言われて送り出されました。木工室で告白したら「じゃ、つき合おう」ってことになって、少しだけつき合いました。最終的に、その彼はモテる人だったので、別の女の子と取り合いになっちゃって、早々に「もういいかな」って引くことになるんですけど。

みちる　中学では、恋愛を応援してくれるような男子の友だちがいたんですね。

工藤　女子の仲良しもたくさんいましたけど、男子とも仲が良かったかもしれないですね。中学生女子とつき合うよりも、男子の方がはるかに楽だから。彼らは頼んでもいないのに、本当にお世話を焼いてくれました。「今日は一緒に帰れ」とかね。二人とも恥ずかしくてしゃべれないから、傍から見てると、もどかしかったのかもしれない。

その頃の私は、学校ではちょっとした反抗期でした。親には反抗しなかったけど、学校の先生には小学校の終わりくらいから不信感を持ち始めていたんです。「先生はワイワイしている子の相手はするのに、どうしておとなしい子には声をかけないんですか?」と質問したり、「おとなしい子は自分から声をかけられないんだから、先生から声をかけて」とお願いしたり。何より、中学の先生たちの「自分たちの思う通りにならない生徒は排除する」って感じが我慢できなかった。

みちる　先生たちは支配的だったんでしょうか？

工藤　そうですね。そうせざるを得ないくらい学校が荒れていました。学校は管理的で、校則が厳しかった。「子どもの権利」なんて、まったくないですよ。髪の毛が伸びていたらハサミで切られちゃう。学校には、いわゆる「不良」の子たちがいて、確かに彼らのやることは迷惑なんだけど、私はその子たちとも仲が良かったんです。

不良の中に、学校にあまり来ない子がいました。その子には多分、学校に来ない理由が何かあったんだと思う。ある日、その子が珍しく学校に来たんですよ。チャラチャラした格好で。そしたら先生が「そんな恰好じゃ授業は受けさせられないから、家で着替えてこい」って言ったんです。でも、その子、すごく久しぶりに学校に来たんですよね。なのに、いきなり「帰って着替えてこい」って……そんなことを言われたら反発して、もう学校に来るわけないじゃないですか。そんなこと誰が考えてもわかるのに、第一声がそんな声のかけ方って、先生ってバカじゃないかと思いました。今まで来なかった子が久しぶりに来たのはどうしてなんだろうとか、家に居場所がないんじゃないかとか、先生だったら考えないのかなと思って……担任だけじゃなくて、学校の組織自体がそういう感じでした。体罰もあったし。私は、よく水の入ったバケツを持たされたけど、そのことよりも不良の子たちへの対応が腑《ふ》に落ちなかった。荷物の抜き打ち検査も頻繁にあって、ある時、たまたま私がマンガを持って行った日に検査があったんです。クラス全員を廊下に出して、先生が一人ひとりのカバンを開けて中を調べる。今だったら、ありえないと思うけど、あの頃は先生たちも麻痺《まひ》してたんでしょうね。そういう時代でした。その時に、仲良しだった不良の子が教室にそっと入って、私のカバンからマンガを持ち出してくれたんです。でも、先生に見つかっちゃって、「なんだ、このマンガは?」って咎《とが》められたけど、その子は私をかばって絶対に口を割らなかった。不良たちは悪いこともするけど、救いようのない悪じゃない。みんないい子でした。だから、先生のその子たちへの対応が許せなくて反抗していたんです。

みちる「自分が安全なら、それでいい」みたいな守りに入る子たちもいたでしょうけど、工藤さんはそうじゃなかったんですね。

工藤 それで、また目立っちゃうんです。そんな感じで学校が荒れてたから生徒会役員のなり手がいなくて、職員会議で副会長に任命されました。反抗的ではあったけど、先生たちと悪い関係ではなかったんですね。先生からすると扱いやすい生徒だったのかも。

みちる バランスがいい感じはしますね。一部の生徒が排除されることに憤《いきどお》りを覚えて正義感で突っ走るという感じでもないし、自分のすべきことはきちんとして、みんなと仲良くできる。

工藤 そう、みんなと仲が良かったです。それで生徒会の活動をやるんだけど、そこで当時一番身近にいた友だちから、突然裏切られるという経験をしました。彼女は、どちらかと言えば不良だったけど、今から思えば家に居場所がなかったんだと思う。他にも何人か、そういう子たちがいたんじゃないかな。でも、その時の私は、物事を自分の物差しでしか見ることができないから、そういう家庭があるってことがよくわからなかった。経験がないというか、考えが及ばないというかね。彼女は、他校の不良グループに頼んで私に脅迫電話をかけさせたんです。携帯電話もLINEもない時代で、家の電話にかかってくるから可愛いもんですけど。親も当然気づきますしね。でもね、私は友だちだと思っていたから、やっぱりショックでした。それまでは無防備に誰とでも仲良くしてたけど、「友だちと先生は選んだ方がいいのかな」と、その時に学習しました。彼女は脅迫電話の首謀者が自分だとはバレてないと思っているし、私も咎めなかったので、その後も時々一緒に遊びました。うちの親は「あの子と遊ぶのはやめなさい」とか、彼女の悪口は絶対言わなかったですね。学校からの帰り道、遠目に見守ってくれるくらいで。

みちる　それは、なかなかできないことですね。

工藤　そうですね。そういう親の態度は「すごいな」と思ったし、何より私自身がとても救われました。親がうるさいと思ったことは沢山ありましたけど、よく話をする家族だったから、あまり親に隠しごとはしなかった。

みちる　お父さんとの関係はどうでした?

工藤　基本的に夜ごはんは一緒に食べて、朝の出勤時は見送る関係です。当直勤務があるから、非番もあるんです。だから、ちょっと遊びたい時とか、悪さしたい時は、カレンダーをチェックして父がいない日に予定してた（笑）。そんな感じで、「父がいる緊張感」が、それなりにある家だったと思います。でも、父と二人の日もあって、そういう日は一緒に公園でスポーツをしたり、テレビの前でゴロゴロしながら時代劇の再放送を見たりしました。

みちる　そして、高校生になりますね。

工藤　中学時代は「ザ・生意気」でしたけど、反発したり、考えないで行動すると、自分がまたそこにエネルギーを使わなきゃいけないってことを学んだ三年間でした。だから、高校は至って普通に過ごそうと思って剣道部に入り、真面目な高校生活を送りました。

みちる　どうして剣道を選んだんですか？

工藤　中学は水泳部だったんです。小さい頃から、決まった場所に、決まった時間に行って、決まった時間を過ごすっていうのが苦痛だったから、習い事はどれも続かなかったんですけど、唯一続いたのが得意だった水泳。でも高校にはプールがなかったので、何をやろうかなと考えた時に剣道を思い出しました。剣道は、父が近所の小学校で子どもたちに教えていたので、私も小さい頃から習ってたけど、自分の親に叩かれるって、すごく嫌だった。もちろん、防具をつけて、竹刀で「面！」とかやられるわけだけど、それが嫌で。母も近所の子に習字を教えていて、それも自然な流れで一緒にやるんだけど、添削されるのが、やっぱりすごく嫌（笑）。親に評価されるっていうのは嫌なものですね。親も、よその子の手前、自分の子どもには少し厳しめなんです。

「なんで私だけ?」っていうのも嫌だった。ちょうど剣道の時間がドリフターズの『8時だョ！全員集合』のオンエアと重なってたので、父に「私は、どうしても『8時だョ！全員集合』が見たいから、剣道をやってるわけにはいかないんだ」と言ってやめました(笑)。中途半端にやめたという思いが強かったから、もう一度やろうと思ったのかもしれない。

みちる　高校生活はどうでした?

工藤　高校では友だちと、とにかくずっと笑ってました。楽しかったんです。でね、中学の時に好きだった彼が、たまたま高校も一緒で、もちろん野球部。別れちゃったから声もかけられない関係だけど、好きなのは好きだった。

みちる　えっ?　じゃ、中二から、ずっと思い続けてたの?

工藤　そうですよ。大好きだったんです。だから、剣道部の練習には野球部の練習を見てから行くっていう、ゆるーい感じの部活でした。その時の仲間が、剣道部か私を入れて三人、もう一人が野球部のマネージャー。その四人の女子たちで、いつも一緒にいました。お互いの家に泊まったりして。「私たち面白いから、欽ちゃんファミリーに応募してみる?」ってくらい、みんな個性的で面白い子たちだった。

みちる　一貫してテレビっ子だったんですね。

工藤　テレビっ子でした。両親ともテレビ好きで、よく見てたというのもあって。ドリフターズはもちろん、歌番組では『ザ・ベストテン』と『ザ・トップテン』。ドラマでは山口百恵ちゃんの『赤いシリーズ』と『Gメン'75』を欠かさず見てましたね。『Gメン'75』って、普通の刑事ものとは全然違うし、倉田保昭さんっていう空手をやってる俳優さんがガッチリ系で、もう大好きで、そこにはまってました。あの当時、楽しい番組がいっぱいありましたよね。

みちる　工藤さんは、確か田原俊彦さんのファンですよね？　彼はガッチリ系かしら？

工藤　ガッチリ系の「ザ・男」みたいな感じじゃなくて、爽《さわ》やかで可愛いキャラですよね。「ちょっと私のタイプじゃないな」と思ったけど、あの明るい感じと、ふっと陰のある感じが好きです。

みちる　あ、陰のある人が好きなんですか？　明るい家庭に育ったから、陰のある人に惹《ひ》かれるのかな？

工藤　確かに、うちの母は明るいですけど、父は明るいキャラかと言えば、そうでもない。人づき合いとかも、そんなに器用じゃないし。父は神経質というか、心配性だから、仕事では相当神経をすり減らしていたと思います。若いうちにチームのリーダーになったから、人一倍神経を使って、すごく大変だったんじゃないかな。いつ緊急事態が起きるかもしれないから、夜もぐっすり寝れないし。夜勤明けには、家に部下たちをよく連れてきて、真っ昼間から、みんなでめちゃくちゃ飲んでました。

みちる　友人に消防士さんがいるんです。一口に消防って言っても、いろんな仕事があるようですけど、友人の話を聞くと、児童相談所と同じニオイがするなって思う。重い現場を終えた後は、みんなで輪になって話をするんですって。そうしないと、仕事を終えられないって。心身ともにハードな仕事ですよね。

工藤　そうですね。父も、仕事ではいろいろあったと思います。ちょっとね、一時期、お酒を相当飲んでいました。やばかったです。飲めちゃうんですよ。一晩で一升とか。一人で、ですよ。人間の体で、よくそんなことができるなと思いますけど。お酒を飲んで母と喧嘩《けんか》になることもあったので、そういう意味では、うちも「陰《いん》」な部分がありました。母は、そんな父を気使っていたとは思いますけど、「毎回それで喧嘩になってますよね？」ってことを毎回言うんですよね。そういうところは、いまだに学習してないです。今は、父も年を取ったから怒りませんけど、それでもブスッとして険悪な雰囲気に一瞬なる。だから、私もそういう場面では、結構気を使っているという実感がありました。単純にワイワイやってるだけじゃなくてね。例えば二階にいて両親の声が聞こえると、「あ、またお父さんが怒っているのかな？」「喧嘩してるのかな？」と心配になったりして。子どもだから喧嘩の度合いとか、どこまで本気なのかとか、全然わからないじゃないですか。だから、「これで、お父さんがお母さんを殺しちゃったらどうしよう」くらいの恐怖を感じた時もあったと思う。でも翌日は、二人ともケロッとしてるんです。喧嘩をしても、必ず次の日は挨拶をしようというのは夫婦間の決め事だったみたいです。それは小六くらいの頃ですね。

みちる　子ども心に、お父さんは緊張感がある仕事をしているっていうのは感じてたのかしら？

工藤　それは、わかりますよ。わかる。同僚が土砂崩れで亡くなったりとか。「なんかあったんだな」くらいは感じましたね。あまりしゃべらないから、詳しいことはわからないけど。だから、すごく機嫌が悪い時に私の態度が悪かったりすると、物が飛んできたりもしました。大人になって、父に「今あれをやったら、児童相談所に通告されるんだよ」と言ったら、「もう言わないでよ。反省してます」って謝ってたけど。うちの場合は四六時中、意味不明の暴力が繰り広げられてるわけではなかったけど、母もよせばいいのに言い返すから、また喧嘩になるんです。今になって「お母さん、よくあの時、離婚しなかったよね。嫌じゃなかった？」って聞くと、「お父さんの人間性が嫌だったわけじゃないから離婚しようとは思わなかった」って。今、仕事をしても「大人が思っている以上に子どもは記憶している」ってことは意識しますね。

みちる　重責を担って仕事をしているお父さんの精神的なタフさを、工藤さんも受け継いでいるかもしれないですね。そんなお父さんを尊敬するところもあるでしょ？

工藤　どうでしょう。私はタフなのかな？　父も、すごい突き詰めて落ち込むかっていうと、そこはちょっと天然なところがある人。で、母は最初から天然。そういう意味では、いい言い方をすればタフかもしれない。父のことを「すごいな」と思ったのは、小三くらいの時、父と二人で横断歩道で信号待ちしていたら、目の前で車と自転車がぶつかったんです。自転車に乗ってた人の意識はあったから、そんなに重大な事故じゃなかったと思うんだけど、まわりにいた人は「どうしよう」って遠巻きにどよめいた。そしたら、父がさっと出て行って対応したんです。その時は父のことを「カッコいいな」と思いました。その迷いのなさみたいなところがカッコよかった。

みちる　いや、カッコいいお父さんです。そういう時って、みんな足が震えますよね。そんな中で、正しく判断してテキパキ現場を仕切れるって、すごくカッコいいです。何よりもケガしている人のために働いてるわけでしょ。緊急時に、困ってる人の役に立てるって、誰にでもできることじゃないですから。

工藤　そうですね。子どもの頃、父が消防の仕事をしているのは自慢だったかもしれないです。そうやって人を助けるって、とてもわかりやすいですよね。仮面ライダーと同じくらい。

憧れの幼稚園教諭になる！　～結婚、そして離婚～

みちる　楽しくて充実した生活を送った高校時代ですが、卒業後の進路はどうやって決めたんですか？

工藤　小学校低学年で『赤いシリーズ』の百恵ちゃんが幼稚園の先生役を演じているのを見た時から、将来は幼稚園の先生になると決めていたので、その選択しかありませんでした。全部テレビの影響（笑）。でもね、すごく素敵に見えたんですよ。百恵ちゃんがニコニコして、子どもたちと一緒にいるシチュエーションが、すごくいいなと思った。親は私が「幼稚園の先生になりたい」と言ったら、とても驚いていました。小さい子を見ても、ニコリともしない子だったから、子どもが好きだとは思わなかったんですって。幼稚園教諭を選んだのは、母方祖母の影響もあるかもしれません。母が難産で、なかなか回復しなかったので、離乳期くらいまで祖母が私を育ててくれたんです。気が強い人だったけど、私にはとても優しくて大好きでした。その祖母が、よく素話《すばなし》をしてくれて。素話というのは、「カチカチ山」「舌切り雀」「花咲か爺さん」とかを、本を読まずに「語り」で話してくれるんです。何度も何度もおねだりして、「また聞くの？」って呆れられるくらい、祖母が語る昔話が大好きでした。

そんな感じで、私の場合は夢に向かって一直線。短大で幼稚園教諭の資格を取って、実習先の幼稚園にそのまま就職しました。幼稚園に就職できて、私はもうキラキラですよ。百恵ちゃんのイメージですから。「やった！」と思いました。でも現実は、理想とのギャップに打ちのめされた四年間でした。

みちる　どういうところが思い描いていたイメージと違ったんですか？

工藤　民間だから園児をたくさん獲得しなきゃいけないんです。そのためにイベントにすごく力を入れている幼稚園でした。発表会とか、そりゃもうキラキラですよ。私も好きな世界だから、そこは思う存分やったけど、そこに費やす労力たるや、ものすごかった。壁一面に模造紙を貼り合わせて背景の絵を描いたり、ピアノもミュージカル風にアレンジして弾く。私は四年間、ずっと年長クラスの担任を任されていたので、発表会ではピアノを二十分くらい弾き続けなきゃいけないんです。ピアノがすごく得意なわけじゃないから、十二月の発表会に向けて半年前から練習しました。マーチングにも力を入れている幼稚園だったし、イベントの他に毎日こなさなきゃいけないカリキュラムも結構あって、とにかく先生も子どもも息つく暇がないんです。新人の私は、先輩の先生たちと差がつかないように仕上げなきゃいけないプレッシャーもありました。何を求められているかはわかるから、対応はできるんだけど、なんだか楽しくなくなっちゃった。いつも「はい、次、何やるよ」「今度はこれやるよ」って、子どもを急《せ》き立てて……「こんなんで子どもは楽しいのかな」と思って。もともと私がダメなんですね。そういう追われるっていうのが。

みちる　線通りに切るのが不得意な幼稚園生でした。

工藤　そうそう。だから、例えばマーチングの時に「まっすぐに並びなさい」と子どもに注意するのが、すごく面白くなくなってきて、私自身があまり笑えなくなっちゃった。ごはんを食べられなくなった時もあったし。なんかもう、子どもと一緒に笑えないんですよ。ある時、子どもに

「先生、遊んできていいですか?」って聞かれて愕然《がくぜん》としたんです。「遊びってなんだ?」と思ったら、本当に子どもに申し訳なくて……自分がキャパがなくて泣きながら仕事をしていて、こんなんで先生をしているのは、ちょっと違うかなと思ったのが幼稚園を辞めた理由です。子どもたちは可愛かったです。すごく可愛かった。

みちる　そして、結婚するんですね。

工藤　はい。二十五歳で結婚しました。相手は中学の同級生。お話ししたように中学時代は大好きな人がいたから、その人のことはあまり印象になかったけど、成人式で偶然会ってつきあうようになりました。私は子どもの頃から、すごく結婚願望が強かったんです。だから、今みたいに独身で仕事をしてるなんて、若い時の人生プランにはまったくなかった(笑)。当然、母のように専業主婦で家にいて、子どもがいてって生活だと思っていたけど、自分には叶《かな》いませんでした。まわりは、みんな普通に母親の生き方を引き継いでいくように見えるけど、なんで自分には、それができなかったんだろうって思うんです。離婚したのは二十七歳の時だったから、すぐに再婚できたと思うけど、しなかったし。もう、そこで自分の中の優先順位として「結婚」「出産」「育児」の選択肢は高くなかったんでしょうね。結婚や出産に拒否感があったわけじゃないけど、自分で選ばなかった。今だって別に結婚したくないわけじゃないですよ(笑)。でも、もうしないだろうなと思います。

みちる　工藤さんは容姿端麗だし、モテるでしょ。再婚しようと思えば、いくらでも相手はいると思いますけど。

工藤　意外に、そこにはもう興味がなくなっちゃったんですね。私の人生はね、その結婚から暗いトンネルに入っていくんです。「こんなことって、あるのかな?」と思うようなことが、いろいろ起きました。でも、これを話すと長くなるし、雰囲気が「どよん」としちゃうから、やめといた方がいいかな?

みちる　いえいえ。明日からの仕事に差し支えなければ、是非お話しください。

工藤　私は、とにかく結婚したかったんです。父は仕事で、いろんな家庭を見ているせいか、心配性なんですね。勉強や進路には干渉しなかったけど、いい大人になってからも帰宅時間とか、いろいろ干渉してきて、それがめんどくさくて、とにかく家を出たかったっていうのもありました。そんな折、つき合っていた彼が、突然倒れたんです。脳に原因不明の何かがあって、命に関わる程ではないけど何度も倒れる。それで、親は「大丈夫なの?」って、ますます心配するわけです。でも、私は病気を理由に別れるっていうのが、どうしてもできなかった。今から思えば、あの時に別れてりゃ良かったなと思いますけど(笑)。その時は彼のことが好きだったし、変な正義感も働きました。そうこうするうち、お腹に子どもができて、親も結婚を許さざるを得なくなって結婚しました。できちゃった婚です。妊娠は途中まで順調でした。

ところが、七カ月過ぎて胎動も感じるようになった頃、突然お腹の中で子どもが亡くなってしまうんです。死産って、一般的にはそんなに珍しくないのかもしれないけど、やっぱり私にはすごくショックで「なんで私がこんな目に遭《あ》わなきゃいけないんだろ」みたいな気持ちになりました。その時は、すごく取り乱していたと思います。気持ちもそうだけど、体もなかなか回復しなかった。彼は彼で、そんな私を精一杯支えようとしてくれたとは思うけど、もともとあった浪費癖がさらに緩んで借金をつくりました。その借金を、なんとか自分たちで返そうとしたけど、彼の借金癖は止まらず、返済額がどんどん膨れ上がって「もう、これは限界だな」というところまでいってしまいました。夜中でも取り立ての電話がかかってきて、しまいには「お金を返せないなら奥さんを働かせろ」って脅されて、さすがの彼もビビって自分の実家に泣きついて返済しました。その時にね、お姑さんから「また子どもができたら息子も変わるかもしれない」って言われたんです。その一言は本当に堪《こた》えました。「いやいや、ちょっと待ってくれ」って……追い打ちをかけるように、その後、また彼が借金したのが発覚しました。

みちる　ご両親には相談しなかったんですか?

工藤　ずっと言えなかったです。結婚までの経緯もあったし。ある時、実家に帰ったら、両親がドライブに行くところで、「私も行きたい」と言って連れて行ってもらったんです。近くの湖に行ったんですけど、私がぼーっと湖を見てたら、母が「なんかあった?」って聞いてきた。母が、そんなことを聞くなんて珍しいことでした。それで私も黙っていられなくなって、母に本当のことを話しました。母が「お父さんに今この話をしたら、動揺して交通事故を起こすかもしれないから後にしよう」と言うので、父には家に帰ってから話をしました。父は、「浪費癖は、多分治らないと思う。夫婦でやっていくのは厳しいと思うな」と言って、私を連れてサラ金会社に行って最後の借金を返してくれました。怖いお兄さんたちが出てきて、父がバンとお金を出して「これで」って言って……父も怖かったろうなと思います。

そんないきさつがあって、こちらから「もう別れてください」ってお願いしたけど、なかなか折り合いがつかなくて離婚できず、彼が仕事に行っている間に、私と母とで業者を呼んで引っ越ししました。引っ越し先のアパートを借りるお金は、申し訳ないけど親に出してもらって……両親は「まだ若いし、家に帰ってこい」って言ってくれたけど、私はアパートを借りて一人で暮らす選択をしました。このまま家に帰ったら自立できないと思ったんです。親が優しすぎるから、つらかった話を聞いてくれて、一緒に怒ってくれて、私はずるずると、そこに甘えちゃうと思ったんですよね。

そのアパートがね、すごく古くて、初めての一人暮らしには何とも侘《わび》しい部屋。早く出たくなるように、わざとそういう部屋を選んだというのもあります。初日、布団に入ってから、結婚生活や、その前の交際期間のことが思い出されて「一体なんだったんだろう」と考えたら、私も珍しく眠れませんでした。親が心配するので管理人さんが同じ敷地内に住んでいるアパートを選んだんだけど、そこの管理人さんがね、とても良いおじいちゃんとおばあちゃん。私のことを娘みたいに可愛がってくれて、人の心の温かさに救われましたね。

その後、パートで働きながら公務員試験の勉強をがむしゃらにして、今いる基礎自治体に保育士枠で採用してもらいました。今、保育士は人手不足だから経験者採用とかありますけど、当時は二十七歳を雇ってくれる自治体ってほとんどなかったんですよ。だから「拾っていただいた」って感じです。

みちる　どうして公務員を選んだんですか？

工藤　安定した仕事で、しっかりお給料をもらって、別れた彼に「あなたに心配されなくても大丈夫です」って言える仕事がしたいと思ったんです。それなら公務員だなと思って。公務員の父を見ていたしね。離婚する時に、彼から「専業主婦で働いた経験もそんなにないから、離婚したら苦労するよ。だったら自分もこれから頑張るから、離婚しないでやっていこう」って言われたんです。「専業主婦だと選択肢がないのか？」っていうのが引っかかったけど、私は当時、すごく「いい子」だったんですよね。相手から、そう言われると「そうかな」と思うところがあった。でも、だからと言って借金まみれの人に世話になるってことは、一緒にその人の借金を返していくってことだから、それもなんかおかしい。とにかく、その時は、もう悲しい出来事や思いがありすぎて、誰かを攻撃しないと自分が保てなかったです。私の場合、攻撃する相手は彼とその家族。で、復讐ですよね。「復讐したい」って、初めて思いました。ドラマや映画では、よくありますけど、自分にもそういう復讐心というか「見返したい」って気持ちがあるんだなと思いました。例えば、彼の会社にね、「この人、借金いっぱいつくってます」って言ったらどうなるだろうとか……もちろん自分が惨《みじ》めになるだけだから、そんなことはしませんでしたよ。そのくらいの理性は残っていたけど、この怒りを復讐以外で収めるにはどうしたらいいかっていうのは真剣に考えました。だから、「仕事を持ってないから」って言われた時に、「仕事をして、この人よりはいい給料を取ろう」と思ったんです。「あなたよりは絶対上になって、この恨みは果たす」って。その時期は、それが仕事をする原動力になりました。何より生活のために働かなきゃいけなかったし。

みちる　女性は結婚すると、夫が稼ぐためのサポート役を負わされやすいですよね。でも、経済的に依存することの儚《はかな》さってありますね。

工藤　ありますね。とは言うものの、「仕事をやめたい」と思う時には、「今年、誰かと結婚しようかな」と思うこともあります(笑)。でもね、私は、自分が完全に甘えられて、安定した生活を送れるって人とは出会わないんです。本当は「俺についてこい」っていうのが理想なんだけど、そうならない。あの時、実家に帰っていたら、パートの仕事でも生活できたし、再婚できたかもしれないけど、そこからは何も見つけられないような気もしました。

みちる　そこでの選択は結構重要だったかもしれないですね。

工藤　そうですね。離婚してから公務員試験を受けるまでは、そのおんぼろアパートで生きるためだけに働きました。とにかく別れたかったから慰謝料は請求せず、むしろ向こうの借金を払って離婚したので、ほとんどお金を持ってなかった。親からの援助は有難く断って、休みなしで土日も働きました。実家があるっていう精神的な安心感は大きかったですけどね。

みちる　どんな仕事をしたんですか？

工藤　平日は保育士。産休代替の臨時職員だから、土日祝日のお休みは、お金がもらえない。それで、休日に必ず営業している町の不動産屋さんで働きました。賃貸物件のお部屋を案内する仕事。その不動産屋さんのご夫婦や事務の方からも可愛がってもらいました。でも、家賃滞納の取り立てが、ものすごく厳しくて「これは一生の仕事にはできないな」と思ったのも、公務員試験合格へのモチベーションになりました。公務員として保育園で働き始めたのは二十八歳からです。

再出発　～暗いトンネルを抜けて～

みちる　数々の困難にも負けず、立ち直ったパワーはすごいですね。

工藤　いえ、子どもが亡くなってから、そのアパートで暮らした時くらいまでは究極につらかったです。その頃のことは、あまり覚えてないんですよ、つらすぎて。記憶が飛んでいて断片的なんです。電気をつけるとか、カーテンを閉めるとかは機械的にやってたと思う。私たちが関わる人の中にも電気をつけないとか、カーテンを開けないとか、よくいますよね。なんか……ほんとにそうじゃないと抱えられないっていうのかな……なんかこう……もう外の明るい世界に自分が身を委《ゆだ》ねられないっていうか、そこにはもう溶け込めないというか……自分には、その資格がないっていうか……私もそう思いましたね。自分が悪いとは思ってないけど。でも、なんて言うかな……外の世界に触れるってことは笑わなきゃいけない、しゃべらなきゃいけない、お金を使わなきゃいけない。自分が人より上にいる必要もないけど、でもやっぱり人と関わる時って対等でいたいと思う。可哀想とかは思われたくない。「お金がないんだったら、私が払うよ」なんて言ってほしくないんです。多分、ケースの親御さんたちって、どこかそういう……私たちは意識していないかもしれないけど、児童相談所が上で自分たちはダメみたいな、そういう感覚を持つことはあるのかなと思います。そうなると、もう児童相談所が来たって出たくないし、電話だって出たくないし、カーテンも開けたくない。自分がワーカーをやってると「困るな」と思うけど、でも、すごくよくわかる。「そりゃそうだよな」って。やっぱり人として認められたいというか、可哀想とは思われたくない。困ってる人とも言われたくない。「なんかしてあげようか」って同情もされたくない。じゃ、対等で会えるかって言えば、対等では会えない。だったら、もう遮断するしかないですよね。

私の場合、子どもの死はすごく大きくて、それはもう、なかなか立ち直れなかった。でも、その時の私には、そういう意識がなくて、なんでこんなにも前向きになれないのかが、よくわからなかった。ただね、当時の病院の仕組みにも原因があったかもしれないです。子どもがダメになった人と、元気に生まれた人が同じ場所で歯を磨《みが》く。「うちの子、今日もミルクを飲まなかったのよ」とか「夜泣きがすごくて」って話している横で、子どもを失った人が一緒に歯を磨いている。そういうシチュエーションがありました。退院後、母体の検診を受けに行った日が、新生児の健診日。「なんで、わざわざその日にあてるかな?」って思いました。待合室で、みんなが赤ちゃんを抱いている中、私はひっそりと隅っこに座って……「こんなことをされるほど、私はすごく悪いことをしたのかな?」って人間不信になりました。当時、子どもを失った人へのグリーフケア(悲しみへのケア)のような概念は、まったくなかったです。ないどころか、デリカシーがなさすぎて、離婚とは別の傷つきがありました。こんなことは、あまり大っぴらには言えないですけど、死産した後、妊娠してお腹が大きい人が道を歩いているのを見て違和感を覚えた時期もありました。なんか、動物的な感じがして……どうしてそんなふうに感じたのか全然わかりません。ただ、単に怒りがそこに向いたんだと思う。その時期は、妊婦さんを見ても嫌悪感だし、私が死産したのを知っている友だちが、家族の写真入りの「赤ちゃん、生まれました」みたいな年賀状を送ってきても嫌悪感。その人に悪意がないのはわかってるけど、頭で感情の傷つきをコントロールすることはできなかった。

みちる　やっぱり、死産したタイミングで然《しか》るべきケアをきちんと受けなきゃいけないですね。

工藤　そう、それはすごく大事です。だから今、虐待を受けた子どもも含めて、傷ついた人のグリーフケアとか、トラウマケアがすごく必要だなと感じています。どのタイミングで、どんなふうにケアされるかっていうことが、すごく大事だと思う。私の場合はお腹の中で亡くなったので、長い年月育てた子どもを亡くした親御さんから見れば点でしかない。そう考えると、私の悲しみなんて、なんてことないけど……だけど、そのケアをされたかされてないかっていうのは、その人のその後の人生にすごく影響すると思う。

みちる　わかります。後々の生活の質に関わりますね。工藤さんの場合は、ケアを受けることができなかったけど、今、その経験を仕事に生かしているのは逞《たくま》しいです。

工藤　みんなね、子どもできました、産休入ります、生まれました、っていうのが割と普通だと思ってるでしょ。私も、ずっとそうでした。でも、実は子どもが生まれるって、すごい奇跡だと思うんです。

みちる　人間の受胎率ってチンパンジーとかと比べると、ものすごく低いって聞きました。

工藤　そうなんですよ。よくよく思い返してみると、自分がこの世で命を授かったことだってそうだし、子どもを失った経験もそう。この二つの経験から一つの命がこの地球に生まれてくることは、本当に奇跡なんだって感じるんです。そう考えると、今ここにいる子どもたちの意味って……それって奇跡ですよね。だから、生まれてきたからには、その子たちにはできる限り楽しく生きてほしい。そのためには、私たち大人が、今、この子がここにいる奇跡を、もっと感じなきゃいけないと思うんです。

みちる　ほんとにそうですね。そういうことって日々の暮らしの中で忘れてしまいがちですけど。

工藤　こんな奇跡的なことはないのに、その中で逆境体験をするよりも、この巡り合わせでここに生まれてきて、少しでも「生きてて良かったな」と思えるような人生になればいいなと思う。そのお手伝いがしたいんです。壮大過ぎて、私にはとうてい及ばないけど。

みちる　工藤さんが子どもを支援する仕事をしている根底に、そういう思いがあったとは、今日まで知りませんでした。

工藤　そんなカッコいいもんじゃないけど。

みちる　支援者はもちろん、親御さんも、その原点に立ち返ることが大切かもしれないですね。特に危機的状況にある時には。

工藤　なかなか現実は、そんなきれいごとではいかないですけどね。

保育園から児童相談所へ

みちる　保育園から児童相談所に異動したいきさつを教えてください。

工藤　自治体に採用されて十年間は、保育園で保育士として働きました。それで、やっと仕事が楽にさばけるようになった頃、またそこに落ち着けなくなる出来事があったんです。虐待されている子どもとの出会いです。二人いたんですけど、その子たちの状態が、あまりにも悲惨でした。なのに、私には何もできない、手が出せなかったんです。私が最初に感じたのは、保育園から見たその家と、別のところから見たその家は、きっと違うんだろうなという感覚。だから、園から見た片側だけの世界で「子どもが可哀想」とか、「親が悪い」とは言えないと感じました。だけど、園には調査権もないし、それ以上のことはわからない。それで、児童相談所が関わるんですけど、やっぱり何もわからない。「この人たちが入っても何もわからないんだな」と思いました。今思えば、児童相談所に対する私のプレゼンテーションも、すごく下手だった。「可哀想」とか「なんとかしてあげてください」という子どもへの思いが強すぎて、「子どもの何が心配なのか」を、児童相談所が納得いくように説明できませんでした。一時保護が必要かどうかを話し合う時でも、どうしても「園が大変だ」って話になっちゃう。その子が他の園児に危害を加えて、保護者たちからすごいクレームがくる。先生たちは、その対応に追われて保育の現場全体がどんどん疲弊していく。でも、その子のそういう行動は止まらない。だから園が大変。そういう論理でいくら訴えても、児童相談所が動く根拠にはならないんですね。私も、訴え方が違うかもしれないとは薄々気づいていたけど、どうやって訴えればいいかがわからなかったんです。それで、児童相談所の人から返ってくる答えを聞いても、やっぱりよくわからない。「こっちも児童相談所のことがわからないけど、そっちもわかってないよね」って感じ。そんな時、庁内で広域児童相談所への一年研修を公募してたんです。「今は園側からしか見ることができないけど、立ち位置を変えてみれば、また違った何かが見えるかもしれない」と思って応募しました。だから、私にとってその子たちとの出会いは大きかったです。

みちる　今はどうでしょう？　保育園にいた時にはわからなかったものが見えてきましたか？

工藤　やっぱり、当時は保育園の先生として見てましたよね。頭の中のカメラが、その一点からしか撮ってなかった。とにかく「子どもが楽しく過ごせるように」ってことだけで、そのために「お母さん、こうしてね。お父さん、こうしてね」という働きかけでした。でも、児童相談所に入って違う角度から見ると、お父さんやお母さん自身のいろんな背景が見えてきて、この人たちはどれだけの葛藤《かっとう》を抱えながら子育てしてるんだろうってことに気がついたんです。保育園時代の私のあの言葉がけは浅かったかなと思いました。子ども視点といえば子ども視点だったけど。

みちる　研修先の児童相談所では、どんな経験が待っていたんでしょう？

工藤　いろんな人たちとの出会いがあって、そこからまたどんどん広がって、児童福祉の世界が楽しくなっていきました。世界を広げるきっかけをくれた出会いで、印象に残っている方は三人います。一人は児童精神科医のC先生。先生のことは以前から存じ上げていて、保育園時代にケース会議で子どもの状態を関係者にわかりやすく説明してくださった先生です。そのC先生が研修先の児童相談所に嘱託《しょくたく》医としていらした。C先生の言葉は、とても文学的で、保育士にも入りやすいんですよ。

みちる　言葉って大事ですね。専門用語を羅列されても上から目線だとしか感じられないこともあります。

工藤　本当にそう思います。先生からすれば当たり前のことでしょうけど、それをこちらのレベルまで下りてきてくれて、わかりやすい言葉で話してくれる。生活保護のワーカーや保健師さんの勉強会もされてます。私も児童相談所の世界に入ってから、親や子どものSOSを保育の入り口の部分でキャッチすることが、どれだけ大切かを改めて感じていたので、C先生にお願いして保育士仲間たちの勉強会を開いています。二人目は、研修先で出会った映画好きの児童福祉司の先輩。その方の人脈が広くて、そこから私の人間関係も広がっていきました。三人目は、広域児童相談所での最初の研修から本庁に戻った時に一緒に働いた女性の先輩。その方も、福祉や子どものことをすごく考えている方で、顔が広いんです。今お話しした三人の方たちとの出会いは運命的でした。私は対人関係がわりと受け身で、あんまり自分からガーンといくタイプじゃないんだけど、その方たちが声をかけてくれたお陰で世界が広がりました。有難い出会いです。

みちる　最初の研修後は保育園に戻らずに、本庁に配属になったんですね？

工藤　そうです。保育園で働くのが好きだったし、出たくて出たわけじゃないから、途中まで「私は、いつ保育園に戻るんだろう？」と思ってました。本庁では要保護児童対策地域協議会の事務局や、虐待の講演会、ペアレントトレーニングなどの事業を運営しました。その後、子ども家庭支援センターでケースワーカーを五年やり、児童相談所の立ち上げ準備のために前回とは違う広域児童相談所で二年近く地区担当福祉司としての研修を受けました。その広域児童相談所は人材育成や虐待対応に力を入れているところで、家族再統合でもユニークな取り組みをしている自治体です。本当はもう一年くらい、そこで勉強したかったですね。

みちる　二度目の児童相談所での研修から戻って、児童相談所を立ち上げたんですね。現在は家族再統合支援から里親支援、法務相談、研修を含む人材育成事業まで幅広い業務を担当する係をまとめておられますが、開設から現在までで一番ご苦労されたことって何ですか？

工藤　うちは、全部ひっくるめて「支援調整」という係で、児童相談所のメインである「地域支援」業務を後方から支援する部署。開設時は「まず何から始めるか」ってところからスタートしました。地域支援担当は、仕事自体は大変だけど、やることは明確でわかりやすい。それに対して、うちの係は複数のまったく違う業務を並行してやっていかなければならないので、誰に何を割り振って、それぞれがどう仕事をしていくかを、実際に動きながら模索していく作業の連続なんです。もちろん、係の機能については開設前から、おおよその構想はありました。でも、実際に立ち上がって動いてみると、その通りにはならないんですよね。うまく回らなくて地域支援で人が足りない時のお手伝い的な仕事になってしまうと、係員のモチベーションが下がってしまうから、それは避けたい。私としては、うちの係を児童相談所の中にどう位置づけて、地域支援担当とどう連携していくかが本当に難しかったし、今でもそこは課題です。

あとね、最初にも言いましたけど、うちは開設したばかりだから、児童相談所の経験がない職員が多いんです。その中で、家族再統合とか、里親とか、多岐にわたる難度の高い支援をどう組み立てていくのか……試行錯誤の中で何回も心が折れました。今でも、そりゃ折れる時は折れます。自分が係長だから、相談できる人も少ないし。

でも、私には開設前に研修を受けた児童相談所で学んだ武器が二つあるんです。一つは、研修で指導してくれたSVが作った面接場面の手引き。解決志向アプローチ[*3]が土台になっていて、それまで面接の仕方を学んだことがなかった人にもわかりやすくて、現場ですぐに活用できるので本当に役立ちました。解決志向アプローチは、家族の強みを引き出してエンパワメントしたり、その家族のことを理解するためには、とても効果があります。次の面接時までに保護者に整理しておいてほしい課題を面接の中で話し合って導き出せるので、保護者にもわかりやすくてスマートなんです。二つ目はサインズ[*1]で、これは家庭引き取りなどのケースにも使えます。次にやることが明確だし、重要な中身である子どもの安全プランについても、私たちが提案するのではなくて、その家族が主体になって考えていけます。今、私たちの係では、この二つの手法を取り入れて地域担当の支援をしています。

みちる　そういう具体的な手法があると所内で共有しやすいですよね。では、今は少し見えてきた感じでしょうか?

工藤　いや、やればやるほど見えない。所内でもサインズそのものを「こんなのなくてもいい」と考える人もいますし。でもね、やっぱり経験が浅い職員たちのために、今もサインズの研修は毎月行っています。

実際にサインズを使った事例では、一時保護から家に帰ることができずに施設入所した子どもがいたんですね。その子は「自分が何をどう希望しても、結局は聞き入れてもらえない。大人が勝手に決めるんでしょ」と諦めていたんですけど、そうならないように子どもと一時保護所の職員、担当の児童福祉司と心理司、学校の先生などが入って、サインズのスリーカラムをやりました。「とにかく今、頑張っていることから教えてよ」ってところから始めて。最初、子どもは「わからない」「別に頑張ってない」とか言ってましたけど、保護所の職員から「でも、このへん頑張ってるよね」とか、学校の先生から「通学のためには、この条件をクリアすればいい」といった前向きな意見が出されると、子どもが少しずつ変わっていきました。普段、担当職員は「このへんが心配だ」「大丈夫なのか？」という話をよくしますけど、本人が入ると、みんなポジティブなことを言ってくれる。そうすると、子どもは頑張っていることや、うまくいってないことを書き出して話し始めます。自分の悪いところを絶対に認めない子どもが「ここのところは、こうした方がいいと思う」とか自分から意見を出すようになったあたりから、最終的にどうなりたいかを聞いていきました。その子は会議を三回やったところで施設に入所したんですけど、施設では反発するし、言うこともきかなくて、やっぱりうまくいかない。年齢が高いので、自立した生活を送るまでに時間がなくて、お金のこととか現実的なことを考えなきゃいけないけど、親にさんざん反発してきた手前、親が何を言うかわからないという不安が大きかったんでしょうね。要するに、自立と向き合うのが怖いから反発してたんです。それで、もう一度サインズを使って整理していきました。そうしたら、まとめたものを最終的に見た子どもが「やっぱり親とは話さないといけないと思う」と自分から言い出した。私は「お母さんと話すんだね。じゃ、どうやって話をしようかね？　そこは児童相談所が間に入って役割を果たそうね」と伝えました。「あなたが○○を頑張りなさい」じゃなくて、「あなたが○○するために、私たち大人がどんな役割を持つか」ってことを、子どもに示していくんです。「ここは、あなたが責められる場じゃないんだよ」というグランドルールが、回を重ねるごとに子どもの中に浸透していくので、最後には前向きな話し合いになりました。

みちる　組織を超えた関係者のチームづくりにも効果的ですね。親はその会議に入らないんですか？

工藤　最終的に家に帰るとなった時に、親が入ってもいいと思います。地域担当福祉司にも、そう思ってもらえるといいなっていうのが、今狙っているところです。

みちる　そうやって児童相談所や支援者が関わることで、子どもがどんどん変わっていくのは嬉しいですね。

工藤　そうなんです。そこは支援の醍醐味です。子どもたちには、もともと持っている潜在的な力があるんですよね。私は、一時保護には良い面もあると思うんです。もちろん、家族と分離した方がいいと言っているわけじゃなくてね。ただ子どもの安全のために分離せざるを得ない場合は、その良い面にもフォーカスすべきだと思います。一時保護しないと、あんなにじっくりと子どもと話せない。そこは一時保護の良い面です。在宅で一カ月か二カ月に一度話すくらいじゃ、本当に表面的な話とか、確認だけに終わってしまうことが多いですから。

みちる　家にいると、子どもは親との関係が絶対だから、なかなか本音を話さないですよね。

工藤　家に帰せそうなケースなら、一時保護してから時間をかけずに帰せるといいなとは思っていて、時間を無駄にしないという意味でもサインズという手法は効果的だと思います。サインズを使えば、「帰してほしい」という思いを持つ保護者であれば、保護者が主体的に考えてくれるので、自分たちの力でこの危機的状況を解決したという実感が持てると思います。

ずっと子どもと関わっていきたい

みちる　これからのことについて伺ってもいいですか？　仕事だけじゃなくて、プライベートも含めて話してもらえると嬉しいです。

工藤　これからがね、ほんとに、どん詰まってて(笑)。

みちる　工藤さんは、公私ともに豊かな経験があるから視野も広いし、広範囲な人的ネットワークを持ってますよね。児童福祉司を題材にした映画の制作に関わったり、テレビの取材を受けたりと、とても活動的に見えます。

工藤　いや、結構、基本は怠け者の引きこもりです。傍から見れば活動的かもしれないけど、自発的に何かに参加するわけではなくて「来るものは拒まない」って感じで受容的なんです。でも、有難いことにいろんな方からお声がけを頂いて、自分がそこに取り組む機会をもらえるから、そうするとちょっと頑張るんですよね。だから、これからも出会いとか、お声がけとかは基本、お断りしないようにしようと思っています。そういう出会いは、楽しいですし、人間関係は大事です。プライベートでは、十八歳くらいからダイビングをやってるんですけど、そこで出会った年上の仲間たちには随分可愛がってもらって、居心地のいい時間を過ごしました。

今ね、装備を一切取り払って潜《もぐ》ってみたいっていう気持ちが、自分の中でふつふつと湧いてきてるんです。タンクを背負って潜るのは長時間深いところまで潜れるから楽しいけど、今はあえてフリーダイビングをやってみたい。

みちる　そう思うようになったきっかけってありますか？

工藤　児童相談所の開設後は、気持ちに余裕がなかったんです。忙しさというより、係の全責任を背負っているという不安が大きかった。「私は、ここを引っ張っていけるだろうか」みたいなね。それが、すごく重くて、所内から少しでもネガティブな評価の声が耳に入ってきたりすると、心がポキッと折れる。それで「そんなこと言わないでよ」とか「面と向かって言えばいいじゃない」とか言いたくなるわけですよ。そういう時に、やっぱり呼吸を整えるというかね。ちょっと深呼吸しなきゃと思うんです。やっぱり自分のコントロールって、すごく大事。若い時は、誰かがコントロールしてくれるじゃないですか。「まぁまぁ」とか。だから自由に怒れるし、「あんな言い方しなくてもいいじゃないね！」って言っても許される。人に不満や愚痴を聞いてもらって気持ちを収めたりもできます。でも今は、立場的にそれはできない。自分で自分をコントロールしないと、みんなにも影響しちゃうし、結局いい方向にはいかないから。逆にぐっと堪《こら》えられれば、いいアイディアが浮かんで事態が切り開かれることもあるから、自分の感情だけに押し流されるんじゃなくて、そこをコントロールしたいなと思ってるんです。

私ね、バーンと落ちた時には亀をイメージするんです。亀の甲羅《こうら》の中に自分自身が全部入って、波が落ち着くのを待つ。落ち着いたなと思った頃に頭を出して、手を出して「ふよふよふよ」って、また泳ぎ出すっていうのが私のイメージ。で、どうしようもなく苦しい時には、本当に海の底に潜りたいって思うんです。ダイビングで潜るのは、結構雑念が入ります。「タンクが重い」「腰が痛い」「トイレに行きたくなった」「体が冷えてきた」「こんな写真を撮りたい」「ここで、あまり呼吸し過ぎると浮いちゃう」とかね。一時間近く潜るんだけど、その間、まったく無の状態になるってことはなくて、いろんなことを考えているんですよ。一方で、フリーダイビングは「ここで、こう潜って」とか考えていると、脳に酸素がいくから呼吸がもたなくなるんですって。まだ始めたばかりだから、詳しいことはよくわからないんだけど。この前、奄美大島でフリーダイビングの体験を一回やって面白かったから、これから日本の海でフリーダイビングの体験を何回かやってみようと思ってます。自分の呼吸と、どこまで思考を止めれば、どのくらい深く潜れるんだろうみたいな感じを体験してみたいんです。

みちる　海女さんとか、ものすごく長い時間潜ってますよね。

工藤　そうそう。どうやったら、あれができるのかなと思って。多分、息使いとか、すごく自分でコントロールしていると思うんです。私にはまだ、全然わからない世界なので、やってみたくて。瞑想《めいそう》とかヨガとかマインドフルネスもそうですよね。私、陸はね、どうしてもいろんなことを考えちゃうんです。空気があれば息ができちゃうから、いろんなところに意識がいっちゃう。でも、海の中に入ったら絶対呼吸できないでしょ。そういう状況まで追い込まないと、多分、私は自分を整えられないと思うんですよね。

みちる　きっと水の世界が合うんですね。小さい頃から水泳をやってたし。

工藤　そう。水は、なんかきっと落ち着くんです。水に包まれている感じとか。ポコポコって水の音以外は無音っていうのが好きなのかもしれない。水泳はね、前に進むでしょ。私はね、下に行きたいんです。自分の内側を感じたいというか……何も考えず、ただその世界だけを感じていたいんです。何もない無の中に身を置くというか……水深四十メートルくらいになると、何もない世界が体感できたりします。ダイビングで二十五とか三十メートルくらいだと、まだ魚がうようよいて「まぁ、楽しい」って世界だけど、四十メートル行くと魚もいなくなって上下左右すべてが蒼い世界。で、体にすごい水圧がかかる。フリーダイビングだと、行ける人は百メートルくらい潜れるんですよ。でも、百メートル潜ったら、百メートル戻ってこなきゃいけないから、途中で気絶したり、死んじゃうこともある。そういう究極の世界がいいんです。まぁ、そんなこと言っても、この前四メートルくらい潜ってみただけで苦しくて死にそうでした。山やマラソンとかも究極の世界だと思うけど、私は多分、長期戦は苦手なんですよね。結構、瞬発力で生きているところがあるから、長期に及ぶとエネルギーがもたない。基本、水が好きっていうのもあって、その世界に身を置いて、余計なものがないところで自分自身と向き合うっていう、そんな感じが私には合っているのかなと思います。

みちる　児童相談所って、こんなにも因果な商売というか、はっきり言って苦しいですよね？児童福祉司を主人公にした映画『ほどけそうな、息』のタイトルがいいなと思ったのは、私が福祉司をやってた時、ずっと息を詰めてたからなんです。息を詰めてないと終わっちゃいそうだから、なんか大変なことになりそうだから、絶対に息をしちゃいけないって思ったんですよ。実際には息してましたけどね（笑）。だから、ほどけちゃいけないから『ほどけそうな、息』というタイトルなのかなと思ったんです。工藤さんの「水底深く潜って、何もない無の世界で自分の内側を感じたい」という感覚は、どこからくるんでしょう？

工藤　何なんですかね……例えば家族再統合支援も里親担当も、地域担当に比べたら緊急的に対応しないと子どもの命に関わるというわけではないから、そういう意味での負担は少ない場所だと思うんですよ。

みちる　工藤さんは、そういうところにずっといたいタイプではない感じがしますね。

工藤　そうなんですよ。多分ね、どこにいても平穏な場所だからここがいいというふうには、あまり思えない性質なんです。平穏だと、きっと不安になる……なんか虐待されてた子みたいですね（笑）。「こんなことでいいのか、私？」みたいなものとの葛藤は常にある。地域の担当ワーカーをやってた時は、本当に大変だし、しんどいし、「明日、あの保護者と面接だ。嫌だな」とか思うこともいっぱいあったけど、基本その方が生き生きしているというか、脳が活性化されるっていうか、そんな気がしていて、そんなに頑張らなくてもエネルギーが漲《みなぎ》ってくるところがありました。黙っていても向こうからやってきて、嫌でもそれに取り組まなければならないでしょ。でも、今の仕事は、自分の中でやる気を盛り上げるためにエネルギーを使わなければならないんです。

みちる　工藤さんが研修で地域担当の福祉司をしていた時、私も同じ職場にいたんですけど、難しそうな保護者対応の場面でも、とても生き生きとして見えました。なんか「向いてるな」と思ったんですよ。

工藤　嫌だなと思う保護者でも相手の言うことにも一理あるから、しっかり聴かないといけないんです。まったく的外れなことを言ってるわけじゃなくて、ほんとにそうだなと思うこともあります。児童相談所は何もやってくれないとか、前の担当がどうとかね。「まぁね」とは思うけど、「そうですね、すみません」って言うと、「ほら見たことか」みたいになって、また延々と話が進まなくなるから、改めてそうは言わないけど。でもね、大体、皆さん、おっしゃってることはね、全然おかしくない。だけど、言い方とか、やり方が「ちょっと失礼だぞ」みたいなのはあります。「こっちだって傷つくんだぞ」って言いたいと思う時もある。でもまぁ、そこを除けば言ってることが、そんなにおかしいわけじゃない。そうやって話してる時はしんどいけど、そのうちに少しずつ相手の世界に入り込んでいくっていうかね。侵入的にじゃなくて、工藤を受け容れてもらえたみたいな手ごたえを感じた時……相手が「ちょっとは聞く耳持つか」とか「こういうところは気に入らなかったけど、ここはわかった」みたいな会話が、やり取りの中に出てきた時にはね、すごいなんかね、こう……「ああ、なんか少しそっち側に入れたな」って思う。自分の人生なんて一回きりで、経験した中での文化とか価値観しか知らないでしょ。だから「まさか」って思うようなことが、他の家では起きているわけです。それは、ほんとに「おいおい」って思うことも正直あるけど、でもこんなにもいろんな人生に触れられる仕事ってないから、それはね、楽しいんですよね。「あなたの人生にお邪魔します」みたいな感じです。

みちる　私、保護者に怒鳴られたりすると、「こんなにも激しく向き合ってくれるんだ」と思って、逆に覚醒してくるところがありました。

工藤　先日メディアから取材を受けたんです。人が怒鳴られた時にどれだけ心拍数が上がるかとか、そういう研究をしている方がいて、ストレスの対処法のための教材を開発しているそうです。

児童相談所の人も怒鳴られたりして病んでいくでしょ。私も動悸がひどくなって心臓の手術をしたんだけど、その時は苦手な親御さんとやり取りしてた時でした。病気と関係があるかどうかはわからないけど、発症するきっかけくらいにはなったと思う。その親御さんには毎回怒鳴られて、私もそれには本当に「くっ」ってなるし、「また怒鳴られちゃったな」「次、何言おう」とか思うんだけど……怒鳴られるのにも種類があって、「おまえはバカだ」って完全否定をしまくる人がいますよね。それは怒鳴ってなくても、相手にとっては、すごく厳しい時がある。その苦手だった親御さんには怒鳴られるだけじゃなくて、「おまえは能無しだ」ってメッセージをずっと送り続けられたような気がします。苦手な部分を突っ込まれて、自分でも「そうだな、本当に自分は能無しだな」って思うから、苦手意識がどんどん膨らんでいきました。一方で、保護された親御さんに「なんてことしてくれたんだ」と怒鳴られるのは、そんなにはキツくない。「そりゃそうだよな。急に保護したんだから怒って当然だよな」と思う。まして子どもに思いがあって怒鳴るんだったら、それはそれでいいと思うし、そんなに怖いとは思わないけど。

みちる　確かに、相手が自分を傷つけようとして怒鳴ってるんだったら、それは嫌ですね。怖いから、やめてほしいです。怒鳴ってる保護者を見て、相手が泣いてるように見えたこともありました。私に対して怒鳴ってるんだけど、それは私にじゃなくて自分に対して怒鳴ってるんだなって感じたんです。自分のこれまでの人生が、本当に情けなくて……いろんな思いが交錯して、この人は慟哭《どうこく》してるんだと。そういう時は、心から応援したいと思ったし、「もっと悲しい思いを吐き出しちゃいなよ」とも思いました。「おまえみたいな無能なヤツは、仕事を辞めて芝刈りでもしてろ」と言われたこともあったけど、その時は「昔話のばあさんじゃあるまいし、今どき何処で芝刈りすればいいんだよ?」とムカつきました(笑)。児童相談所って人間の深い部分からの叫びに直面する職場ですよね。

工藤　とは言え、私はやっぱり、「あなた、何をしたと思ってるんですか?」とは、すごく思っちゃいます。相手は怒ってるけど、「私だって、結構怒ってるぞ」って。本当に理不尽だなと思うこともあります。子どものことよりも、自分のプライドや体裁だけが大事なの?とかね。私を突き動かしているモチベーションって、やっぱり「怒り」なんじゃないかな。そういう理不尽さとか、納得のいかなさが自分を突き動かしているんだと、最近わかってきました。今は、子どもの権利とかアドボカシーとか、よく言うけど、やっぱり子ども中心に物事が動いていないことが多い。私たちだって、保護者と話す時には全面的に子どもに寄り添うわけではないですよね。だから、子どもには「あなた自身が自分はどうしたいのか、しっかり考えなきゃいけないよ」って言うこともあります。やっぱり、子どもが子どもらしくいられない状況にあるとか、親の思いだけで子どもが振り回されている状況に出会うと、私の中でこみあげてくる感情がある。親だけじゃなくて、児童相談所の中にも子どもにまで思いが至らなかったり、親に引っ張られて子どもが見えてなかったりする職員もいるし、学校の校長先生とかで「保護者との信頼関係が崩れますから」って言う人がいますけど、「もともと信頼関係なんてあるんですか?」と言いたくなったり。結構腹が立つことが多い。

みちる 管理職の先生たちの中には、ものすごく防衛的な人もいますよね。「学校の先生たちを守らなきゃいけないから」とか。自分の学校の子どもが、今まさに血を流しているのに?と思う。でも、たまに子どものために血を流す教育者もいるから、いろんな人がいるってことに気がつきますね。

工藤 それは、私が中学の時に「この先生たち、不良の子たちに全然向き合わないんだな」って思った感覚とも似てるかもしれない。結構、いろんなところで腹が立つけど、実はそれを楽しんでいるのかも。

みちる 自分に火をつけて走る人なのかもしれないです。

工藤 で、受動的だから、自ら何かをバーンと立ち上げてというよりは、そうやってまわりからいろんなものをもらってフツフツと沸いてきて、そこから「ウォー」って燃え上がるタイプ。

みちる (笑)工藤さんみたいな方には、地域でワーカーをやってほしい。

工藤 もう、そういう立場にはなれないでしょうね。これからは職員の管理や市政との関わりの中で動く感じです。それが楽しいとは絶対に思えない性質なんですけど。でも、児童相談所の立ち上げに関われた経験は貴重でした。自分でも気づかなかった視点が育ってきたり、「こんなこともやればできるんだ」みたいなことにも気づけたりしたので。

でもね、やっぱり子どもって面白い。私の場合は、もともと保育園で虐待された子どもと出会って児童相談所に行ったんだけど、もっと言えば、「自分がどれだけ子どもらしく生きてこられたか」っていうところに遡《さかのぼ》るんですよね。それは、親だけじゃなくて、身の回りにいるいろんな大人に話を聞いてもらったり、お世話してもらったりして、関わってもらったお陰なんです。あとね、時代に逆行するような考え方で誤解を生むかもしれないけど、家に帰った時のごはんの匂い。それから「おかえり」って応えてくれる人がいたことは、子どもらしく生きるためには、とても大事だったかなと思います。「当然帰る場所」があるっていうのかな。離婚した時も、「自分は親から受け容れてもらえないんじゃないか」という不安は一切なかった。「何をしたからダメだ」とか、そういう見方ではなくて、一人の人間として、存在をまるごとを認めてもらえて信じてもらえたのが、子どもとして生きやすかった理由じゃないかと思う。自分が大人になってから帰る場所がない子どもたちに触れていく中で、子どもが子どもであるべきなのに、なんでこうなんだろうと……そういう理不尽さに対する怒りが、今の私を突き動かしていると思います。子どもに触れていると、自分の中でそういう生き生きとした感覚が漲ってくるんです。子どもたちの存在が自分を燃やして今の仕事をしていく原動力になっているから、子どもに触れてないとダメかもしれない。よく来所する里子ちゃんに顔を覚えてもらったんだけど、その子は来ると絵本を持って私の膝にちょこんと乗ってくるんですよ。「可愛いな」と思って。一人じゃ、全然力なんて湧いてこないけど、子どもと関わると「どんなことがあっても頑張ろう」と思えるし、自分の存在の意味を感じることができる気がします。

みちる　いつまでも、子どもにとって頼りになる仮面ライダーのお姉さんでいてほしいです。長時間、本当にありがとうございました。

大沢圭吾

三十代男性

児童福祉司

プロローグ

お昼休みの事務室。

その日は所長以下、二十人くらいの職員が在室していた。電話対応の声以外に、会話はほとんどない。パソコンに記録を入力する人、昼食を取る人、デスクに突っ伏して寝ている人。女性は弁当持ちが多いが、男性はほとんど仕出し弁当かコンビニ飯だ。弁当持参の男性は夫婦仲がいいのだろうか。とにかく、食べものが口に入ると、少しほっとした気分になる。自分を取り戻せる貴重な時間だ。

また来てる——。

箸を持つ手が止まった。

窓越しに、駐車場で大沢福祉司と小柄な女性が立ち話をしているのが見える。月に一度、女性は決まってこの時間に現れる。決して若くはないだろう平凡な容姿の女性は、大沢を見上げて嬉しそうに話している。一方の大沢も笑顔で頷《うなづ》く。時折、女性は涙を流す。大沢も泣きそう。そんな二人を眺めていると、昼休みはあっという間に終わってしまう。

女性は大沢が生活保護のケースワーカーだった頃のクライアントで、今も大沢に報告や相談を入れているという。事務室に戻った大沢に「大変ですね」と声をかけると、「なんか仕事がうまくいってるみたいですよ」と笑顔で答える。業務開始まで残り数分、コンビニのおにぎりを美味しそうに頬張る大沢を見て、「明日こそ、この人のためにおにぎりを握ってこよう」と何度思ったことだろう。結局、それは私の役目ではないと思いとどまることになるのだが。

【プロフィール】

四人きょうだいの第三子として生まれる。熱心なキリスト教徒で、高校卒業後は大学に進学せず、宣教師として二年間、無償で布教とボランティア活動に従事した。その後、福祉系大学に進学。卒業と同時に結婚し、広域自治体に入職する。

小学生四人の父であり、自身の父母と重度心身障がい者である姉を含めた九人家族の生活を一人で支えている。

児童心理治療施設、保健福祉事務所（生活保護担当）を経て、児童相談所に勤務。現在、地域担当福祉司として四年目を迎える。

小学校は暗黒時代だった

みちる　はじめに、ご家族のことから教えてください。

大沢　はい。妻と四人の子ども、私の両親と姉、私の九人家族です。姉は生まれつき重度の心身障がいを持っていて寝たきりの生活です。私は四人きょうだいの三番目で長男なので、将来にわたって面倒を見られるよう、数年前に両親と姉を呼び寄せました。父が、どこに行っても誰かとトラブルになったり、うまくいかない性格なんです。唯一、私の言うことは聞いてくれるので、「じゃ、私が引き受けるよ」ってことになりました。父方祖母が亡くなって年金が入らなくなり、父も仕事を辞めて、実家のローンが払えなくなったタイミングでもありました。

みちる　理解がある奥さんですね。

大沢　結構大変です（笑）。人とのコミュニケーションが苦手な妻なので、調整が難しいんです。

みちる　奥さんとの馴れ初めを伺ってもいいですか？

大沢　私、キリスト教徒なんです。うちの教会には宣教師制度があって、二年間無償で布教やボランティア活動をする。そのために、高校を卒業してから一年間アルバイトして、その期間の生活費を稼ぎました。宣教師の経験が、今の私の価値観をつくったと言ってもいいと思います。妻も同じ宣教師をやっていて、たまたま私の姉が妻とペアを組んで活動してたんですよね。二十五歳の時に、ある集会で妻と知り合って、姉の話になったのがきっかけでつき合うことになり、半年後、大学を卒業するタイミングで結婚しました。

みちる　宣教師生活を終えて、福祉系の大学に進もうと思ったきっかけは何ですか？

大沢　「人助け」というキーワードから福祉の世界に行きたいと思ったんです。二年間の宣教師活動で、何千人って人に声をかけました。そこで唯一、私が伸ばしたスキルが「ひたすら人に声をかける」ってこと。薬物をやってる人、ヤクザをやってる人、いろんな年齢層の人たちに声をかけて話をしました。そこでの経験から人と話す仕事がいいなと思って福祉の道を選んだんですよね。人と話すとか、誰かの気持ちに寄り添うとか、そういうのが嫌いじゃなかったんです。他にやれそうなことがなかったってこともありますけど（笑）。自分ができることはこれかなって直感で決めました。

みちる　ユニークな経歴ですね。そんな大沢さんって、どんなお子さんだったんでしょう？

大沢　やたら正義感が強い子どもでしたね。保育園の先生にも注意しちゃうような子ども（笑）。例えばね、「なんで先生は子どもに注意するのに、自分はやらないんですか？」とか。そういうところをグサグサ突く子だったらしくて、保育園の記録に「将来、この子は弁護士にでもなった方がいいんじゃないか」って書かれたそうです。やたら気が強くて、納得できないと保育園を脱走したりしました。

みちる　じゃ、今もあまり変わっていないのかな？（笑）。何が大沢さんを、そういう子どもにしたんですかね？

大沢　何でしょうね？　何が原因だったんだろうな……多分、父親への不満だったと思います。父がすごく変わっていたんです。自分の思い通りにならないと、力ずくで押し通そうとする。もう子どもみたいに自分の欲求を通そうとする人でした。父は自分の母親に厳しく育てられたので、愛着に壁があったのかもしれないです。小さい時から父のそうしたところを日々目の当たりにして、父が言うこと、やること、態度、すべてが私にとっては我慢ならなかったんだと思います。「言ってることと、やってることが違うじゃん！」って。保育園の先生に言ったことは、そのまま父に向けた言葉だったと思うんですよね。

みちる　お母さんのことは好きでしたか？

大沢　そうですね。ただ、姉が寝たきりで、次姉と私が年子。弟が生まれて家の中にオムツをした子が四人いる状況で育ったので、ちゃんと構ってもらえなかったと思います。保育園を脱走するのは、そこにいる意味がわからなくて納得いかなかったからじゃないかな。みんながやってるからやるとか、そういうことが到底、受け容れられなかった。「私は私でしょ」みたいな……性格がトゲトゲしていたので、あんまり友だちができなかったことも原因じゃないかと思いますね。

みちる　その頃は何が好きだったんですか？

大沢　虫です。虫が大好きでした。虫を集めたりとか、いろんな枝を拾ったりとか、ザリガニやカエルを捕まえたりとか。

みちる　自然児というか、子どもらしい子どもですね。

大沢　そうですね。要するに、可愛くない子どもだったってことですよね（笑）。小学校に上がっても、やっぱりそのトゲトゲした性格は変わりませんでした。一年生の時、クラスの中でいじめがあったんです。いじめの対象は、鼻をほじったら、その辺につけちゃうような子。見た目もちょっと、いじめられそうな顔をしてるというか、特徴がある子でした。その子をみんながいじめていて、それが許せなくてリーダー格の子に「やめろ」って注意したんですよね。そしたら、いきなり殴られたので、殴り返したら相手が鼻血を出した。結局、担任の先生が間に入って喧嘩《けんか》両成敗で収めたんですけど、その日からいじめの対象が、その子から私になったんです。それからほぼ毎日、靴を探す日々が延々と続きました。あとは机とか、壁に悪口を落書きされたり、聞こえるように悪口をずっと言われたり、あからさまに仲間はずれにされたりというのが、もうずっと五年生まで続いたんですよ。相手はね、私を除く男子ほぼ全員です。

みちる　五年間いじめる方も執拗《しつよう》ですよね。すごくエネルギーが要りますね。

大沢　要りますよね。とにかく、私がまったく折れなかったんです。「くだらないことしてるなぁ」と受け流して、靴を探して普通に帰っていくのが気に入らなかったんだと思います。負けん気が強かったので、泣いたり、反応したりは一切しなかった。いつも気にしないふりをしながら、でも傷つきながらみたいな……常に休み時間は一人ぼっちでしたね。でも、三年生くらいになると、少しずつ状況が変わっていきました。努力することが好きだったので、ドッジボールや、鉄棒、竹馬、一輪車をひたすら練習してマスターしました。そうなると、できる子たちの間で仕方なく仲間に入れてやろうみたいな雰囲気になっていったんです。向こうは一応嫌な顔をするんですけど、私から「入れて」と言って入っていく。その繰り返しの中で、少しずつ他の子に認めてもらえるようになっていきました。

みちる　すごく気丈な小学生ですよね。一言も謝ったり、媚びたりしなかったんですか？

大沢　しなかったですね。一回だけ仕返しをしました。五年生の時、いじめのリーダー格だった子が、上着を校庭に忘れていったので、上着の上に風で飛ばないように石を置いて帰ってきました。

みちる　それって仕返しになってますか？（笑）

大沢　仕返しです。本当だったら拾って届けるところですけど、ムカつくからそのままにしておきました。仕返しは、それ一回きりです。それをやったら「負ける」と思ったので。こっちが悪いことはしたくなかった。

みちる　親や先生には相談しなかった？

大沢　しませんでした。そこに親や先生を投入したら私の負けだなと思って。人に頼るくらいなら我慢する方がいい。でも、ストレスはあったんでしょうね。いつも便秘気味で、最大一週間、出なかったことがありました。

みちる　いじめはいつ終わったんでしょう？

大沢　五年生の時、向こうから謝ってきたんですよ。体育の時間、走っている時に突然一言、「今までゴメン」って言われたんです。

みちる　随分と唐突ですね。それで、何て答えたんですか？

大沢　「別にいいよ」って。

みちる　えーっ。

大沢　内心では「ゴメンで済むわけないだろ」と思ったんですけど(笑)。でも、嬉しかったです。なんか「ようやく終わるのか」と思ったんですよね。それからも靴が隠されることはあったけど、徐々に減っていきました。その子以外にも同じことをしてた子がいたんですね。そんな感じなので、私の小学校時代は人と話したり、一緒に遊んだりすることができなくて「話す」ってことが、かなりのコンプレックスになりました。もともと性格的に、みんなが騒いでるから騒ぐっていうのができなかったし、目的がないと話せない人間だったのが、みんなから孤立して、さらに話す機会が減っちゃって、余計に話すことが苦手になったんです。あとね、常にいじめられてる側の気持ちなので……「みんなに嫌われている」と思っているので、あんまり自分に自信が持てなかったですね。そういうわけで、小学校時代は暗黒時代でした。学校生活が楽しくなったのは中学からです。

中学で初めて仲間と楽しむことを知った

大沢　私は小さい頃から体を動かすことが得意だったんです。中学の体力テストでは、学校で五本の指に入るくらい。飛んだり、跳ねたり、回ったり、鉄棒とか大好きだったので、本当は器械体操をやりたかったんですけど、学校に器械体操部がなかったのでバレーボール部に入りました。サッカーやバスケットは、まわりを見て自分の動きを決めるでしょ。あれが苦手でした。今は、まわりが見えるようになったけど、当時は集団の中でまわりの人を意識しながら協力して動くのが苦手だったんです。でも、バレーボールは自分のポジションが決まっていて、その中で瞬発的な動きをすればいいので「これならできそう」って思ったんですよね。小学校の経験があったから、中学ではなんとか自分の居場所をつくらなきゃと思って必死でした。その思いが通じてか、中二の時には「みんなでキャンプに行こうよ」って提案できるほど、部活の仲間と仲良くなれたんです。で、今じゃいいのかって思うけど、夏休みと冬休みに中学生だけで一泊のキャンプに行きました。夏は川で泳いで、食材を持ち寄ってバーベキューして、テントで寝る。冬は焚火しながら、みんなで語り合う。すごく楽しかったですね。「やっと仲間ができた！」って思いました。そのせいか、あの頃は、どんなことをしても疲れなかったし、友だちがすごく有難かったですね。自分が言えば、みんなが「やろうぜ」って言ってくれる。そういう仲間の楽しさを、中学生になって初めて知りました。

みちる　良かったですね。お勉強の方はどうでした？

大沢　勉強はね、まったくしなかったです。小学校の時は漢字がすごく苦手だったけど、勉強は普通にできてました。でも、もともと学校自体が好きじゃなかったんですね。いじめられに行くところだったから。だから勉強にモチベーションが持てなくて、その流れで中学に入ってからも勉強はあんまり好きじゃなかったです。勉強よりゲームが好きでした。ゲーマーです！　中学ではバレーとゲームにはまってた。そんな感じでずっと勉強してこなかったので、高校受験は中三から本気を出しました。恥ずかしい話、それまで成績は二百人中百七十番くらいだったんです。中三になって、さすがに「これじゃ進学がヤバいぞ」と思って、やっとこさ本腰を入れて勉強したら百番まで上がった。それで「やればできるかも」って自信がついて、勉強して工業高校に合格できました。高校に進学してからは猛勉強して、ずっとトップの成績をキープしました。

みちる　どうして工業高校を選んだんですか？

大沢　えーっと、勉強が嫌いだったからです。中学の時は勉強が何の役に立つかがわからなくて、「高校に進学しないでカイロプラクティックの学校に行きたい」と言ったら、父に猛反対されました。「高校には絶対行っとけ」って。仕方なく、生活に役立つ知識をもらえるかもしれないと思って工業高校を選んだんです。例えば、ちょっとした電化製品が故障した時に修理できるといいなと思って。自分の性格から言って、会社で働くよりは、個人事業主がいいかなとも思いました。

みちる　今は組織で立派に働いていらっしゃいますけどね。「自分の居場所を見つけなきゃ」とか、「自分の性格から言って、個人事業主がいいかな」とか、とにかく前向きで賢い中学生ですね。不貞腐れて非行に走るとか、そういう方向にはいかなかったんですか？

大沢　いかなかったですね。「できないものは、できないでしょうがない。とりあえず、自分なりのやり方で、人と違っていいからやろう」と思いました。あまり人と比べるってことはしなかった。

みちる　プライドですか？　それとも信仰心？

大沢　いや、ただただ逃げたくないだけですね。「逃げるが負け」みたいな。逃げたくない、負けたくない。自分に自信がなければ、できるもので戦うしかないみたいな。頑固なんだけど、そういうところは柔軟でした（笑）。選択肢がなかったっていうのもあるかもしれないです。とにかく、自分のことは絶対否定しなかった。そういう意味では自尊心の塊です。ものすごい負けず嫌い。ただの負けず嫌い。だから、いろんなことに対して、いつも怒ってました。

天使と出会って信仰心が芽生えた

大沢　うちは親がキリスト教徒なので、私も小さい頃から教会に行ってたんですけど、高校生くらいまでは信仰心なんてまったくなかったんです。でも高校生になって教会の活動で責任を持たされるようになると、いろんな人と出会う機会ができて、その中で模範になる人、お手本になる人を見つけました。私より二歳年下の中学生でしたけど、「この人、すごい」「こういう人になりたい」と思えるような子に出会った。

みちる　その子は、どんな人だったんですか?

大沢　人の気持ちを考えずに、グイグイ善いことに引き込んでくれるような天使みたいな存在の子です。私は根暗で凝り固まっている性格だったから、あまり人と関わりたくなかったんですけど、その子は、そんな私に対して「家に泊まりにおいでよ」とか平気で言うんですよね。オープンなんです。で、よく泊まりに行って、うちにも泊まりに来てくれて大親友になりました。年下なのに、なんだか完全に負けてましたね。負けず嫌いの私も「この人は尊敬できる」と素直に思えたから、まったく悔しくなかったです。その子が熱心に信仰していたので、「この人が感じているものとか、信じているものを理解したい」と思いました。そこで初めて私の中に信仰心が芽生えたんです。

みちる　いい出会いだったんですね。あちらは、どんなご家庭だったんでしょう？

大沢　両親とも、めちゃくちゃいい人でした。私も将来は、こういう理想の家族を築きたいと思いましたね。私の家族と全然違うんです。お父さんが、ものすごい知識と洞察力がある人で、「この人といると、どんどん善い人になれる気がする」と思えるような影響力の強い人でした。いつも何かを教えてくれるんです。例えば、私はゲーマーだったので、遊びに行くと一緒にゲームをしてくれて、終わった後、そのゲームになぞらえて、正しいこと、善いこと、応用できることを「こんなふうに考えるといいよね」って、さりげなく自然に教えてくれました。夫婦関係とか、男女交際とか、信仰の本当の意味とかについて。例えば、「結婚相手は、どこを見て選ぶか」とかね。

みちる　どうやって選べばいいんですか？　知りたいです。

大沢　人は誰しも、その人自身の霊的な資質があるから、こちらがどんなに頑張って結婚相手を変えようとしても変わるもんじゃない。だから結婚前に、そこを見極めることが大事だよと教わりました。「そういう感覚は女性の方が優れている」「見極めができないまま結婚すると、結婚が一生の鎖になる場合もある」とも言ってました。そのお父さんは教会でも責任のある仕事をしてたけど、私は役職より人間性を尊敬していました。その友だちとお父さんの両方から影響を受けましたね。

彼らに出会ったことで、私の人生は変わったと思います。彼らがモデルというかね。その後の私の人生を意識づける重要な出会いでした。宣教師に志願したのも彼らの影響です。いつか私も誰かにこんなふうに助言したり、助けられたらいいなと思ったし、誰かがお手本にしてくれるような家族を築きたいとも思いました。そうなれば、少しは彼らに恩返しできるかなって。

みちる　それほど大沢さんの魂が喜ぶような出会いだったんですね。

大沢　そうです。むちゃくちゃ嬉しかったです。そうやって自分とちゃんと向き合ってくれるっていうのが、うちの両親にはなかったから。そういう向き合い方をしてもらったのは初めての経験でした。高校生の時は、学校やアルバイト先の友だちもいたけど、教会で出会った人たちの方が圧倒的に自分を満たしてくれるというか、生きていく上での指針とか、力をくれる人たちでした。とにかく彼らに出会って「人は変われる」ってことがわかったんですよね。頑固でいつも怒っていた自分が変われたってところが、高校時代は大きかったですね。

みちる　そこで変わったんですね？

大沢　そうです。私も気づかなかったけど、その人たちと出会って「あ、私は誰かに向き合ってほしかったんだ」ってことにハッとさせられたんです。人って、悪い人なら特に、望んで今の自分になってる人はいないと思うんですよね。みんな、それぞれにいろんな理由があって、苦しんで、今に至っているはずだって、その時に思ったんです。性善説じゃないですけど、誰もが「善いものは善い」と感じる心を持っているんだっていうことは、その時にわかったことで、今も私の根底にへばりついてます。だから、あんまり人を憎まないですね。それよりも「なんでこの人はこうなんだろう?」って考えます。今の自分の生き方とかケースワークの根底に、その時のことが影響していると思います。

みちる　人を憎まない……それは小学校の時にいじめに遭《あ》った時もそうでしたよね。いじめに対して応酬しなかった。それは多分、教えられたことじゃないと思うんです。教えられたって子どもにはわからない。大人だって「人を憎んじゃいけない」ってことは頭では百も承知ですけど、実際はできないわけですから。

大沢　そうですね。教わったんじゃないかもしれません。私、恥ずかしいんですけど、アリを踏んずけて泣いちゃったりとか、蚊をつぶして泣いちゃったりとか、そういうところがあるんです。もう、その命の儚《はかな》さとかが、ものすごく切なくなっちゃうんですよね。なんか可哀想で……そういう心はね、ほんとに昔から持ってて。

みちる　虫が好きだったんですね。

大沢　好きだったです。友だちは虫を千切ってましたけど、私は心が張り裂けるような思いで、それを見てました。「そんなことするのはやめてよ。可哀想じゃんか」って。そこは、私の変わらないところかもしれません。

みちる　それは、お姉さんの影響もありますか？

大沢　あると思います……姉が「変な顔」とか、よく指さされたりして。あと、そういう子たちって、それなりに臭いとかもあるじゃないですか。他の子たちから「息止めろ」とかって言われるのを、いつも目の当たりにしてたので……姉に限らず、そういう子たちって生まれた時からそうであって、選んだわけじゃない。「そういうどうしようもないことってあるよね」「それを責めちゃダメだよね」って、小さい頃から思ってたし、「そういう人を助けるのは、人として当たり前ですよね」って指さした人たちに言い返したこともあったと思います。そうですね……姉の影響はあったと思います。昔、家族でよく話したんです。「お姉ちゃんがいると、家族はみんな優しくなれるね」って。車椅子だから行ける場所も少ないし、長時間の外出もできない。きょうだいたちは、それぞれ行きたい場所があるんだけど、最終的にはお姉ちゃんのことを考えて行ける場所に行こうって話になる。そういう意味では、姉がいてくれたお陰で家族がまとまることができたから良かったです。前向きに考えるとね。

みちる　大沢さんのような人を育てるために、お姉さんが生まれてきてくれたってところもあるかもしれないですね。よく言いますよね。人は必ず意味があって、その家に生まれてくるんだって。

大沢　確かに、そういう感覚はありました。そういう役を姉が進んで引き受けてくれたんだっていうのは……他のきょうだいも福祉関係で働いたり、ボランティア活動をしているので。

みちる　そういうことを話し合うご家族ではあったんですね。大沢さんは、お父さんに対して「拒否感がある」とか言うけど。

大沢　いや、やっぱり父は許せなかったですね。どう考えても理不尽で、わがままで、許せなかったです。父だからこそ許せなかった。

みちる　わがままって、どんなわがままなんですか？

大沢　例えば、いつも喧嘩が始まるんですよ、父母で。行ってみると、父が母を押さえつけ、母が泣いている。喧嘩の理由はわかりません。ま、子どもには教えてくれないですよね。でも、よくあったのは、お金のことだったと思います。父が「こういうことにお金を使いたい」って言ったのに対して、母が「いやいや、子どもの出費がこれだけあるから、それはできない」って意見を言うと、父がキレる。そんな感じです。理不尽で、人の話も聞かないし、自分の希望が通らないと、すぐに怒る。そんな感じの父でした。父の中では自分が正義なんです。それがもう許せなくて。

高三の時だったかな。父が母に手を上げた時に、全力で止めました。初めて、父を力ずくでねじ伏せた。「いい加減にしろよ。あなた、私の父親だろ！」って。父を押さえつけて「父親にこういうことをしてほしくないんだ！」って言いました。父はすごく抵抗するんですけど、私の方が力が強くて、「私の話を聞くまで、何時間でもこうしている」って言ったら、最後に父が泣き始めて「ごめんな」って謝ったんですよ。私は「父親だからこそ言うんであって、別に嫌ってるわけじゃないから。ほんとに悲しいから、ちゃんと父親らしくしてほしい」って言いました。そしたら父はポロポロ泣いて、初めて弱音を吐いたんですね。そこで父とは和解ができて、それから父が私を見る目が変わりました。ちゃんと話を聞いてくれるようになったんです。それが高三の時でした。今は、そんな父を受け容れています。それを変えようとかじゃなくて、それが父だから。

みちる　もう、そういう性格なんだと？

大沢　そうそう。だからね、父がうまくできるように視点を変えたりして工夫してつきあってます。

「神様はいる」と思った宣教師生活

みちる　高校を卒業して一年間アルバイトをしてから、ボランティアの宣教師として活動されたと伺いましたが、宣教師の経験について、もう少し詳しく聞かせてください。

大沢　アメリカ人やオーストラリア人と一緒に同居生活をして、英語が話せるようになった二年間でした。外国人の強烈な文化に晒《さら》されて、そこでも価値観が広がりました。二十四時間一緒にいるし、逃げ場がないので当然ぶつかります。喧嘩になると、むこうは英語で、私は日本語でやり合う。そういう意味で結婚生活の準備は、そこでできたのかなとは思いますけどね（笑）。神様を身近に感じる二年間でした。「本当に神様っているんだな」と思った。

みちる　どんな時に神様を感じたんですか？

大沢　その人の人生に触れて、信仰によって人が変わっていく瞬間をいっぱい見たんです。ちょっとスピリチュアルな話になりますけど、信仰って特別なものじゃなくて、どんな人でも身近にあるものなんですよ。例えば、スーパーに大根を買いに行くのにも信仰が必要なんです。本当だったら、スーパーに行ってみないと大根が売っているかどうかわからないのに、人は当然あると思って行くでしょ。それは、スーパーに行くたびに大根が売ってるのを見ていて、その店には大根があるという知識があるから行くんですよね。経験が知識に変わって、それを信じているからこそ行動できる。それが1サイクル。そのサイクルを繰り返すことで深まっていくんです。信仰も同じです。大事なことは、そのサイクルを繰り返すためには「希望」が必要だってことです。この場合の希望は「大根」ですね。「大根が欲しい」という希望。児童相談所でのケースワークも原則は同じだと思うんです。例えば、私のケースワークでは、まず「どんな家族になりたい？」と聞くようにしています。希望がないと、やっぱり行動に繋《つな》がらないので。

みちる　宣教師の経験が、今のケースワークに生きているんですね。私は大沢さんの面接に何度も同席しているので、今のお話を聞いて「なるほど」と感じるところがあります。家族の希望を聞き出して、これからどう行動していけば希望に繋がるかを一緒に考えるのが上手ですよね。

大沢　そうかもしれないです。もともと、友だちから相談を受けることは多くて、夜遅くまでつき合ったりしてました。それで、みんな心を開いてくれて、最後は「相談してよかった」って喜んでくれる。私も相談に乗るのは嫌いじゃなくて、「なんでこうなったのかな？」「どうしたらいいんだろう」っていうのを、そこに身を置いている感じで答えるから、「自分の話を真剣に聞いてくれている」って相手は感じるんじゃないかな。男女問わず、定期的に相談してくる人が結構な数いました。

バイトと勉強に明け暮れた大学生活

みちる　続く大学生活では、何か印象的な出来事がありましたか？

大沢　お金がなくて、ずっとバイトずくめでしたけど、大学生活は充実していました。専攻は社会福祉学科福祉心理コースで、心理学も少しかじりました。単位の一部を、通信制を利用して取るシステムで、レポートの量が半端ないんですよ。だから、大学に行く、レポートを書く、バイトする、教会の仕事もするって、そんな生活。めちゃくちゃ忙しかったです。バイトはレストランのウエイターと、ヘルパーの資格を取って介護の仕事をしました。介護の仕事が、また楽しかったんです。首から下が動かせない人の二十四時間自宅介護を担当したんですけど、彼は指一本だけで他の人とコミュニケーションできるんですよ。彼もすごいけど、こちらも料理の作り方から、どの音楽をかけるかまで、彼の求めているところをイエスかノーかで答えられる質問で、うまく聞き出さなきゃいけない。とても難しい仕事でした。一日の生活パターンは、大学に行く、家に帰らずにその人の家に行く、食事の支度、入浴介助、寝る準備とオムツ交換、隣に布団を敷いて一緒に寝る、夜中に生きているかを確認してオムツ交換、また寝て、朝起きて朝食の支度、食事の介助、デイサービスに送り出して自分も大学へ行く、みたいな感じです。長い時は三泊四日、その人の家で寝泊まりしました。そんな状態でも眠れないってことはなかったし、一晩で一万円くらいもらえるので有難い仕事でした。結局、途中でその人が亡くなられて、その後はレストランでウエイターの仕事をしました。

みちる　大沢さんは社会福祉士と精神保健福祉士の資格をお持ちですが、学生時代に取ったんですか？

大沢　そうです。四年生の時にダブル合格できたんですけど、その年は受験科目が新しく増えて、過去問題集にない問題が九割を占めていたので対策ができなくて大変だったんです。一科目でも0点があると不合格なので、まわりの人のほとんどが落ちました。私は運が良かったんだと思います。

みちる　勉強して、バイトも頑張って、難しい試験をダブルで一発合格……頑張りましたね。

大沢　自分でも論理的思考には自信があって、レポートとかは得意だと思います。卒業する時は、成績優秀者で表彰されました。

みちる　素晴らしいです。ちなみに大学の学費はご自分で払ったんですか？

大沢　はい。奨学金とアルバイトで何とかやりくりしましたけど、卒業時に奨学金の返済額が三百万円もありました。

みちる　二十代前半の人間が背負う額としては大き過ぎますよね。奨学金返済のために水商売を選ぶ女性も少なくないと聞きます。利息も払うんですか？

大沢　そうです。全額で四百万円を二十年で返す約束でした。私は一括で返済できましたけど。

みちる　大学時代には、奥さんとの出会いもありましたね。

大沢　はい。四年生の夏に二つ年上の妻と教会の集会で出会って、それから四回くらいデートして、卒業と同時に結婚しました。遠距離恋愛でした。

みちる　奥さんと出会う前に、好きな人はいなかったんですか？

大沢　中学の時は、一人の人がずっと好きでした。小学校からの片思いで、ボーイッシュな感じの女の子。私、小学校でいじめられてたじゃないですか。でも、その子は全然気にしないで話しかけてくれたんですよ。すごく、救われましたね。私に話しかけてくれる人は他に誰もいなくて、その子だけでした。なんか、やたら構ってくれて。結局、告白することもなく終わりました。高校の時は、四歳下の女の子から告白されて、ちょっとつき合ったんですけど、人づき合いが苦手だったので「つき合うってなんだろ？」って感じで自然消滅しました。そして大学時代は、同じ大学の女性数人からアプローチされたけど、とにかく忙しかったし、教会の人じゃないと価値観が合わないから無理かなと思って、おつき合いはしなかったです。

みちる　ところが、奥さんと出会って半年で結婚した……奥さんは、ちょっと違う感じだったんですね？

大沢　えっとね……私って、まわりから過大評価されがちなんです。

みちる　それだけ頑張ってる人だったら、評価されて当然です。

大沢　そうかもしれないけど……私の中では、いつも必死だったんですよね。大学でつき合う人とか、声をかけてくれる人は、それなりにできる人たちで、私はそれが苦しかったんです。その人たちと一緒にいるのが苦しくて「いやいや、家ではダラダラしてます」「そんなに理想を高くもってこられると息が詰まる」と思いました。

みちる　偶像化されていたんでしょうか？

大沢　そう、それが本当に苦痛だったんですよね。だから、等身大でつき合える人がいいなと思ってたんです。妻には、それがなかったんですよね。

みちる　奥さんの前では、等身大の自分でいられた？

大沢　最初のデートなんて、むしろボロボロでした。私は超寝不足で、疲れ切って、テンションが低くて、会話もまったくはずまなかった。本当に静かなデートで「ああ、これは終わったな」と思いました。ところが、妻から「ますます好きになった」ってリアクションがきて……「え、なに？　ちょっと待って。こんな自分でいいの？」っていうのが決め手になりました（笑）。

みちる　おもしろいですね、奥さん。

大沢　はい。何もいいところを見せられなかったのに「ますます好きになった」と言われると、ぐっときますよね。後になってわかったんですけど、妻はどこかおかしいんですよ。何も考えてなくて人形みたいなんです。相手の気持ちもよくわからないし、抜けてるところもあって、それでいて思い込みも激しい。情緒にものすごい課題を抱えてる人だったんです。それが見抜けなくて、結婚してから「あら、大変」みたいな……でも、その時は「とりあえず、この人とだったら楽そうだな」と思いました。そんな動機で結婚していいのかなと思いますけど、その時の私にはそれが一番大事だった。いつも黙っていたから彼女のことがよくわからなかったけど、自分も完全じゃないから同じような人がいいんだろうなとも思いました。

みちる　情緒に課題を抱えているとは、どういうことでしょう?

大沢　本人には、まったく悪気はないんですけど、人の気持ちがわからないから知らず知らずに人を傷つけてしまっている。そんなタイプです。たとえ、「なんでだろ?」と思ったとしても、わからないから一晩寝て「ま、いいか」って忘れちゃう(笑)。私とは全然違うんです。違うから結婚してよかったと思うところもありますけど、当時は違うってことがわからなかった。気づいたのは結婚してからです。少しは一緒にいろんなことを理解して、共感しながらやっていけるかなとも思ったけど、結局、全然共感してくれませんでした。いろいろ試したけど。だから結婚して半年は、毎日のように結婚したことを後悔していましたね。

みちる　四回デートして半年で結婚するっていうのは、かなりのスピード結婚ですよね。

大沢　はい。四回目のデートで式の日取りとか、親族の食事会の予定を立てました。遠距離恋愛だったから、あとは電話でひたすら話しました。二月の国家試験前は勉強しなきゃいけなくて、なかなか電話できなかったんですけど、その時に妻から「こんなに寂しい思いをさせたのに、試験に落ちたら離婚だからね」って言われたんです。「まだ結婚してないのに離婚ってどういうことよ？」と思ったけど、そう言われたのがすごいプレッシャーになって、死に物狂いで勉強しました（笑）。今思うと、妻は私の気持ちを全然考えていなかったのかなと思いますね。

みちる　奥さんの、その一言があったから合格できたのかもしれませんね。人の気持ちはわからないかもしれないけど、大沢さんのことを動かす力は持っている方だったということですかね？

大沢　そうかもしれません。今は、私に必要なものを、いつもちゃんとくれる人だと思っています。

みちる　大沢さんに必要なものって何ですか？

大沢　望みを持つことと捨てること。そして、そのバランスですかね。自分の秀《ひい》でているところを伸ばそうとして目標を高く設定しすぎると、今度はうまくいかなくなるので、そのバランスをうまく取ることを妻との関係の中で学びました。最近は、尖《とが》ってたのが丸くなってきて、うまくバランスが取れるようになってきたんじゃないかな。

みちる　大沢さんって、どちらかと言えば自分の価値観とか考え方のスタイルがきっちりある方じゃないですか。多分、それに合わせて目標も高めに設定したい人だと思うんですけど、奥さんは、それをいい感じでぶち壊してくれる人だった?

大沢　ぶち壊されて、何度も生まれ変わりました(笑)。

みちる　でも、結果的に大沢さんにとって良かったんじゃないですか?

大沢　そうですね。自分もそうですけど、彼女もすごく変わったと思います。人形から人間になりました。最初、彼女から見た私は「珍獣」だったんです。「こんなにも情緒豊かな人が、この世の中にいるんだ?」って感じ。一方の私から見れば、「貴女みたいに心がなくて、何も考えていない人を初めて見た」って感じです。お互い、その違いがあまりにも大きかった。例えばね、私に限らず、世間の多くの人たちは三食ゴハンを食べるものだと思ってますよね。でも、妻は「そうなの?」って首を傾《かし》げるんです。「食べたい時に、食べたいものを、食べたいだけ食べる」っていうのが、かつての妻の常識でした。「身体が欲しているものを食べる」と言えば聞こえはいいけど、彼女の場合はドーナッツ一箱とか、袋菓子のクッキー二袋とかが食べたいものなんです。

みちる　その食生活は、どんなふうに習慣化されたものなんでしょう?

大沢　複雑な家庭で育っているんです。妻の母はうつ病で、父は全盲に近い視覚障がい者です。毎日のように夫婦喧嘩が絶えない家庭で、妻は完全に現実から心を切り離して生活していました。自分を守るために心を閉ざして、心の使い方がわからなくなってしまったんですね。インスタント食品とか、菓子パンとか、カップ麺ばかりを食べて育ったので、料理する習慣もない。結婚したばかりの頃、夜勤で帰ってきて「お腹空いた」って言ったら、「すぐ作るね」って卵かけご飯がひとつポンと出てきました。価値観とか生活がまったく違うところからスタートしたので、そのギャップをずっと調整し続けてきた結婚生活でした。今、結婚して十二年になるんですけど、最初の八年間はずっと苦しみました。妻を相手に、毎日のようにカウンセリングみたいなことをして、「いつか変わる」と妻に求め続けていた。すごく苦しかったです。

弱者に向き合う

みちる　大学を卒業後、広域自治体に入職して、最初の三年間は児童心理治療施設で生活指導員として勤務されました。そこでの仕事はいかがでしたか?

大沢　そこにいる子どもたちから、今まで言われたことがないような「死ね」とか「消えろ」とか「殺すぞ」といった罵詈雑言《ばりぞうごん》の嵐を、毎日のように、理由もなく、理不尽に言われる世界に入りました(笑)。平気で嘘をつく、脅す……施設慣れしている子どもたちばかりだったので、最初は完全になめられてましたね。でも、持ち前の負けず嫌いで一つ一つに向き合っていきました。

みちる　そこで学んだことは何でしょう?

大沢　簡単にまとめると「子どもは騙《だま》せない」ってことです。特に、親に裏切られた子どもは「この人は本当に自分のことを見てるのか」っていうのを、ものすごく試します。ごまかしは一切通用しない。鋭いです。見抜かれます。あと、子どもたちは常識を学んできていないし、経験不足だから知らないんですよね。例えば、「人を叩いちゃダメ」って注意すると、「なんで?」って聞いてくる。その「なんで?」には毎回、一生懸命考えないと答えられません。こちらにとって「人を叩くことは悪い」っていうのは当たり前のことですけど、そもそもなんでいけないのかを相手が納得できるように説明するのって意外に難しいんですよ。トラブルになった相手に、どんなふうに謝るのかを説明するのも難しい。子どもたちは、こちらを試す形でその理由を聞いてきます。少しでもいい加減に答えれば、信用を失って「何言ってんだ、こいつ。バカか?」と言われる。そこで、自分の言葉と行動にちゃんと理由づけがないと、子どもとは向き合えないんだってことを学びました。

みちる　介護の仕事とは違いますか?

大沢　違います。知的能力や発達に問題のない人たちには言わなくても伝わるし、それが常識として通用する世界でしたけど、そこで出会った子どもたちの場合、常識がまったく通用しないんですよ。だから、きちんと説明する力がないと生きていけない世界です。彼らは基本的に大人を信用していないから、正論だけじゃ通用しません。そこも大きいですね。ちゃんと理論武装していないと「じゃ、こういう時はどうするんだ？」とか屁理屈をこねてくる。屁理屈がきても、ちゃんと返せるくらい、しっかりした答えがないと「アウト！」です。

みちる　難しいですね……。

大沢　でも、基本は簡単です。その子に真正面から向き合うだけ。どうしてなのかを一緒に考えて、ちゃんとそれに答えるということを繰り返すだけ。例えば、子どもに「どうせ仕事で来てるんでしょ？」って言われたことがあります。「自分の家族の方が大事だから、家に帰っちゃうんでしょ。どうせ私のことなんて、そのくらいにしか思ってないんでしょ」って。

みちる　ある意味、正論ですね。

大沢　正論です。その時には「確かに仕事で来てるけど、逆に言えば仕事でしか、ここには来れないんだ」「家には帰るよ。だって自分の家族は大事だから。でもね、自分の家族を大事にできない人が、他人のあなたを大事にできると思う？　そういう人を信じられる？」って説明しました。そしたら、その子は「そうか、わかった。じゃ、帰っていい」と納得してくれました。

みちる　ほんの少しでもいい加減なことを言ったり、騙そうとすると見抜かれるんですね。そうすると、一瞬で子どもとの関係は終わりますね。

大沢　終わります。「ああ、この人は適当に言ってるな」「答えられないから、ちゃんとわかってないんだ」「自分のことを見ていない」というふうに、どんどん失格になっていきます。直接の担当じゃなかったけれど印象に残っているのは、ASD傾向でバリバリの愛着障がいがある子です。本当にひどい悪戯《いたずら》をする。脱衣場におしっこを撒《ま》いたり、他の子に対して無差別に挑発したり、平気で嘘をついたり……みんなから一番の問題児と言われていた子です。その子は当時、小学校の高学年で誰に対しても心を開かなかったんですけど、私は粘り強くその子のいやーな質問に一つ一つ答え続けていきました。そうしたら、私のことを少しずつ認めてくれるようになった。やっと信頼関係ができたかなという頃に、その子が退所することになりました。退所の前日、その子がやけに嫌な関わり方をしてきて、当日はすごい目でこっちを睨《にら》みつけてくるんですよね。「ああ、これは絶対話したいんだな」と思って、「こっちおいで」って呼んで。「今日で退所だね。このままだと寂しいんだけど、あなたはどう?」って聞いたら、「寂しい」って泣き始めたんです。それで、やっとこさ本音で話してくれました。「大沢さんが、ちゃんと私のことを見てくれてるってわかったから、退所するのは本当に寂しい」って。私からは「ここでお別れだけど、私はあなたにちゃんと向き合ったよ。そのことは嘘じゃないから忘れないで。自信を持って次に進んでほしい」と言いました。そしたら、満面の笑みで「わかった!」って。子どもと向き合うことの大事さというか、ちゃんと向き合えば時間はかかるけど伝わるんだってことがわかった三年間でした。ただ、発達障がいとか、その辺については三年間では到底わからなかったです。普段の生活を見て向き合うことで精一杯でした。

みちる　その後、福祉事務所に異動になるんですね？

大沢　はい。そこでは、もう仕事を辞めようと思ったんですよ。児童心理治療施設は、子どもと真剣に向き合えば何とかなったんですけど、福祉事務所では生活保護のケースワークだけじゃなくて、膨大な量の福祉業務を任されるんです。なのに、異動して最初の引き継ぎが、たった三時間で終わっちゃった。「あとは過去のやつを見てやって」って言われて……事業内容もわからない、ハンコの押し方すらわからない中で、いきなり何億もの補助金の支払いをすることになりました。

みちる　えっ、間違えたら大変じゃないですか。

大沢　大変ですよ。一方で生活保護の家庭訪問もすぐに始まりました。訪問すると「おたくの係長をこれから訴えるところです」とか、「家がないからすぐ探して」とか言われる。事務所に戻ると、指定管理事業者から毎日のように電話がかかってきて、「この事業をやりたいから加算をつけてくれますか？」といった専門的な質問をされる。で、相手が何を言ってるのかさっぱりわからないから、「調べるので、少し待ってください」とひたすら謝り続ける毎日です。

みちる　誰も助けてくれないんですか？

大沢　その時の上司は「私も苦労したから、いろいろ調べて苦労すればいい。その方が学べるから」と言って、一切教えてくれませんでした。もう、これじゃ人に迷惑をかけてるだけだし、自分も死ぬと思って一日で辞めようと思いました。

みちる　でも辞めなかったんですね。

大沢　二人目の子どもが生まれる直前だったんです。辞めるわけにいかなくて、毎日、分厚い本を持ち帰って猛勉強しました。過去のファイルも全部漁《あさ》って……一方で、妻からは「早く帰ってきてほしい」と毎日のように言われ続けて、もう半分ノイローゼみたいな感じでしたね。でも、一年で、その地獄をなんとか抜け出すことができました。

みちる　すごいですね。そこでも負けず嫌いが出たんですかね？

大沢　出ましたね。三年目には新任職員のために業務マニュアルや、複雑な計算式を入れたエクセル表の様式とかを自分で作って、それを他の事務所にもバラまくくらいの力もつきました。結局、福祉事務所には六年間いましたが、最初の三年間は、どちらかというと事務処理を学んだ時期でした。公務員の世界にあって、決済の意味とか、責任の所在だとか、チームで仕事をするということ、そういう基本的なことを学んだんです。おそらく他の人は、それを初年度にやるんでしょうけど、私は施設勤務だったので、そこがわからなかった。事務仕事は多分、向いてるんじゃないかな。細かい計算とか、法律の運用とか。

福祉事務所では苦労しましたけど、あらゆる関連法を学べるので、そこで幅広い知識を身に付けることができたのは良かったです。人生のプロセスのその時々で、その人の何が引っかかれば、社会制度のどこの枠組みで拾えて、支援できるのか……それを探すのがパズルみたいで面白かった。その人の強みを探して、そこに法律をつなげて、うまく支援に乗っける作業です。あの六年間の経験で、公的な相談援助の枠組みの全体像を把握できるようになったと思います。

みちる 公的支援の王道ですね。それを学んだ六年間だった。福祉事務所でのクライアントとの関わりはいかがでしたか？

大沢 いやー、大変でした。強者《つわもの》しかいませんからね。まず、説教されます。向こうの方がプロですから。私のような生活保護について何も知らない若造が来るわけなので当然です。「前の担当は、そんなこと言ってねえぞ」とか言われ、こっちは「すみません。わからないので確認します」としか言えなくて、完全に向こうのペースです。でも、一年、二年と経つうちに、こちらが見えるものも変わっていきました。みんな、それぞれつらい人生を送っている。その人たちが、もう一度、就労して世間に返り咲く大変さ。相当厳しい世界を目の当たりにしました。生活保護を受給している人たちは障がいを持っていたり、病気だったり、高齢だったりする人が大半ですから。

そして児童相談所へ

みちる その後、児童相談所には希望して配属されたんですか？

大沢　いえ、まったくです。うちの自治体では福祉事務所を経験させてから児童相談所に配属するっていうのがパターンのようです。福祉の大まかな体系を理解して基本のケースワークを学んだ後、困難なケースワークに立ち向かわせるというスタンスです。

みちる　児童相談所のケースワークの方が難しい？

大沢　両方を経験した身から言えば、児童相談所のケースワークの方が圧倒的に難しいです。よく言われることですけど、生活保護のケースワークは目の前にお金という人参がぶら下がっているから、やっぱり皆さん、最終的にはこちらの言うことを聞いてくれるんですよ。それに、生活保護のケースワークは基本、法律の運用なんですよね。だから、書いてあることをやればいいんです。確かに、制度に乗せるためにはテクニックも必要ですけど、基本的な枠組みがはっきりしているので非常にやりやすいんですよね。書いてあればできる、書いてなければできない、それだけです。そこで責められることも、そんなにないし、それで終わるんですけど、児童相談所は書いてないんですよね。できることもやることも、児童福祉法で、ざくっとしか書いてないんです。相談援助支援の中身についても、おおまかな指針があるだけなので、運用者によって対応は違ってくるから決まってないと言えば決まってない。

みちる　それぞれの児童相談所の裁量に任される部分が大きいということですか？

大沢　そういうことですよね。特に虐待ケースの場合、相手にとって圧倒的に不利な状況から始まるのがケースワークを難しくしている一番の理由です。むこうが相談したいわけじゃない。虐待の介入って、どうしても相手の意に添わない介入になってしまいますよね。負の介入というかマイナススタートなので、相手の緊張度がものすごく高い。こちらにしても同じです。子どものことも起きた出来事も、当事者の方がよく知っているので、そういう意味では不利な立場で始めなきゃならない。子どもを保護するとか、何かを決定する時は、しっかりとした根拠がないとできないですよね。だから調査をするわけですけど、いくらこちらに確かな根拠があると言っても、親との信頼関係をつくらなくていいというわけではなくて、そこでこちらを信じてもらわないと、もう相手は絶対信じてくれないし、相談関係になるのは難しいんです。だから、そこはものすごく慎重にならなきゃいけません。

児童相談所の場合、「何をもって線引きするか」がものすごく難しいです。生活保護は簡単なんですよ。金額が決まっているので、この金額より上だったらアウト、下だったらセーフみたいな線が引けるんですけど、そういう線引きができないんですよね。家族の生活背景はこうで、こういった家族の情報があって、子どもの普段の様子はこう……で、子どもがこう言ってるとか、こういう不明な状況があるといった情報の中で、「さぁ、保護する？　しない？」「虐待？　虐待じゃない？」っていうのを判断して方針を決めなきゃいけないってところが、経験則がないとまったくわからないです。だから、児童相談所では職員個人ではなく、組織全体で判断することになっています。生活保護は保護手帳というバイブルがあるので、判断する材料さえあれば一人でもできちゃったりする。でも、児童相談所の仕事は違います。私も最初は何をもって安全と判断するのかとか、どこまでやれば「よし」となるのかがわからなくて、随分と葛藤《かっとう》しました。何を判断して、何を持ち帰ればいいのかを、すべて所と相談しなければならないから、最初はすごくイライラしましたね（笑）。

みちる　難しいですねー。

大沢　そうなんです。でも、「安全をどう客観視するか」というのがわかってきたところで、少し働きやすくなりました。本当に経験則が大事な仕事だと思います。経験則を生かして、今目の前にいる子どもを分析できるようになってくると、やっと働きやすくなります。

みちる　大沢さんのケースワークの方法を教えてください。

大沢　短くまとめると、まず情報を全部洗いだす。それを分析して何が起きていたのか、なんとなくの仮説をつくって、このままだとどうなるかを分析する。それが見えてきたところで、おおよその方向性を決める。つまり、調整すればうまくいくのか、それとも調整しようのない問題なのか。時間が経ちすぎて関係性がおかしくなっていれば、この先は親子で一緒に暮らすのは難しいとか。そういった方向性を想定してから家族に寄り添いに行きます。

いろんなケースがありますけど、可能であれば最初にちゃんと話を聞きますね。「今までのことを教えてください」「一番大変な時に来ているのはわかってます」と言って、相手に話してもらいます。圧倒的に私たちは知らないので「私たちはこの部分しか知らないので、わからないんです」「普段は、いい時もあれば悪い時もあって、今回は多分、悪い時に来ていますよね。だから普段の様子を、まずしっかり教えてほしいんです」ってお願いします。例えばね、いきなり「なんで子どもがケガしてるんですか？」って聞いちゃうと、一番悪いところしか聞いていないので、向こうは話しにくいですよね。だから初めに普段のことを聞いて、それから今回のことを話してもらうようにしています。そうすると、向こうも「この人は、ちゃんと普段の私たちの頑張っている姿とか、苦しかったことも含めて聞いてくれる。それを踏まえて今を見てくれる」と思うから話しやすくなります。

みちる　教えてもらうスタンスですね？

大沢　そうです。それから、相手を徹底して労《ねぎら》います。「普段から頑張ってますね」「大変でしたね」「そういう状況があったんですね」としっかり労うと、ようやく「この人は、自分たちのことをわかってくれてるから正直に話しても安心だ」と思ってくれるので、そこは大事にしています。

みちる　なるほど。一番大事にしているのは子どもの安全でしょうか？

大沢　そうですね……確かに子どもの安全は大事です。第一ですが……ですが、その子どもの安全だけを見るんじゃなくて、子どもの安全と、その家庭の経過をバランス良く見ていくことが大事だと思います。リスクに対して介入もバランス良く調整しないとね。ちょっとのリスクしかないのに、ものすごく厳しい対応をしちゃうと後々影響してしまうので。その時だけ見れば危険だと思うかもしれないけど、虐待の頻度とか今までの経過がわからないと、正確なリスクを評価することはできません。だから、親から普段のことをしっかり聞くようにしています。時間があれば、まず聞くことに徹します。時間がなければ保護して子どもの安全を優先するってことですけど、その場合でも親には「通告があれば、我々はこうやって動くんだけど、まだ親御さんから話を聞いていないので、ちゃんと聞かなきゃいけないと思っています」「通告されてつらいし、びっくりされてると思うけど、ちゃんと話を聞いたうえで同じことが起きないためにはどうしたらいいかを一緒に考えて、できれば一日も早くお子さんをお返ししたいと思います」とお話しします。親と相談関係になれるよう、最初の関わりで「私はあなたの敵ではない」っていうことは丁寧に繰り返し伝えるようにしています。

家族、そして夫婦のこと

みちる　ご自身も四人のお子さんの子育て真っ最中ですけど、児童相談所で働く中で感じることってありますか？

大沢　自分もそうですけど、親がみんな忙しいってことですね。忙しくてイライラして疲れていると「いい子育て」なんて生まれるわけないですよね。だから早い話、週休三日くらいでもいいのかなって思います（笑）。

みちる　いい子育てって何でしょう？

大沢　よく「子育てに答えはない」って言いますけど、子どものことを考えると一定の答えはあると思っています。例えば、子どもに干渉しすぎてはいけないし、かと言って放置しすぎてもいけない。忙しい時って、親がやった方が早いこともあるじゃないですか。だから、ガンガン手を出しちゃえば子どもの自立は妨げられる。かと言って、本当に必要な時に関わってあげなければ、それはそれで子どもに影響しますよね。バランスかなと思うんです。でも、忙しい中で、バランスを取るのは難しいですよね。

みちる　心に余裕がないとできないですね。

大沢　そう。余裕があれば、一呼吸おいて「今はちょっと見守ろう」とか「ゆっくり話を聞いてあげよう」って対応できると思うんですよね。

みちる　なるほど。大沢さんが仕事で出会う親御さんたちは忙しくて余裕がない人が多いですか？

大沢　多いですね。逆に余裕のある人で、そんな事態になっている人は見たことないです。経済的に苦しかったり、共働きだったり、健康状態が悪かったり。いろいろ重なって虐待が起きている感じはしますね。だからスローライフが一番いいんじゃないかなと思います。

みちる　他にもご自身の子育てで、心がけていることがあれば教えてください。

大沢　児童相談所も忙しいので、私はもう極端です。遅い時はとことん遅くまで残業して、早く帰れる時は早く帰って余裕をもって過ごせるように心がけています。昨年までは、私が家族の食事を作っていたんですよ。妻が余裕をもって子どもと接することができるようにと思って。毎朝早く起きて、朝食と夕食を、おばあちゃんの分を除いて八人分作っていました。今は妻がやってくれるようになりましたけど。

みちる　うーん、その役割分担は重いですね。先ほど結婚生活の最初の八年間は、いつか奥さんが変わってくれるんじゃないかと思って求め続けていたとおっしゃってましたね。

大沢　八年かかって「この人はこういう人なんだ」って、やっと悟ったんですよね。私の要求を妻に押しつけるのはお互い苦しいし、それで怒ったり苦しんだりするよりは、笑って楽しい冗談を言ってた方がはるかに得だなっていう損得勘定が、やっと八年目に働きました。私の求めてることは理想だし、いいかなとは思ったんですけど、そのために今あるこの苦しみは釣り合わないと思ったんですよね。今、笑ったり、他愛もない話をしたりとか、その方が価値ある時間かなと思えたら、すごく夫婦の雰囲気が良くなって、子どもたちにとっても結果的に良かったんじゃないかと思います。それまでは、子どもたちから「なんでお母さん、起きてこないの？」って聞かれると、「ごめんね。起きてほしいよね。寂しいよね」とか言っちゃってたんですけど、今は「お母さんの好きなようにさせてりゃいいんだよ」「いてくれるだけでいいじゃん」「冬眠中なんだよ」って答えています（笑）。

みちる　笑いに変えたら自分が楽になった？

大沢　すごく楽になりました。

みちる　小学校の時は、いじめに遭っても絶対折れなかったですよね。決して自分を変えようとはしなかったけど、奥さんとの関係では、ちょっと違ったんですね？

大沢　そうですね。今までは「妥協できなかった」とか「譲《ゆず》れなかった」という言い方が正しいと思うんですけど、最近は丸くなって「ま、いっか」ができるようになりました。理想を手放すことができるようになったんです。理想を手放すと言うと、すごくマイナスイメージですけど、それで楽になったのかもしれません。

みちる　理想を手放す？

大沢　私にとって理想というのは多分、正義感みたいなものかな？「正しいこと、善いことがあれば、それをやらない理由はないでしょ」みたいな感じです。でも、おそらく身の丈に合ったものじゃなくて背伸びし続けていたから、ずっと全力疾走し続けてる感じだったんですよね。それで成長できた部分もあるけど、やっぱり無理してたんだと思います。理想を手放したことで、ダメな自分を受け容れられるようになりました。きっと、それが大人になったというんでしょうね。現実のサイズを見たうえで、それに合わせた出し入れができるようになったっていうかね。

みちる　でもね、それで家族みんなが笑って楽しく暮らせるようになったから、今はすごく幸せです。

みちる　良かったですね。大沢さんが変わって、奥さんにも変化がありましたか？

大沢　まず、妻がよく笑うようになりました。前も笑ってたけど、やっぱりなんか苦しそうな感じはあったんですよね。私が一切求めなくなってからは、さらに気が抜けたようにというかリラックスして、起きる時間も、ますます遅くなったような気がします（笑）。でも、それで妻がニコニコしてるんだったら「ま、いいか」って。「好きなだけ寝てていいよ」って思えるようになりました。妻がのびのびできるようになってイライラが減った分、子どもたちも過ごしやすくなったんじゃないかな。昨日、妻が言ってましたけど、夫に家事をやらせる姿を同居している私の両親に見せることに、以前はすごく罪悪感を覚えていたんですって。私も「やるからいいよ」と言いながら、やっぱりイライラしてたしね。私がイライラしなくなってからは妻も楽になったみたいです。

みちる　大沢さんがそういう気持ちになったのは、児童相談所での仕事と関係がありますか？

大沢　そうですね。私たちは、その家族が一番大変なところで出会いますよね。そして、ケースワークのために、その人たちの人生観や価値観、どんなことが今起きているのか、普段はどういう生活を送っていて、何故その出来事が起きたのかとかを何ケースも何ケースもアセスメントするじゃないですか。そうすると、家に帰って自分の家族と今こうして普通に生活できることが、すごく有難いと思えるんです。児童相談所で出会う家族と、うちの家族は違うって言ってるんじゃないですよ。むしろ逆です。共感できるんです。夫婦喧嘩したとか、離婚の危機があるとか、子どもを叩いちゃったとか、すごく悩んで苦しんでる人たちと会うけど、話を聞くと、みんな自分の中に「こうしたい」って理想を持ってて、それはみんな同じだよなって思うんです。でも、忙しいとか、経済的に余裕がないとか、夫婦で折り合いがつかないとか、まだまだ乗り越えなきゃいけない現実があって、それに押しつぶされて、本当にやりたいこと、こうであってほしいことができないんですよね。

みちる　なるほど。本当にやりたいことが心の中にあるってことを、みんな気づいてますかね？

大沢　いや、気づいていない。忘れちゃってるんですよね。現実に押しつぶされてしまって。だけど「本当はどうしたい？」と聞くと、みんな必ず前向きな答えを持っています。「家族がバラバラになればいい」なんて本気で思っている人はいないです。

みちる　おっしゃる通りだと思います。心の内にある、自分でも気がつかなかったものに気づいてもらって、それを言葉にしてもらえたら、支援者としては、とてもやりやすくなりますね。

大沢　うんうん、そうなんです。多分、私たちの仕事って、そんなに手取り足取りじゃなくても、本来その人が持っている気持ちを引き出すだけでも十分なんだと思います。

みちる　**大沢**　同感です。既存の支援を受けて、もちろん助かる部分もあるでしょうけど、やっぱりそそれって自分が欲しかったものかというと微妙に違うと思うんです。その家族にぴったりはまるものなんて、あるわけないですもん。でも、自分の本当にやりたいこととか、希望を表現するだけでも、何かが大きく変わると思います。言うだけでも。叶《かな》わなくても。

大沢　ほんとにそうです。やっぱり、本心を捨てたりするのって自分に嘘をつくことだと思うんですよね。それって結構苦しい。本当に望んでいるものを「欲しい」と言わないで、ずっと生きていかなきゃいけないのはね。言うだけはタダだし、本心を言う瞬間があってもいいと思います。そういったところで、私たち支援者が気をつけなければならないのは「決めつけない」ってことです。「ここの親はいつも怒ってる」とか「ひどい親だ」とか「あの時こういうことがあったから、絶対子どもにも暴力をふるってる」とか。決めつけてしまうと、それ以上広がっていかない。

どんな家庭にもね、その家庭の良さってあると思うんですよ。何かがうまくいってなくても、楽しく生活している家庭って絶対あるんです。その家庭の良さというか、持ち味がある。例えばね、トイレの便座がものすごく汚れていて、そこで平気で座って用を足す文化を持つ家族だっているわけです。生活保護世帯で、穴を掘って用を足す家族もいたし、知的障がいがあって家族同士で子どもっぽいというか、幼い関わり方をしている家族もいます。いろんな生活をしている家族がいるけど、それだってその人たちにとっては楽しい我が家だと思うんですよね。それを「子どもに汚いトイレを使わせて可哀想」「そんなことにも気づかない親でどうなのか？」「それって虐待じゃないんですか？」って言う人たちって結構いますよね。でも、そこで育ってきて、みんな汚いトイレを使っていて、子どもたちはそれが当たり前で何の不満も持っていない中で、「あなたの家庭はひどいです」って言うことこそ、どうなのかなと思います。

みちる　「便座が汚い。だから不幸な家族」という因果関係は成り立たないですよね。じゃ、便座を掃除すれば、その家族が幸せになるのかっていうと、そんなことはないですもん。世の中って、もっと複雑にできてますよね。複雑なんだけど今、大沢さんのお話を聞いて「幸せのありよう」っていうのは、意外に単純なことなのかもしれないなとも思いました。

大沢　偏見を持っちゃいけないし、その人たちの楽しみ方や生き方を否定しちゃいけないってことが大事だと思うんです。例えばね、私が育った家庭は、姉が寝たきりの重度心身障がい者でしょ。で、父方のばあちゃんは「何？　この子。可哀想に」って、すごい差別するような目で姉を見るんです。うちの母はね、父もそうですけど、姉をそんな目で見たことは一度もないです。繰り返しになりますが、「この姉がいるから、うちはみんな優しくなれた」って思うんです。

姉のお陰で、私たちきょうだいは偏見を持たなくなったし、一番弱い人のことを考えて行動できるようになったし、人と関わる事が大好きで、気づいたらみんな福祉系の仕事をしていたりする。そう考えたら、たとえ重度の障がいがあって自分から何も発信できなくても、その人にだって生きてる意味があるっていうかね、そういう人たちでも必ず人に対して何かできるところがあるっていうのは、小さい頃から私の中に刷り込まれているんです。だから、例えば「ひどい親だ」って言われても、その親には親なりの役割があるわけで、そうやって家族が複雑にできていて、お互いに影響し合っていると考えると、家族って本当に面白いなぁと思います。

みちる　お父さんは感情が激しいというか、人とあまりうまくやれない人ということでしたけど、お姉さんに対してはどうなんですか？

大沢　よく関わってます。姉がどこまで理解しているかはわからないけれど、よく話しかけているし、一緒に添い寝したりして……今、姉は四十代半ばですが、三十歳くらいまでは父も元気だったので、いつも姉を抱っこしていました。姉を差別的に見る父方のばあちゃんは、バリバリのキャリアウーマンで父が物心つく前から仕事でほとんど家にいなかったけど、長男である父に対しては、とても厳しい母親だったみたいです。「ああしろ、こうしろ」って常に指示しか出さない母親だった。だから父は、愛情に飢えているというか、すごい歪んでいるんです。父は頭が良かったので、理系のいい大学に行って、いい企業に就職したんですけど、人間関係がうまくいかないところに姉が生まれて、すぐに会社を辞めて作業療法士の学校に行き始めました。その間の生活費はどうしたと思います？　母がめちゃくちゃ苦労してやりくりしたんです。母は、寝たきりの姉の面倒を見なければならないから、自分が働くことはできなかったんですよね。本当に貧しくて、ばあちゃんのスネを若干かじったりとか、「すいとん」でしのいだりして。姉の障害年金も無駄に使わずにコツコツ貯めていました。慎ましく、慎ましく、やってたんです。父の方は、学校に行った後も定職に就かないで、福祉系の仕事とか、専門学校の教師とかの職を転々としてました。なまじ能力があるから妥協できなくて、自分がこうだと思ったら、とことん周囲とぶつかるので仕事も長続きしないんです。

みちる　娘のために作業療法士になろうと思うのは、愛があるように思えますけど。

大沢　確かにそこまではすごくいい話ですよね。でも、家族から見るとそうじゃない。結局、自己中心的なんですよ。思い通りにいかなかったりすると、母を叩いたり、怒鳴り散らしたり。お金も全然渡さない。自分の好きなものを買っちゃって、余ったら渡すって感じです。いつも相談もなく勝手に決めちゃうので、家族は振り回されていましたね。父は旅行が好きなので、旅行には毎年連れて行ってもらいましたけど。そんな感じだから、母は子どもたちには見せなかったけど相当苦労したと思います。今は、父も年を取って私の言うことを聞いてくれるようになりましたけど、私からすれば子どもがもう一人いるって感じです（笑）。母はもうすぐ七十歳になりますが、スーパーで元気に働いています。

みちる　そうしたお父さんとお母さんがいて、今の大沢さんがいる……先ほどからのお話と合わせて大沢家の歴史を伺うと、家族って複雑に影響し合ってできているんだなと思いますね。

児童相談所から見える景色

みちる　児童相談所に勤めていて良かったと思うことってありますか？

大沢　そうですね……子育てについて、いろいろ考える時間は多くなりました。児童相談所にいると、それぞれの家族のストーリーを見せてもらう機会が多いですよね。まるで映画のダイジェスト版みたいな感じで。それで、「もし自分が同じ立場ならどうなっていたかな」とか「こういう環境の中で育った子どもってこうなんだ」とか、いろいろ思う。「今」って過去が積み上がってできているところがありますけど、いろんな家族の今を目にすると「子育てって、こういうところが大事なんだな」と気づいたりして、自分の子育てを見直せるところは、すごく得してるかなと思います。まず、自分のためというところが一つ。

それから、長く関わっている家庭とは一緒に旅してるような気持ちになりますね。「家族の一員」って言ったら、あちらからすればおこがましいかもしれないけど、そんな感じです。年度が切り替わる四月には「担当が変わらなくて良かった」と言ってもらったりしますけど、その気持ちは私も同じで「もう少しこの家族を見ていたい」「子どもが自立したり、家に帰るところまで見たい」と思いますよね。良く言えば、その家族と深みがある関係が築ける。ものすごく深い関係だと思うんですよ。だって、私はその家族が一番苦しい時にやって来る人間なわけです。家族が望んでそうなったわけじゃない中で、こちらが「大変だったよね」「よくやってきたよね」って労うと、向こうは今まで誰も評価してくれないところに触れてくれた、わかってもらえたと感じてくれる。そこに生まれる「つながり感」っていうのかな。それがすごく深いんですよね。

みちる わかるような気がします。先ほど大沢さんがお話しされたように、特に虐待対応は向こうから相談してくることは少なくて、突然私たちが家族の中に踏み込んでいくことが多いので、とても難しい面があるし、良くないところもありますよね。でも、だからこそ本来だったら踏まなければいけない人間関係のステップを一度に何歩も踏み越えて、むき出しの人間対人間でつき合えるところがあると思うんです。

大沢 ありますね。そうですね。児童相談所が来ると「なんで来たの?」「こんなことになっちゃって」って泣いちゃうお母さんもいますけど、こちらが「いや、よく頑張って子育てしてきたよね」っていうことが言えると表情が緩むんですよね。「わかってもらえた」って。そこを踏み越える作業って、お互いに大変なことです。

みちる　大変ですよね。あちらには怒りもすごくありますし。

大沢　そう。だから、相手への「ねぎらい」が何より大切だと思うんです。それをやらずに「指導」だけするのは、あり得ない。最初に相手を労って、その気持ちが相手に伝わった時に、初めて関係性ができる。先ほども言いましたけど、私たちの仕事って相手に立ち止まって考える時間を提供したり、今まで歩んできたことの中に意味を持たせることだと思うんです。それだけで相手は息継ぎできて、息を吹き返せると思うんです。それだけでも十分に意味のあることで、児童相談所の本来の仕事って、そういうものだと思います。こちらは何も知らないんだから、絶対押しつけちゃいけないんです。何も知らない人がポッと来て、何か言われても全然響きませんよね。

みちる　そうですね。むしろ、ほとんどの人が「余計なお世話」って思うんじゃないですか？でもね、「え、どうして？　どうしてなの？」って心からの興味を持って聞くと、一生懸命お話ししてくれる方も多いです。本当はみんな、話したいってところもあるのかな。

大沢　そうですよね。そう考えると、児童相談所の仕事は魅力的だって思うけどね。

みちる　楽しいと思ったこともありました。

大沢　あとはケースの件数と記録の量がなんとかなれば……私、早く家に帰れないから児童相談所の仕事が嫌だと思うこともあります。とにかく事務仕事の量がすごい。

みちる　児童相談所の仕事は、制度的な枠組みの中でやる仕事ですよね。制度を運用するためのお金は限られているから当然、所の方針とかゴールが決められなければならないわけですけど、そうなると状況によっては、やっつけ仕事みたいにならざるを得ないこともあるなと感じました。

大沢　そこはケースワーカーの裁量が問われるところです。持っていき方というのかな？　抵抗を感じている親に対して、どうやって必要な支援を受け容れる段階まで準備するかっていうかね。それができれば、別に指導とか厳しい対応をしなくていいし、繋げるだけで済むわけです。罰だけ与えても、何の意味もないです。

みちる　また同じことが起きた時に親御さんが違う対応ができれば、それで前のケースワークはオーケーくらいの感じですかね？

大沢　そうだと思いますよ。罰はね、警察だけで十分です。私たちは福祉ですからね。さっき言ったように「人に寄り添って人生を共にする」って意味では、児童相談所の仕事は誇りが持てるいい仕事だと思います。結構好きです。

みちる　大沢さんが、ここまで生きてきたプロセスを伺うと「人に寄り添って人生を共にする支援者」になるために生まれてこられたのかなという気がしてきました。ご自身で、そういう仕事を選んできたようにも思えます。

大沢　きっとそうだと思います。児童相談所の経験はまだ四年目ですけど、今言ったことがその経験の中での精いっぱいの答えかなと思いますね。それが私たちの本来の役割であり、そして守るべき命を守るという……なかなか答えのない世界で、人によってケースワークのやり方も違うし、正しいかどうかなんて何もわからないですけどね。だから、自信が持てない時もありますけど。

みちる　抽象的な質問ですけど、大沢さんが児童相談所の福祉司として働いてきた中で見えた、一番印象的な「景色」ってなんでしょう？　景色というのは、パッと思い浮かぶ感情のイメージ。理屈じゃなくて、見えた感情。

大沢　なんだろ？　どれもこれも激しすぎて（笑）。そうですね、なんて言うかな。私の中では、一つ一つのケースよりも、道のりというか行程にすごく感じるものがありますね。児童相談所での三年間をどう生き抜いてきたかというね。なんか、本当に頭がずっとフル回転しているんですよね。同時にいろんなケースに関わっているから。本来は何事も当事者が決めるべきだと思うんですけど、世の中はそういう視点じゃなくて、やっぱり児童相談所が虐待とかそういったものを判断する機関だっていうふうに見るでしょ。私たちには専門的に意見を述べることが求められているから述べるわけなんですけど。その家族の人生にポッと関わる中で、今、何がこの家族にとって最善なのかをアセスメントして、判断して、指針を出していくっていう作業の連続なんですよね。で、こんなにケースばっかりくるので、それがまったく見えないものも結構多い。経験があれば、見えてきたりするんでしょうけどね。でも、初めてのケースだったりすると、どう考えたってね、初めてなんでわからなかったりすることも多いんです。その時はもう、どうしていくことがこの家にとって一番いいのかなとか、ずっと考えて考えて、悩んで悩んで、苦しんで苦しみます。それからクレーマーチックな親に対して、どう対応しようかとかね。そういうお腹が痛くなるようなプレッシャーの連続なんです。

みちる　ほんとですよね。私も「よくお腹が痛くならないな」と思いながらやっていました。有無を言わせず、タイムリミットは決められている。その中で対当事者はもちろん、関係機関とか、所内に向けても、それぞれの共通言語できちんと説明して、共有していかなきゃいけないじゃないですか。その場、その場で。それが新米福祉司には本当に難しくて、つらかったです。

大沢　そして誰もが納得する判断、決定、答えが出ない時もあるんですよ。それでも出さなきゃいけないんですよね。

みちる　そう。「児童相談所としては、こう判断します」ってことを、当事者や関係者に説明しなきゃいけない。場合によっては説得しなきゃいけない時もあります。その場で求められることが多いですよね。

大沢　そうです。呼ばれて、その場で「どうしましょう」ということが本当に多いです。だから、私の中では今まで、何度も死線を超えてきたような感じがするんですよね。もう戦場です。生き死にに、ずっと関わっているような感じ。自分のじゃないですよ、人の。でも、私からすると、それを求められているのは私なんです。ここで、自分が答えを出さなければいけないんだっていうプレッシャー。もちろん、所と相談して組織として方針を決定するわけですけど、それでもやっぱり現場に出ているのは私たちなので。その場で答えを出さなきゃいけないというのと、その持っていき方ひとつで、その家族の運命が変わるのは目に見えているから、そのプレッシャーは半端じゃない。だから、真面目に背負って頑張ろうとすると、いつ自分が死ぬかなと……最初の頃はずっと戦場でしたね。人の命が関わる決定となると、もう本当にすごいプレッシャーです。

みちる　わかります。いつも子どもが死んだらどうしようと思ってるし。所の決定なんだから、そこまで自分が背負う必要はないんだろうけど、でも上の人たちだって現場の報告を聞いて方針を決めるわけだから、その報告が適切じゃなくて誤った判断をしてしまうと責任を取らなきゃいけない。上の人たちにも自分の人生があるからと思うと苦しかったです。

大沢　苦しいですよね。そう、だからなんて言うかな……崖を登っているイメージです。もう、ほんと、いつでもね、落ちちゃう人はいると思うんですよ。「立ち止まらないと、もう無理！」って。歩んできた道のりに後悔はないし、登って良かったとは思うけど、登っている最中に死が隣り合わせにいる感覚が常にありますね。いつ、この携帯電話が鳴るかもしれないとか、保護した子ども、保護しなかった子どもが今晩大丈夫なのかとか。そういう、いつも死と隣り合わせにいるような感覚をずっと味わっている感じです。でも、そこを潜《くぐ》り抜けたからこそ見える景色があって、だからこそ感覚が研ぎ澄まされて、今何をすべきかとか、優先順位は何かとか、どこがポイントなのかとか、そういった見極めができるようになる。見極めを誤ると死ぬみたいな感覚ですね。組織として対応しているから、崖は一人で登っているわけじゃないんだけど……そんなの全然見えないですよ。

みちる　みんなで登ってるって、そんな安心感はあまり感じたことがなかったです。

大沢　ないです、ないです。まわりの関係機関が児童相談所に求める役割も、まだまだ大きい。児童相談所じゃなくてもできる仕事って多いと思うんですけどね。教育や福祉、医療が一元化できたら、かなり状況は変わってくると思います。

未来のこと

みちる　これからのことについて何か考えていることはありますか？

大沢　そうですね。今のところ、この仕事を自分から辞めたいという気持ちはないので、続けていくつもりです。いつも崖っぷちだけど、経験を積んで、だんだん落ちなくなってきているし。この前、私の記録を読んだ職場の新人から「大沢さんって鋼《はがね》の精神力ですね」って言われたんですよ。それは、私の葛藤とか苦しみまで記録には書いていないからですよね。「ごくりと唾《つば》をのんだ」とか「鳥肌が立った」とか（笑）。決してね、児童相談所で頑張っている人たちが鋼の心臓を持っているわけじゃないんですよね。いつの間にか崖の登り方を覚えて、落ちなくなって、いろんなことがあっても動じなくなってきて、垂直の絶壁とかも登れるようになっている……まるでヤモリですね（笑）。

児童相談所で持ちこたえられない人がいても、この仕事だから当然だと思います。私も辞めたいとまでは思わないけど、立ち止まって将来のことを考える時間がほしいなとは思いますね。そういう意味で、今回のインタビューはいろいろ考えるいい機会になりました。夢に向かって考えるのって、すごく楽しいですよね。自分の子どもたちにも、夢に向かって歩んでいける人に育ってほしいです。今を感謝して楽しく生きられれば、学力とかは二の次。やりたいことをやってくれれば、それでいいです。だから、興味が持てることがあれば、そのために必要なものは惜しまず与えてあげたいし、その環境を整えたり、必要な場に連れて行ってあげたい。例えば、一番上の子は音楽が大好きなので、ピアノのレッスンを受けさせて、欲しい楽譜は与えています。二番目は恐竜博士になるために絶対大学に行きたいって言ってて、「お金がないから国立を目指してね」とはお願いしているけど、頑張って働かなきゃなと思う。三番目は絵を描くのが大好きなんです。漢字と人とのコミュニケーションが苦手だけど、優しいし、とってもいい子なんですよ。パジャマでいることが何よりの喜びみたいな子です。四番目は何にでも興味があって歌が上手。上の子たちの真似っこばかりしています。みんなそれぞれ違ってて面白いです。うちは週に一度、家族みんなで集まって遊ぶ日をつくってるんです。その日は家族で美味しいものを食べたり、ゲームしたり、勉強したり、いろんな活動をする。活動の内容は、順番に担当を回して、その人が決めることにしているんですけど、子どもたちも成長して、それぞれ自主的にできるようになってきたので楽しいです。

児童相談所職員の一番の葛藤は、家庭生活との両立だと思います、ほんとに。どうやって家に早く帰るかってところは、すごく悩みますね。仕事に対して不誠実なわけじゃないけど「自分の家族を大事にできない人に、よそ様の家庭の相談を受けられますか?」って思う。

みちる　言ってることが嘘になっちゃいますよね。

大沢　そう、嘘になっちゃう。私の場合、週三日はなるべく定時に帰るようにして、残り二日は、とことん遅くまで残業します。それでも終わらなければ、早朝や休日の午前中を仕事にあてることもあります。もっとクールに事務的にこなせば、業務量を減らすこともできますけど、関わる子どもたちのことを考えると、そうもいかないところはあります。

みちる　最後に、児童相談所の仕事について一言お願いします。

大沢　私たちの仕事に必要なのは「イメージ力」と「共感力」だと思います。それさえあれば、本来はクリエイティブな仕事なんですよね。それから大事なのは「事実確認」じゃないってところ。その家族にとって一番大事なもののためだったら、他のところはね、そんなにこだわらなくてもいいと思う。失敗しても家族なんだから、いくらでもやり直せるわけだしね。ちゃんと立ち直って、もう一度頑張ろうでいいと思うんです。もちろん、絶対にリスクの高いこととか起きちゃいけないってことは大前提ですけどね。私たちが関わることで、その家族が自信を取り戻して、もう一度息を吹き返して、良いイメージを持って前に進めればいいなと思います。子育てって、誰も見てないから褒《ほ》めてもらえないし、うまくできないと非難されるし、正解もない。親って本当に孤独だなと思いますけど、そんな中で、最終的に「この人たちに来てもらえてよかった」と思われるような仕事にしたいです。

みちる　長時間、貴重なお話をありがとうございました。

虐待対応協力員

山田香奈

五十代女性

プロローグ

公務員には独特のお作法があるらしい。児童相談所の非常勤事務職の場合は特にそう思う。いただくお給料以上でも以下でもなく、目立たず、やるべきことを間違わずにきちんとこなし、定時になればさっと帰っていく。それこそが粋な非常勤事務職だと言われているように感じたこともあった。このお作法に、「人に気づかれないように人の何倍も仕事をこなして」という文言を加えたのが山田の仕事ぶりだ。実際のところ、この人に助けられている常勤職員は多いが、それに気づく余裕がある人は、どれくらいいるのだろう。

児童相談所で働き始めた頃は、正直、職場のトゲトゲした雰囲気が嫌いだった。そこで、ある時、加湿器にアロマオイルを数滴入れてみた。アロマでも嗅げば、少しは雰囲気が和らぐんじゃないかと考えたからだ。結果、その職場で一番とんがっている中堅の女性福祉司から、きついお叱りを受けた。それは笑い話で終わったが、何年も経ったある時、山田が言った。「今でも、どうしてあの時、もっとちゃんと反論できなかったんだろうって思うの。私は『いい匂い』って思ったのに、立場的に言えなかった。嫌な思いをしたよね。ごめんね」と。そして、私が職場を去った後、自分が正しいと思ったことは主張できるようになったと話し、「私も少しは育ちました」と嬉しそうに笑った。

自分自身には厳しいが、身近な人を守り、大事にできる愛の人だ。児童相談所で、山田から教わったことは少なくない。

【プロフィール】

短大で食物栄養を専攻した後、大手食品メーカーに十八年勤務する。二十代半ばで結婚、三十代から不育治療を始め、五回の流産を経て待望の一子を授かる。その後、不育治療の苦しい経験から心理学に興味を持ち、子育てと並行して通信制大学を卒業し、認定心理士を取得。広域自治体の児童相談所に虐待対応業務を補佐する非常勤事務職として入職し、現在十年目となる。正確で迅速な事務処理能力と、細やかな気配りで福祉司たちをサポートし、民間企業の営業畑で長く働いた経験を生かして職場に多様性をもたらす事務クラーク。

夫、高校生の子どもとの三人暮らし。

「虐待対応協力員」という仕事

みちる　児童相談所で仕事をするようになって何年目ですか？

山田　ちょうど十年目です。私が入職したのは189（児童相談所虐待対応ダイヤル）の運用が始まる前年で、直前に厚木市で当時五歳だった男児の白骨遺体が発見された事件もあって、マスコミや世論の児童相談所への風当たりがものすごく強い時期でした。

みちる　私はその数年後に虐待対応協力員として同じ児童相談所に入り、山田さんに一から仕事を教えてもらいました。私は途中から児童福祉司に職種替えするんですが、その間にも目黒女児虐待事件（2018）や野田小四女児虐待事件（2019）が起こって、児童相談所には凄まじい逆風が吹き荒れました。それでなくても児童相談所で働いていることは大っぴらにできない雰囲気があるけど、あの頃は家族以外には誰にも言えないって感じでした。

虐待対応協力員の仕事について、簡単に説明してもらえますか？

山田　わかりました。虐待対応協力員は児童相談所では数少ない非常勤の事務職で、児童福祉司の補佐をする仕事です。多い時は所内に三人配置された時期もあったけど、今は私一人だけ。仕事内容は、児童相談所システムへの入力作業がメインです。ケースを受理した後、福祉司が動き出すために必要な事務的作業をサポートしたり、上からの指示に従って必要な調査も行います。

あとは児童相談所窓口の受付業務や電話対応、子どもの安全確認などのお手伝いをすることもあります。

みちる　山田さんは所全体の事務分担も少なくないですよね。

山田　そうですね。エクセルを使って統計資料を作成したり、数字を扱う事務分担の補佐もしています。

みちる　とにかく虐待相談の対応件数はべらぼうに多いし、スピードが求められる仕事だと思います。私の何倍もの速さで処理していく山田さんには、もう脱帽でした。しかもニコニコ笑ってやってるからすごい。福祉司たちも、とても助かっているはずです。

山田　みちるさんが福祉司になった年が、件数としては一番多かった。今も多いけど、他児相とケースを分けたので少し落ち着きました。うちの所には半日ずつ持ち回りでやる「電話当番」があって、今はSV以上を除いた常勤職で回しているけど、つい最近まで私もシフトに入っていました。その負担がすごく大きいんです。その半日は自分の仕事ができないし、緊急対応や会議が入ってしまうと、代わりの当番を見つけるのが大変。だから、これまで虐待対応協力員には、ずっと電話対応が求められていて、多い時は週三回とか一日ぶっ通しで電話当番をやったこともありました。それは本当にきつかった。でも、私はケースを持っていないから、そこで初めて相談や通告を受けたり、施設や関係機関とやりとりしたりして、すごく勉強になりました。とにかく始業時間から終業時間まで電話が鳴りっぱなし。役所だからワンコールで出るのが基本ルールですけど、当番が対応中で取れない時は、決められた順番で他の人が次々に電話を取ることになっています。

みちる　心理や相談グループでは非常勤職員として長く勤めてる人を見かけますけど、虐待対応協力員で十年以上続けている人って全国にどのくらいいるんでしょうか？　ちなみに私が二番目に勤めた児童相談所には虐待対応協力員のようなポストがなかったので、福祉司同士がお互いをサポートし合っていました。虐待対応協力員は福祉司業務の補佐がメインだから専門職じゃないかもしれないけど、知識や経験は必要だし、作業に習熟していることが求められる仕事ですよね。福祉司の物理的・心理的な負担を軽減する役割もあるし、職場の多様性という観点からも閉塞的になりがちな児童相談所にとっては必要な存在だと思うんです。だから、その場しのぎの便利使いではなく、もう少し戦略を持って雇用してほしいなと思います。山田さんが常勤の福祉司にならずに、あえて非常勤の虐待対応協力員として長く勤めていることに、何か理由があるのなら是非教えてほしいです。その前に、まずは山田さんのライフストーリーを聞かせてください。

何度も死にそうになった

山田　父は五人きょうだいの四男坊。大都市にある神社の門前町で生まれました。代々その地で暮らしていて、コツコツ農業をやりながら周囲の土地を買い集めていったような家。父が勤めていた会社が都市部から少し外れた場所に移転したタイミングで、新しい会社の近くに家を買って移り、そこで父と母、三つ上の兄、私の四人家族で暮らしました。両親は今も健在で、私たち夫婦と子どもは実家と隣り合わせに住んでいます。

一方の母は地方で生まれて、中学生の時に父と同じ地域に家族で引っ越してきたそうです。四人きょうだいの一番上で、下に弟が三人。一番上の弟はフリーのカメラマンで、能面を彫ったり、劇団をつくって活動していた変わり者。真ん中は個人塾を経営していて、一番下はもう亡くなってしまったけど大きな会社に勤めていたみたい。母は美容師の免許を持っていたけど、美容師にはならずにデパートの屋上にあるお花屋さんで働いていたんですって。花がすごく好きだったのね。私が小さい頃は、ずっと母に髪を切ってもらっていたし、家にはいつも花が活けてありました。父と母がどうやって出会ったのかは怖いから聞いたことがないです（笑）。あえて親からは言わないしね。私の兄は結婚して別の場所に家族と住んでいて、都会でサラリーマンをやっています。

みちる　山田さんは小さい頃、どんなお子さんだったんですか？

山田　うちの母がよく言うのは、兄がすごく本を読んでほしがる子で、それで私にも読んであげようとすると「うるちゃい」って言うような子どもだったって（笑）。やっぱり下だから、兄がやってることを器用に真似て、要領がいい子だったみたい。兄はすごくまともな人で、あんまり親から怒られない。怒られるようなこともしない。私の方が、どちらかというと叱られキャラだったかな。わがままとかは言わないけど、危なっかしい。父が渓流釣りがすごく好きで、毎週のように週末は自然の中に連れていってくれたんだけど、そこで何度も川に入っては流されて死にそうになりました。今思い出しても本当に怖い。

みちる　よく助かりましたね。

山田　ほんとに。私が覚えているのは二回だけなんです。一回は小学校三年生か四年生くらいだったのかな。川に入ってて、ビーチサンダルが流されたので取ろうとしたら、ビューって真ん中の本流に入っちゃった。「あ、流されちゃった」と思って岸を見たら母と兄がいて、母は結構おっとり見ていて、兄がすごく慌てた顔で「やばい」って叫んで助けに来ようとした。その情景が、一瞬だけど今でも目に焼きついてます。そのあと私は岩にぶつかって、その岩にしがみついて助かりました。

みちる　よかった。じゃ、自力で助かったんですね？

山田　そうなの。もう一回は、それよりもう少し大きくなった頃で、ダムの近くに釣りに行ったんです。広い川幅で池かなと思うくらい緩やかな流れなんだけど、一カ所、滝になって下に落ちているあたりが急流になってて、その流れに入っちゃった。

みちる　死にますよね？

山田　そう。死ぬーっと思って。で、父は釣りをしていて（笑）。母方叔父が私の手をぱっと捕まえて引っ張ってくれたんだけど、足は急流に流されて「死ぬ」と思ったら、何人かで助けてくれてセーフみたいなことがありました。今生きているのは、本当にめっけもんだなって思います。

みちる　九死に一生を得た経験が、覚えているだけで二回もある……落ち着きがなかったのかな？（笑）

山田　確かに落ち着きはなかったかもしれない。よくしゃべる子で、小学校の通信簿には「しゃべってます」って何度も書かれました。小学校は好きだったし、休まなかった。

みちる　児童相談所も休まないですよね。

山田　そう。私、中学も休まなかったし、高校も休まない。バイトでも始めると辞めない。何事も休まないし、辞めないです。なんだろう……置かれた環境で生き抜かなきゃって思うタイプ。辞めるのは本当に最終的な手段ですね。で、溺れちゃった事件が何回かあったから、小学校高学年からスイミングスクールに行かされました。問題はそこじゃないと思ったんだけど、お陰で泳げるようになりました。

母とは冷めた関係だなと思って大きくなった

みちる　お母さんはユニークな方みたいですね。

山田　そうなんです。母は昭和十三年生まれの戦中派女子です。弟が三人いるから、空襲があると一人を背負って、両手であとの二人と手をつないで逃げたって言ってました。母が小学校低学年くらいの頃です。母方祖母も、すごく変わってて、とにかく強い人だったから、母はあまり気が合わなかったみたい。私も祖母は怖くて、小さい時は「すごく人好き」って感じじゃなかった。美人だけど、男勝りのキツい口調でヤンキー。タバコとかスパスパ吸って、よく「わかばを二箱買ってこい」って頼まれました。「釣りは好きに使いな」って言ってくれるから、祖母のお使いは好きだったんだけど（笑）。母曰く、部屋の掃除とかもまったくしない。「そこはあんたにそっくりだから隔世遺伝《かくせいいでん》だよ」とよく母に言われます。

みちる　山田さんは掃除しない人なんですか？　そんなふうには見えないけど。

山田　得意じゃない。母が、いつも家中をピカピカに磨《みが》き上げる人だったから、私はずっと掃除する必要がなかったのね。でね、祖母の友だちが、これまたすごく個性的で、それは今でも強烈な印象として残ってます。祖母は最期、叔父と同居していて、隣が極道の家だったんです。Aさんっていうヤクザのお父さんが、奥さんと息子と三人で暮らしてた。息子はうちの兄より、さらにお兄ちゃん。祖母はAさんと、ものすごく仲が良くて、私は生まれた時から小学校まで、祖母の家に行くたびにAさんの家に遊びに行ってたんです。私はAさんの背中と両腕に入っている龍の彫り物がうらやましくて、よく触らせてもらいました。「背中って、こんなにツルツルなんだー」と思って。Aさんの背中は本当にきれいでバーンと張りに張ってたんだけど、私が小六くらいの時に癌で亡くなってしまったんです。亡くなる前は小さくなっちゃって、背中の入れ墨もしぼしぼだなって思ったのがAさんと会った最後でした。

みちる　山田さんのお祖父さんは、その頃にはもう亡くなっていたんですか？

山田　それがね、私もずっと母方祖父は戦争で亡くなったと思ってたんです。ところが十年くらい前に、母が「父親が亡くなった」って突然言い出して、「生きてたんだ？」って驚いた（笑）。その時に初めて祖父が女をつくって逃げたということを母から聞きました。私も小さい頃から「片方のお祖父ちゃんがいないな」とは薄々思ってたんだけど、子どもながらに聞けない雰囲気があったのね。結局会えないまま死んじゃった。

祖父は大きな建設会社に勤めていて、母が小さい頃は、そこそこ普通の暮らしをしていたそうです。母はね、祖父のことをすごく恨んでた。祖母はそんな感じでぶっ飛んでるし、長女だから弟三人の面倒も見なきゃいけないし、金銭的にも苦しくて、相当惨《みじ》めな思いをしたんですって。祖父は死ぬまで音信不通だったから、亡くなった知らせを聞いた時に「まだ生きてたのかって思う」って言ってました。

みちる　お祖父さんは養育費を入れなかったんですか？

山田　そう。出ていく時にお金を置いていくとか、逆に請求するとかっていうこともなかったんじゃないかな。出て行った先で祖父は再婚し、亡くなった時に前妻との間にできた子どもたちにも遺産を分けなきゃいけないってことになって連絡がきたそうです。母は最初、「遺産なんかいらない」って拒んでたけど、最終的には受け取ったみたい。

みちる　お祖母さんと山田さんは性格的には似てないかもしれないけど、生命力があって生き生きしているという点ではお祖母さんの気質を受け継いでいるのかもしれませんね。

山田　そうね。どちらかというと感覚的には母方に近いと思う。父方の本家は地主で、アパートや駐車場を持ってて裕福だから、父のきょうだいたちは、みんな土地を分けてもらって自分の家を建てた。うちの実家の土地も祖父が買ってくれたんです。戦後にから突出して裕福って感じでもないけど、父方はわりと苦労していない感じで、母方とは全然雰囲気が違う。母と母方叔父たちは、もう自分でどうにか生きていかなきゃいけない感じで、そこにはとても共感できます。

みちる　話を山田さん自身のことに戻しますね。他に小さい頃のことで印象に残っていることってありますか？

山田　幼稚園から小学校を卒業するまで、ずっと絵を習ってました。通ってた幼稚園で絵画教室をやってて、その先生がとても素敵だったんです。先生は母と同じくらいの年頃の女性。服装や髪型が個性的で母とは全然違う感じ。ご自身はガラス絵を制作していて、ガラスに抽象画みたいなビビットで色彩豊かな絵を描く人でした。多分、本物の芸術家なんだけど、子どもが好きで絵画教室をやってくれてたんじゃないかな。子どもに「ああしろ、こうしろ」とか一切言わずに自由に絵を描かせてくれて、終わるとみんなでお買い物に行っておやつを買ってくれる。アットホームな雰囲気で、先生が大好きだったから通い続けました。中学では美術部に入ったけど、高校になったら絵が下手になっちゃった。なんか絵がね、小さい頃みたいに描けなくなってしまって……。

みちる　小さい頃は、どんな絵を描いていたんですか？

山田　画面いっぱい使う感じの絵。小さい頃は大きく描けたんだけど、大人になるにつれて大きく描けなくなった。中学から始めた油絵がすごく面白かったんです。でも技術が上がってくると、今度は上手く描くことに意識が向いちゃって、小さい頃みたいに自由に描けなくなっちゃったのね。それでも小さい頃からずっと描いてたから、絵は苦労せずに描ける特技みたいな感じ。高校まで美術の成績は良かったけど、これ以上先はないと思って続けなかった。

みちる　高校は公立の上位校に進学したから、他教科の成績も良かったんですよね？

山田　それほどでもないです。でも小学校の時は良かったかな。兄の持ってた図鑑シリーズが好きで、ずーっと見ていました。『石』とか『乗り物』とかね。あの時代、小学校の時は、そのくらいしかやることがなかったんですね。本は好きで、図書館で借りてよく読みました。ピーターラビットとか、ムーミンとか、怪人二十面相とか。今読んでも面白い。そんな感じで、私の子ども時代は本当に普通の子だった。小中学校は地元の公立だったので、そこで仲が良かった友だちとは、今も年に何回か食事に行ったりしています。

みちる　今でも地域の友だちと仲良くしているんですね。山田さんが住んでいる地域は、商店街の中に学童保育があったりして、地域のつながりが残っている雰囲気がありますね。

山田　あの地域は明治から大正にかけて養蚕ですごく栄えていたんですって。だから、商店街の人たちは力があってお金持ちで、他の土地から移り住んできた人に対してあまり優しくなかったらしいです。うちの母は、ちょっと根に持ってる。

みちる　なんかあったんでしょうね。

山田　そうかもしれない。母と祖母は結構似てるの。なんだかんだ言って、あなたたち似てますよって思う。とにかく気が強い女たちです。

みちる　負けず嫌い？

山田　負けず嫌いではないのよね。正義感が強いというわけでもない。もちろん、世の中のルールからはずれるようなことはしたくないっていう気持ちはあると思うけど。なんだろう……とにかく気が強いんです。ケンカっ早いというか……多分、母に関して言うと、祖父が突然いなくなってから意地悪されたり、嫌な思いをいっぱいしたから、人から嫌な言い方をされたり、理不尽だと思うことがあると、必要以上に反応しちゃうんだと思います。私はそんな母を見てたから、小中学校で一緒になったB子のことを、すごく新鮮に感じました。B子は穏やかな性格なんです。いつからか、私はB子をお手本というか物差しにするようになりました。

みちる　お母さんがお手本ではなかった？

山田　うーん……親子って複雑な感情で成り立ってるなって思うんです。さっきも言ったけど、母は美容師の免許を持っているから、小さい頃は毎日私の髪を可愛く結ってくれたり、洋服を手作りしてくれたり、清潔でピカピカな家に花を飾って、居心地のいい環境をつくってくれたり、大切に可愛がって育ててくれたんだけど、私の中には母に対する心理的な距離があったと思う。

みちる　今は、同じ敷地に住んで、ご両親のお世話をしていますよね。

山田　今はね。でも、それまで親には何もしてこなかったし、私自身も母から気にかけてもらってるって気がしなかった。その代わり、「勉強しなさい」とか「あれしろ、これしろ」も一切言わない母だったから良かった面もあるけどね。もちろん、善悪とかの基本的なしつけはしてもらったけど、例えば「こうやった方が人に好かれるよ」って教えてくれたり、一緒に服を買いに行って「こういう服が似合うよ」って選んでくれたり……もし、そういうふうにされていれば、もう少し違った自分になったのかなって、今になってみると思います。

みちる　お母さん自身、戦争やご両親の離婚、お祖母ちゃんの強烈なキャラで苦労されてるから、母子関係では見習うべきモデルが身近になかったのかもしれませんね。山田さんの中で、お母さんに対する心理的な距離があった……そうした母子関係に影響したと思う出来事ってありますか？

山田　母が乳がんになったことが影響しているかもしれない。私が小六で、母はまだ四十歳くらい。乳がんの検診が始まったばかりの頃で、ママ友みんなで申し込んだんですって。そしたら母だけ再検査になってしまった。私は小学生だから、乳がんが何かもわからなかったし、正しく伝えられてもいなかったと思う。覚えているのは母が泣きながら病院に電話をかけている姿。病院の人から「折り返しますので一回切ってお待ちください」って言われたのに、勘違いしてずっと電話口で待ってた場面がすごく印象に残ってます。本当に「絶望」って感じで……そのあと手術のために入院して、たまに私がお見舞いに行くと、何故か悲しそうにお小遣いをたっぷりくれて……。なんだか状況がよくわからなかった。

みちる　お母さんの入院中、家ではどんな生活だったんでしょう？

山田　父と私と兄だけの生活がしばらく続きました。父はそれまで家事をしてこなかったし、兄は中三で受験生だったから、家のことは私がやるしかなくて、そのあたりから兄と私のお弁当や朝食くらいは作るようになりました。父方叔母が手伝いに来てくれたけど、叔母も仕事をしてたから来るのは週末だけ。父も仕事が忙しくて兄と私の二人だけの時間が長かった。やっぱり食事が困ったかかな。父は夜勤もあったので、夜ごはんはお金を渡されて買ったり、外で食べたりして。小六の私と中三の兄が二人で夕飯を食べるために外食しに行くこともあって、それは今思い出しても客観的に見て可哀想だったなと思う。その後、母は退院して家に戻ってくるんだけど、私が中三の時に再発の不安からくるストレスが原因で、今度は十二指腸潰瘍になって血を吐いて入院してしまうんです。そこからは本格的に私が家事を担うことになりました。

みちる　だから、お料理とか上手になったんですね。

山田　そうね。料理はもともと嫌いじゃなくて、母も「こうやって作るんだよ」って一品二品は作り方を教えてくれたんだと思う。中学のお弁当は三年間、ずっと自分で作りました。好きなものを入れられるから喜んで作ってたけどね。母は、抗がん剤治療も受けていたんだけど、更年期と重なって苦しい治療だったみたい。

みちる　その時期は、お父さんも大変だったでしょうね。お父さんはどんな方ですか？

山田　父は機械のエンジニアです。会社勤めしてたけど、私と兄が就職したタイミングで早期退職しました。それも、ある日突然、勝手に辞めちゃった。母は「なんの相談もなく」って怒ってました。そりゃ怒るのも当然ですよね。そのあとは個人で会社にいた時と同じ仕事をしていました。

みちる　山田さんはお父さんとお母さん、どちらに似てると言われますか？

山田　うーん、母に似てるところもあると思うけど、顔と性格は父に似てるって言われます。好きなことも似ているんです。父も写真が好きで、よく石仏とかを撮るために旅行に行ってました。母はインドアな人で、家で編み物したりするのが好きなんだけど、父は出かけるのが好き。お酒を飲んで酔っ払うのが好き。だから私がお酒を飲んで酔っ払って帰ってきても、父は怒らないんです。母と兄は呆れて見てるけど、父は怒らずに一生懸命私の介抱をしてくれる。手先が器用で何でも直してくれる父です。

みちる　それぞれに個性的なご家族なんですね。その中で、山田さんが小六から家事を担ってきたというのも、特別な経験だと思います。お母さんとの距離感とか、お母さんのネガティブな感受性とか、病気でいなくなっちゃうとか……お母さんに関しては、小さい頃から複雑な思いがあったのかしら？

山田　それはありました。なんかね、母はいつも機嫌が良くない印象なんです。私が物心ついてから一緒に暮らした母は、自分のことでいっぱいいっぱいだった。病気のこととかでね。結婚する時に初めて「あれ？　この人、もしかして私のことを気にかけてくれてる？」って気がついたんです。すごく心配して、まとまった額のお金を振り込んでくれたりしたから。

みちる　あまり自信がなかったのかな？　お母さんから愛されているという……。

山田　そうですね。私自身は、よその親子関係とは比較にならないくらい冷めた関係だなと思って大人になりました。子どもが生まれたくらいから、やっと初めて仲良くなれたんです。母は孫にはデレデレなの。すごく可愛がってくれて、孫のいい逃げ場になってます。

友だちが物差し

みちる　山田さんは職場でも本当に気配りができる人ですよね。私よりずっと人間関係のつくり方も上手だし。それはお母さんから教えてもらったことではなかったんですか？

山田　さっきも話したけど、いい友だちに出会えて、その子にしてもらったことで学んだんですよね。だから、その時はしてもらいっぱなしだったと思います。小中学校の時のお手本だったB子とは、お互い学区の端っこに住んでいたので一緒に帰ってて、だんだん二人だけで帰るようになって、一対一のつきあいになりました。帰り道、二人でたくさん話しました。B子は本当に性格がいい子なんです。お手本にしたいと思ったのはもっと大きくなってからで、その時はただの仲良し。いっぱい私に合わせてもらいました。高校以降も性格がいい友だちには恵まれて、私は彼女たちを物差しにして生きてきたところがありますね。彼女たちには今でも本当に感謝しているし、仕事でやるせない電話を取った後にトイレに行って「あの子だったら、こういう時にどう思うかな」「こんなにイライラするかな」って考えたりします。

みちる　彼女たちに教わったと感じた印象的な出来事があったら教えてください。

山田　大人になって結婚する前くらいかな。地元の子たち数人で遊ぶことになって、朝六時くらいにB子が私の家に迎えに来てくれたことがあったんです。ところが私が寝過ごしてしまって、B子を相当長い時間、家の外で待たせてしまいました。携帯電話がない時代だったから、B子はひたすら外で待って、最後は諦《あきら》めて帰った。そのあと私が真っ青になって謝って「呼び鈴を鳴らしてくれればよかったのに」と言ったら、B子は一言「寝てるのかなと思って」って。その時に「なんだろ、これ？　私にはこの反応はできない。レベルが違う」と思いました。そういうことがあっても、まったく態度が変わらないんです。自分を前面に出してアピールしたり、目立つタイプじゃないけど、すごい人だなと思いました。高三の時に同じクラスだったC子も穏やかで我慢強い子だから、私のお手本。私とC子は結婚してから、なかなか子どもを授かることができなくて、励まし合って治療を受けた経験もあって、ずっとコンスタントに会い続けている友だちの一人です。

みちる　高校の友だち関係はどんな感じでしたか？

山田　弓道部に三年間入っていて、トレーニング部みたいに厳しい部活だったから、その仲間のつながりが強かったです。上下関係も厳しくて緊張感がありました。弓道部と剣道部の先輩たちが卒業する時に後輩たちに引き継ぐ伝統的なバイトがあるんです。観光地のお土産屋さんで、お饅頭もふかしているお店。私も毎日そこでコツコツと働きました。今でも毎年のようにOB会があるし、同期の女子九人とは定期的に食事会をしています。子どもがいる人が五人、いない人が四人。私が一番最後に子どもを産みました。産まなかった人は損保とか省庁に勤めるバリバリのキャリアウーマンです。

部活の友だちとは別に、高三では同じクラスのC子とD子と私の三人で仲が良かったですね。D子は繊細で変わってて、今は大阪でセラピストのようなことをやっています。霊感が強い人で、学校に来られなくなった時期がありました。私とC子で教壇に置いてある出席簿で出席日数を確認してはD子の家に電話をかけました。私たちが「もうそろそろ来ないと卒業できなくなるよ」って言うと、次の朝、泣きながら登校してくるんです。「みんなには信用してもらえないだろうけど、霊が毎晩私の上に乗って首を絞めてくるんだ」って言って、それで霊がこう言っている、ああ言っているって話をして、私とC子はちょっとぽかんとして「うんうん」って聞いて。私たち三人は、多分高校では浮いてたっていうか、ほんとにいつも小さく、こそこそと三人でファーストキッチンとかでおしゃべりしてました。

みちる　山田さんの高校は独特の雰囲気がありますよね。

山田　独特ですね。それぞれの中学で華やかに生きてきて、高校でさらに花が開くような感じの子たちと、すごく地味な子たちの両極端。私たちは数少ない中間の人間だった。

みちる　みんなお勉強ができる。

山田　できる子が多かったけど、男子は浪人率も高かったです。のびのびした校風を大事にして「のんびりするために一浪しなきゃいけない」と思っているところがありました（笑）。おもしろい高校だった。

就職、そして結婚

みちる　高校卒業後の進路はどうやって決めたんですか？

山田　高一くらいから「私はもう絶対、家政科だな」って決めていました。料理はもちろん、裁縫も好きで、全般が得意だったんです。最終的に短大の食物栄養学科と、何故か四大の建築学科を受けました。建築にも興味があったのね。それで両方合格したんだけど、母は「やっぱり女子も学ぶべき」と四大を勧め、父は「嫁に行かなきゃならないから」って短大を勧めて、もうどうしたらいいのか迷ってしまって……食物栄養と建築だと全然違うから、十八歳くらいじゃ判断できないでしょ。結局、最後は仲が良かった友だちに「どっちがいいと思う？」って聞きました（笑）。そしたら「短大でいいんじゃない」って言われて短大にしたんです。今考えるとね、あの時、母は私に「自分を持って生きなさい」みたいなことを教えたかったのかもしれない。私は、決める力が本当にない子だったから。自分自身にまったく足りてないところは、ずっとそこだと思ってました。決めていくこととか、自分でやり始めることとかね。だから今、子どもの進路についても、聞かれればアドバイスはするけど「自分で決めなさい」って言ってる。

みちる　結局、短大に行き、食物栄養を専攻して、卒業後は食品メーカーに就職したんですね？

山田　そう。就活はちょうどバブルの絶頂期だったから圧倒的な売り手市場で、いろんな会社から求人が来てました。みんな証券とか銀行とか、食品と全然関係ないところを受けて、食品関係に就職したのは学年で私を含めて二人だけ。「え、じゃ何のためにここに入ったの？」って思いました。私が入った会社は、当時はまだそれほど大きくなかったから、就職課の先生に大反対されました。家にまで電話してきて「○○倉庫や××タイヤだったら、いい男がいっぱいいる」って。

みちる　ずいぶん具体的な指導方針ですね（笑）。

山田　そうそう。嫁入り先を決めるみたいな感じ。私がその会社を選んだ理由は、主食を扱っているから先々潰《つぶ》れたりしないと思ったんです。将来結婚できなくても食いっぱぐれがないかなと。あと、開発部門の研究員になりたかったというのもあった。会社から「今年は研究職の採用はないけど、もしかしたら今後欠員が出るかもしれないから、まずは営業で採用する」と言われて入社を決めたけど、結局、研究員にはなれませんでした。

みちる　そして食品メーカーの営業ウーマンとしてバリバリ働くようになるわけですが、ダンナさんとはどこで出会うんでしょうか？

山田　地元の友だちとダンナが大学で同じ研究室だったんです。それで、みんなで飲みに行ったり、スキーに行く時にメンバーの一人としていたんですね。ダンナが大学院、私が就職したくらいでつき合い始めて、数年つき合ったところでお互いお年頃だったんからそのまま結婚したって感じです。

みちる　恋愛に発展したきっかけってありますか？

山田　なんでだろう？　多分、その共通の友だちが強く勧めたんだと思う。ダンナの家は、お祖父ちゃんの代から車関係の会社を経営していて、今は義理の兄が継いでいます。その下にダンナと弟がいて男三人きょうだい。友だちみんなで家に遊びに行って、家族ぐるみで仲良くしてもらいました。大きな家で、若い従業員たちが一緒に住んでいて、その食事をお祖母ちゃんが作っている。昔から人の出入りが自由な家という印象でした。うちは逆に人の出入りがあまりなかったから、大らかなお父さんとお母さんなんだなと思いました。ご両親は同じ小学校を卒業していて地域の繋《つな》がりもあるから、家族の関係性がすごく濃い。助け合って生きてきた感じが強くあって、その絆には惹《ひ》かれましたね。うちは親族で仲良く何かするってことがなかったから。

みちる　ダンナさんは家業を継がなかったんですね？

山田　ダンナは理系の研究者です。でも、やっぱりみんな商売をやっているおうちの子って感じはしますね。義理の父のきょうだいたちもみんなそう。中学から全員私立に行って、バイクの免許を取るにも家庭教師をつけるみたいな羽振りのいい家。うちとは、ちょっと違う感じでした。まわりがどんどん結婚していって、私も結婚適齢期と言われた二十五歳を過ぎて、結婚しなきゃという気持ちが強かったんだと思います。

みちる　ダンナさんのどんなところがいいなと思ったんですか？

山田　大らかさとか、正しい感じ。常識があって社会的にはずれたことはしないだろうなと思いました。家族の雰囲気もすごく素敵だったから、結婚するって思った時に、この人とだったらきっと長く続くだろうなと思ったんです。ダンナは家庭的で料理好き。つき合っている時もカルボナーラとか作ってくれて、優しくていい人だなと思いました。

みちる　結婚してから仕事を続けることについては何も言われなかった？

山田　義理の母も亡くなるまで働いていたから、女性が働くのはあたりまえの家でした。結局、その食品メーカーには十八年勤めたかな。

みちる　長いですね。会社ではどんな仕事をしたんですか？

山田　最初は全国に数カ所あるアンテナショップで自社商品を使ったレシピを考案したり、作り方を教える仕事をしてたんだけど、だんだん会社のニーズが変わっていってルートセールスになりました。担当したお店を回って商品を売り込んだり、集金したりする仕事。最後の方は、展示会の企画もやりました。お店のディスプレイも提案するから、フラワーアレンジメントやラッピングを習ったり、市場を勉強するためにニューヨークに出張させてもらったりしました。女性の職員が少ない部署だから、会社からは「女性ならではのことをやってほしい」と求められていて、試されている感じはありましたね。

みちる　クリエイティブで面白そうな仕事ですね。

つらかった不育治療

みちる　二十年近くコツコツと働いた山田さんが、会社を辞めたきっかけは何だったのでしょう?

山田　三十二歳くらいから子どもをつくらなきゃと思い始めたんです。ちょうど主任とか役職がついて仕事がのってきたところではあったんだけど。最初の妊娠は流産してしまいました。それから二、三、四、五回も流産して……もちろん毎回悲しいんだけど、特に最初の流産は本当に悲しかったです。二回目もダメになりそうだったから今度は国立の医療センターに行って、三十五歳から本格的な治療を始めました。私の場合、妊娠はするから不妊症ではなくて不育症なんです。流産させない最先端の不育治療をフルコースでやりました。ルーティンとしては十二時間ごとに一本、自己注射を打ちます。営業回りをしながら有料道路の駐車場とか、会社にあるお風呂の脱衣所とかで自分に注射を打つ日々が続きました。一度、脱衣所に誰かが入ってきて驚かれたこともあったな。

みちる 不妊治療は、とてもきつい治療だと聞いたことがあります。

山田 そうです。不育治療もきつい。注射はやっぱり痛いし、それを毎日続けなければならないから、腕は内出血で痣《あざ》だらけ。ドクターから「お腹の中で赤ちゃんが死んじゃってます」と言われると、ショックで打ちひしがれながらも掻爬《そうは》手術を受けなきゃいけない。それが一番きつかった。メンタルはもちろん、体にもすごく負担がかかりました。「もうこれは仕事しながらじゃダメだ」と思ったけど、治療費が高いから仕事を辞める決心もつかなくて、悩みながら、苦しみながら治療を続けました。流産してしまうのは、私とダンナの白血球の型が似すぎているのが原因なんだそうです。専門的なことはよくわからないけど、赤の他人なのに臓器移植できるほど型が似ているから、受精しても拒絶反応が出て育たないんですって。それで、ダンナの血液を大量に採って遠心分離機でリンパ球を抽出し、私に移植するという治療もしました。そうすることで「ダンナとは赤の他人だよ」と私の体に認識させるらしいです。それは注射一本の治療なんだけど、直接入れるから異物反応がすごくて、歩けないくらい痛かった。風が吹いても痛い。私は痛みには強い方だけど「これは痛い」と思った。

みちる　一口に不妊・不育と言っても、原因や治療は様々なんですね。

山田　そうみたい。私、三十四歳から三十七歳までの記憶があまりないんですよ。もう痛いし、悲しいし、仕事は忙しいし……治療した後に、どうしてもお客さんと会わなきゃいけなくて、遅刻して謝ったりとか……部下にもちゃんと指導してあげられなくて、今思うと本当に申し訳なかったなと思います。最後の妊娠で、かろうじて継続することができたので会社を辞めました。さっきも話しましたけど、同じ時期、C子も治療を受けていました。

みちる　C子さんは、高校時代の親友で穏やかで性格のいい方ですよね?

山田　そうです。同じ病院で治療していた時期もあって、時々病院で顔を合わせることもありました。当時の記憶が曖昧《あいまい》な中で覚えているのは、C子が会計機に一万円札を詰まらせちゃった時のこと。治療費が高くて、一回で二十万円以上を支払うこともあったんだけど、C子が「香奈ちゃん、お金が詰まっちゃった!」って助けを求めてきて。「やばい、抜け、抜け」って二人で会計機からお札を抜き出したのを鮮明に覚えています。あの頃はいろんな判断力も失われてて、二人とも危うい感じでした。そのあと私の方が先に妊娠が継続して子どもが生まれたけど、C子のことを考えると、やるせなくて素直に喜べないところもありました。C子のお母さんと電話で話す機会があって「香奈ちゃん、良かったわね」って言ってもらった時には、なんかもう胸がざわざわして……C子にもお母さんにも本当に申し訳ないなと思って。最終的にはC子も子どもを授かったから、今は二人であの時のことを笑って話せますけど。

みちる　山田さんを見てると、すごく母性の強い方かなと思います。家族愛とか、人と人との絆みたいなところをとても大切にされていますよね。だからお子さんを授かった時も、C子さんに罪悪感を覚えつつも、すごく嬉しかったんじゃないですか？

山田　すごく嬉しかったです。生まれて何ヵ月かは産後鬱《うつ》じゃなくて産後躁《そう》みたいな感じで、もう毎日が楽しかった。

みちる　苦しい時期を乗り越えられたのは、ダンナさんや友だち、まわりの人たちの支えがあったからですか？

山田　そうですね。やっぱりダンナに支えてもらいました。私が納得するまで治療につきあってくれた。それには本当に感謝しています。あとね、治療している時、なんか不思議な人に出会ったんですよ。会社は全国に支店があるんですけど、大阪で支店会議があった後にみんなで食事していたら、仲が良かった大阪支店の子が「知り合いを連れてきていい？」って言い出したんです。連れてきたのは、大阪の鉄工所のおっちゃんでした。その人、鉄工所のおっちゃんなんだけど「陰陽師《おんみょうじ》」もやってて、そのおっちゃんは頼みもしないのに、いたく私に関わってくるんですね。

私が誰にも言っていない情報を「あんた、こうやろ?」「こういうこととしてたやろ?」「こうやろ? ああやろ?」って言ってくる。関西弁で畳みかけられると、なんとなく怪しい感じがして「なんだろ、この人?」って思いました。その場は「そうです」とか「そうじゃないです」って適当に受け流していたんだけど、最終的にその人が苦しい治療の中で出産まで私を支えてくれたんです。高校の友だちのD子も霊感が強かったけど、大人になってから出会う人の中にわりとそういう人が多いんですよね。陰陽師っていう人は、出会った中でも一番ミステリアスな人でした。私自身は霊の世界なんて全然信じていなかったから、そのおっちゃんの言うことも、ずっと信じなかったんです。「見てやる、見てやる」って、ずっと言われたけど、断り続けていました。ところが一度、治療の最中に点滴が漏れて皮膚が紫に腫《は》れあがったことがあって、その時の私は心身ともに限界まできてたんですね。それで本当に困ってしまって、おっちゃんに連絡を取りました。おっちゃんは「可哀想やな」と言って、三回くらい腫れあがった部分をさすってくれて……そしたら、腫れがきれいに消えたんです。

みちる　不思議ですね。

山田　会社の重役も腰痛を見てもらっていたから、確かにそういう人を治癒する能力はあったみたいです。早くに亡くなったんですよ。やっぱり、そういう人っていろいろなものをもらっちゃうみたい。出産したら会いに行こうと思ってるうちに亡くなってしまいました。おっちゃんは

「なんかあった時には相談しろ」って言ってくれて、子どもが育たないのも「どこか体が悪いとかではないと思うよ」と言ってくれました。もう何度も流産しているから「私の体なんか超ポンコツ」って思ってたんですよね。超自信喪失。でも、おっちゃんは「そうじゃない」「大丈夫だよ」って言ってくれた。おっちゃん自身がボロボロな感じの人だったけど、あの時期、一番私を支えてくれたのは、おっちゃんだったような気がします。

みちる　どんなふうに支えてくれたんですか？

山田　優しい言葉をかけてくれたり、腫れを治してくれたことよりも、私に必要な仏像のところに連れて行ってくれたのが大きかった。それが奈良の山奥にあるお寺。後になって知ったんだけど、そのお寺は父方の菩提寺の僧侶が修行するところで、そういう偶然の不思議な繋がりがありました。普段は行かないし、思いもつかないようなお寺だけど、おっちゃんが車で連れて行ってくれて「弱った時は、ここに来るといい」と教えてくれた。そこで、いつもは美術品として見ていた仏像に対して、本当にこう……なんて言うんだろ……信仰というか、気持ちを寄せて手を合わせるみたいなことを生まれて初めてしました。その時に、大昔からたくさんの人たちが手を合わせてきたものからエネルギーをもらえるってことを感じたんです。おっちゃんは「つらい時は、そうやって拝めばいいんだよ」って言って、その後も霊験あらたかなお寺に連れて行ってくれました。おっちゃんは霊感が強すぎて、あんまり近づくと頭が痛くなって動けなくなっちゃうんです（笑）。でも、「ほらね、仏さんも、あんたのことを見てるから大丈夫だよ」って励ましてもらった。いまだに信心深くはないんですけど、なんて言うか「祈り」のエネルギーっていうのは感じます。おっちゃんのお陰で、そういう感性が少しは養われたような気がする。

心理学を学んで児童相談所へ

みちる　念願のお子さんが生まれて、毎日楽しく子育てしていた山田さんが児童相談所で働くようになるまでの経緯を聞かせてください。

山田　お話ししたように、さすがに五回も流産するとメンタルがおかしくなった時期があって、その時は「自分が壊れてるな」と思いながらも、日々生きていた感じでした。でも、妊娠が継続して出産し、子育てする過程で、少しずつ自分を取り戻していったんですね。ずっと苦しかった時のことを忘れていたんだけど、子どもが幼稚園に入って少し手が離れた頃に「あの時の私はいったい何だったんだろう」って思い出すようになりました。それで人の気持ちの危うさみたいなものが知りたくなって、相談員を養成するセミナーに参加したんです。高い受講料を払って、何日か通うと修了証をもらえるみたいなセミナー。その修了証にどれだけの価値があるかはともかく、そこで出会った人たちに衝撃を受けました。グループワークで自分の過去を語る時間があって、それぞれがみんな壮絶な人生を送っているのにびっくりしたんです。「もし心というものがあるなら何だろう？」って思いました。それで、もう少しちゃんとした先生が教えてくれるところで心理学を学びたいと思って通信制大学に通い始めました。最初は興味がある教科だけつまんで受講してたけど、途中から大学に編入して、卒業と同時に「認定心理士」の資格をもらいました。

みちる　すごい行動力ですね。

山田　いえいえ。スクーリングで面接技法の授業を受けた時、まわりは医療や福祉の領域で働いている人ばかりだったんです。みんな問題意識が明確だし、現場経験があるからついていけなくて、今思うと恥ずかしいような授業内容でした。でも、そこでまた刺激をもらえて、「一緒に大学を卒業しよう」と言ってくれる人にも出会えました。そして卒業後、大学で勉強したことが仕事に繋がるのかなと思って、近所のハローワークに行きました。

みちる　前の会社に戻るという選択肢もあったんじゃないですか？

山田　ありました。会社からは何歳までなら戻ってきていいよって言われてた。でも子どもが小さかったから、ガッツリ正社員として働くのは無理かなと思ったし、男女差が激しい業界だから、一回辞めて戻ってもその十年先に何があるかっていうのは大体わかっていたので、その選択肢はないと思ったんです。ただ、なんだろ……社会復帰できればいいなと思ったんですよね。ママ友とのおつき合いとかじゃなくて、なんかこう人の役に立つような仕事がしたかった。お給料とか待遇とかは置いといて、まずは少しずつ社会に戻りたいみたいな気持ちで職探しに行ったんです。

ハローワークでは女性のベテラン相談員さんが親身に相談に乗ってくれました。その方に「少し通って、どんな仕事があるかを見なさい」とアドバイスされ、求人検索の方法を教えてもらいました。最初に興味を持ったのはイベントの仕事。前職でイベント系の仕事もしてたから、企画力をアピールできるかなと思って。でも、そこはすでに決まってしまっていてダメでした。次に目に留まったのが児童相談所の求人。私の目の前で相談員さんが電話をかけてくれたら、「とにかくいいから来て」と言われて面接に行きました。当時の支援課長と課長補佐が面接してくれたんだけど、その二人の雰囲気には圧倒されましたね。課長に「脅しには屈しませんか？」って聞かれたんですよ。しばらく答えを待たれてたけど、シーンとしちゃって……脅されたこともないし、逆に「ここは脅しのある職場なんですか？」って質問したかったくらい。とりあえず「脅しにもよりますけど、屈しませんかね」と答えました。あとは「車を運転して営業していたので道には詳しいです」とか、今から思えばまったくニーズのないアピールをして（笑）。福祉を学んだわけでもない、現場経験もない人間をよく雇ってくれたなと思います。

みちる　そんな面接だったけど、山田さんが「ここで働いてみよう」と思ったのは何故でしょう？

山田　単純に採用してもらえたのが嬉しかったんです。児童相談所のことは全然わからないし、職歴は一つしかないけど、十八年も社会経験があるんだから普通の事務くらいはできるだろうって、正直甘くみてました（笑）。でも、世の中は児童相談所に対して本当に厳しい時期だったから、ここで足りないところを補っていくとか、やれることをやって職員さんたちをフォローしていけばいいのかなとは思ったんですよね。前職で私が外回りをしている時に、会社で事務職の人たちがやってくれたようにすればいいんだってイメージはありました。児童相談所も前の会社も同じ日本の組織なんだから、大きなところではそんなに違わないと思ったんです。でもね、入ってみたらびっくりすることの連続でした。

なかなか職場に馴染めなかった

みちる　実際に児童相談所で働いてみて、どんなことに驚きましたか？

山田　まずは電話対応ですね。数が多くても一生懸命取り次げばいいのかなと思っていたら、いきなり「相談したいんですけど」って電話が入って、「私が受けるの？」と思いました。保留にした時間が長くて相手を怒らせてしまったり、初めからすでに相手が怒っていたりして「これは大変だ」と思ったけど、どんな電話にでも最低限は対応できなきゃいけないから、他の人の電話対応を注意して聴いたりして「言っていいこと悪いこと」「やっていいこと悪いこと」を覚えていきました。もちろん、個人情報の取り扱いはイロハのイ。児童相談所は、そういうところはとても厳しいところです。一回電話を取ってからは、真剣にやらなきゃいけないなと思いました。

みちる　電話をかけてくる人からすれば、入ったばかりの初心者マークの人もベテランの人も同じ児童相談所の職員に変わりはないから、電話に出るだけでもすごく責任を感じますよね。私も最初は電話に出るのが怖かったです。

山田　最初にも話しましたけど、電話当番を週三回とか、一日中任された時期があって、その時はさすがに「電話がつらい」と思いました。慣れてない中で一日外線を取るのは、すごく苦しい。人の名前がわからない、所属がわからない、施設名がわからない。虐待の通告が入れば、必要な情報を聞き取って緊急受理会議用の資料を作り、会議に出てみんなに説明する。電話相談やクレームにも対応し、命の危険を訴えられるような緊急性の高い電話も取らなきゃならない……もうわからないことだらけなのに、誰に助けを求めたらいいかがわからないんです。あそこで電話をとることの何がつらいって、一本一本どんどん気持ちを切り替えていかなきゃいけないこと。本当にクタクタになってしまって、この状況が続くんだったら緩やかに辞めようと思いました。

みちる　何事も辞めずにコツコツ続ける山田さんでも、辞めたいと思うほどつらかった気持ち、よくわかります。辞めなかったのは、その状況が続かなかったからですか？

山田　いえいえ、何年か続いたんですよ（笑）。

みちる　私が入った時、山田さんには仲良しの福祉司や保健師がいて、職場に馴染んで楽しく仕事しているように見えました。辞めなかったのは職場の人間関係があったからでしょうか？

山田　うーん……最初の頃は職場の人たちと話すなんて、ほとんどなかったです。話しかけるタイミングもわからなかったし、話しかけたらいけないような雰囲気がありました。事務所の中が、すごく張りつめていて……当時は福祉司さんの数が少なかったから大変だったということもあると思います。何かを聞くとか、教えてもらうなんて本当にできない雰囲気でした。

みちる　無駄話もできない？

山田　無駄話なんて、まったくしない。携帯電話は見ない。話しかけるタイミングがわからないから、話しかける時は「ちょっと話しかけていいですか？」って言う。

みちる　それは今もそうですよね。他の児童相談所でもそうでした。

山田　前の職場で人に話しかける時に「今、話していいですか？」なんて聞いたことがなかったから、最初はびっくりしました。一度、ある福祉司さんに頼まれた仕事を完了したので、それを伝えようとしたら「今、話しかけないで」って言われたことがあって……ここはそういうところなんだなと思いました。お昼休みには車で近くの図書館に行って本を読んだこともあります。ほんの五分、十分なんだけど、外に出て気分を変えたいと思う時期が何年か続きました。

みちる　あの雰囲気は独特ですよね。私も最初はびっくりしました。山田さんがいなかったら、きっとすぐに辞めていたんじゃないかな。

山田　私やみちるさんみたいな人って、あそこでは異色です。だから、みちるさんもきっと、いろんな思いをしたと思う。

みちる　山田さんはちゃんと空気を読んで、長く勤めることができているから、本当に賢い方なんだなーと尊敬して見てたんですよ。あとね、私が感じたのは、目立たず、やることを間違わず、いただいたお給料分はきっちりやって帰りなさいという目に見えない圧力。お給料以上でも以下でもなく……以上でもダメ。特に非常勤の事務職にはそういうことが求められているのかなと感じたことがあります。福祉司であれば、臨時任用的職員（任期が定められている正職員ではない常勤職員）であってもそういうことはない。むしろ給料以上の効率を求められてるような気がしました。これは、あくまでも個人の感想です。山田さんは、どのくらいから職場に馴染んでいったんですか？

山田　電話当番をやりながら他の職員さんとも少しずつ関わるようになっていったんです。担当する係が変わって、福祉司さんの面接に同行したり、子ども対応のお手伝いをするようになって、福祉司さんたちとも交流するようになりました。

みちる　前職では営業、企画、イベントを手がけてきて、自己主張しないと務まらない仕事だったと思いますけど、虐待対応協力員という仕事はあくまでも人のサポートで、言いたいこともグッとこらえる場面が多いから、きっとご苦労も多かったと思います。

日々、自分が書き換えられていく

みちる こう話すと、つらくて嫌な職場のように思えますが、それでも辞めなかった理由ってなんでしょうか?

山田 やっと授かった子どもは元気に育ってくれてますけど、時々急に不安になることがあるんです。昨日もね、子どもの塾の帰りが遅かったんですけど「死んじゃうんじゃないか」とか「死んでるんじゃないか」って恐怖みたいな感情に囚《とら》われる……流産を繰り返している人と話した時に、やっぱりそういう気持ちになることがあるって言ってたから、トラウマみたいなものかもしれないです。児童相談所で仕事をしていても、ケースの子どもたちの命については敏感すぎるくらい感じてしまうことがあって、入ったばかりの頃は、あまりにも切ないケースに出会うと、自分の気持ちを整理できなくてコピー室で泣くこともありました。だから「私は異業種から来た人間だから、事務はやるけど他のことは知りません」という冷めたスタンスで仕事をしようと思って始めたんだけど、電話で一対一で相談者と話をしたり、援助方針会議で子どもたちのいろんな状況を知るうちに、だんだんそういう線引きができなくなっていきました。自分の脳ミソが食品メーカーの営業から児相脳にどんどん書き換えられていったんですよね。相談してくるお母さんたちは一人ひとり、本当に真剣に生きてる人たちで、みんな難しい現実の中でよくやってるってことがわかったし、援助方針会議では福祉を学んできた人だったら当たり前のことでも、私には「そういう考え方？」ってすごく新鮮に感じられることがあって、価値観がどんどん変わっていきました。本当に学びきれない。いまだに「なるほどね」って気づきがあるから、そんな興味で続いてきたっていうところはあります。日々、自分が書き換えられていく。そこが私にとっては魅力的でした。

みちる　援助方針会議では、どんな気づきがあったんですか？

山田　私が入ったばかりの頃の所課長は、援助方針会議で「じゃ、あなたはどう思う？」「このケースはどうしたらいい？」って、どんどん指していく人だったんです。みんな、いつ指されても答えられるよう真剣に考えました。ものすごく緊張感のある会議だった。

みちる　今、それはできないですね。パワハラになっちゃう。

山田　そうですね。でも、全員で同じこと、ひとつのことを真剣に考えることで生み出されるパワーってすごかった。私は直接指されることはなかったけど、それでもそのケースに同行訪問することもあるかもしれないから、一生懸命そのケースについて考えるんです。なるべく指されないように、大きい人の後ろに隠れてたりするんだけど（笑）。一ケース、一ケース、最悪なことが起こらないよう、みんなで真剣に考える。非常勤でも真剣。福祉司さんと心理司さんでは立場や目線が違うから、また勉強になります。福祉司さんは親とも話をするから、親寄りのスタンスのこともあるでしょ。そこを心理司さんがぐっと子ども寄りになって、相反する意見を戦わせる時がある。ちゃんと戦って、所の方針を立てていく。ある時、心理司さんが「学校は子どもの生きる場所だから」って言ったんだけど、それが今でもすごく心に残っています。その心理司さんの子どもに対する熱い気持ちが伝わってきて、すごくカッコいいなと思いました。その時はメモりましたね。「いいこと言う」「うまいぞ」と思って（笑）。多分、心理司さんの中では普通に使われる言葉なんでしょうけど、私にとっては新たな気づきでした。「そんなふうに思ったことがなかった」っていうことがいっぱいあって、心に残ったことはノートに書きとめています。

みちる　援助方針会議って発言する人の人間性があらわになっちゃうから、真剣にならざるを得ないところもありますね。「この人って、こんなに薄っぺらいんだ」とか、一瞬でわかりますもんね。薄さが目立つ職場です。

山田　だから逆に尊敬できる人もすぐにわかりますよ。この職場は尊敬できる人に出会える職場でもあります。

みちる　それは言えますね。他にも児童相談所に勤めていて良かったと思うことはありますか？

山田　いっぱいあります。ひとつは世の中の動きがいち早くわかることかな。例えばSDGsという言葉が、まだ世の中に知られていない頃から、自治体の掲示板では話題になっていました。それから研修が多いのも魅力。最近では「必ず受けてください」と声をかけてもらえることもあって、この前はゲートキーパー[*4]の研修に参加させてもらいました。実際に「死にたい」って電話相談を受けることもあるので、とても役立ちます。

あとはね、頑張って働いている人がまわりにたくさんいることかな。頑張っている人からはエネルギーをもらえるし、そういう人からの学びは日々あります。それから最近では若い職員さんたちの相談にのることも多くなって、ただ年を取っているってだけで、いろいろ聞かせてもらってます。年齢や職種や立場が違う人たちと、いい人間関係がつくれるのは魅力的です。コロナも落ち着いてきて、最近では職場の女子会も小さく復活してきました。そういう場では、みんな今までの自分の人生を語りたいんだなと感じますね。仕事をしている時にはわからないけど、私的に話をすると、みんな結構面白い。人としての魅力がある人がいっぱいいるんだなって思います。彼らから日々、刺激を受けてます。

みちる　本当にそうですね。実は児童相談所にはユニークな人たちがたくさんいて、人については宝の山だなって思います。山田さんとの共通の経験として心に残っているのは、有志の職員たちが集まって保護所のクリスマス会で歌ったこと。私はピアノ伴奏をさせてもらいました。一生の思い出です。

山田　いまだに一緒に参加した人と「あれは良かったよね」と話しています。福祉司のEさんが言い出したんですよね。Eさんに「山田さん、合唱やりませんか？」って誘われて、初めはずいぶん唐突だなと戸惑いました。合唱って、一番私には馴染みがなくて合わないことだったし、この忙しい職場で、なんで合唱なんだろうって思って。それで「なんで合唱なの？」って聞いたら、Eさんが「思い出づくり」って答えたんです。その一言にやられちゃって「もうなんでもやります」ってなっちゃった。学校の合唱コンクールでは全然真面目にやらなかったのに、あの時は一生懸命練習しました。曲はNHKの音楽番組『18祭』の課題曲。番組では毎回、千人の十八歳世代のためにアーティストが楽曲を提供して、一回限りの共演をするんです。うちの子が大好きな番組なので一緒に見ていて、十八歳たちが歌っている姿にはいつも感動してました。メッセージ性が強い曲だから、Eさんの保護所の子どもたちへの思いがひしひしと伝わってきたし。Eさんって、普段はとてもクールに見えるけど、本当はすごく熱い人なんだなと思いました。みんなも同じ思いだったから乗ったんじゃないかな。当日になって仕事で出られなかった人もいたけど、福祉司、心理司、支援課長、副所長の十数人が参加して、クリスマスの赤い帽子やトナカイの角を頭につけて子どもたちの前で歌いました。すごく楽しかった。

みちる　楽しかったですね。Eさんが最初に挨拶した言葉を今でも覚えてます。「今日は私たちの大好きな曲をガチで練習してきたので聴いてください。ここにいる誰かの大事な曲になるといいなと思って練習しました」って。熱いメッセージでした。

山田　Eさんは、子どもたちにも伝わるように歌詞を模造紙に書いてきてましたよね。「ガチで練習した」っていうのは決して大げさではなくて、みんな予定をやりくりして昼休みの短い時間で合わせました。私は家に帰ってからもダンナがダウンロードしてくれたものを何回も聴いて覚えたり、家族でどこかへ出かける時も車の中で流して、家族を巻き込んで必死に練習しました。家族に詳しいことは話さなかったから、ダンナは「合唱やるって、どんな職場だよ?」と思ったみたいですけど。子どもも、あの時のことは今でも覚えてるみたい。曲がとても難しくて、私はアルトだったんだけど、すぐつられちゃう。アルトは人数が少ないから、ちゃんと歌わないと悲惨なんです。Eさんに「すぐつられちゃって難しい」って訴えたら、「私はつられないけど、声が出なくて無理」って(笑)。

みちる　子どもたちもちゃんと聴いてくれていたし、保護所の職員さんたちがすごく喜んでくれたのが嬉しかったです。

山田　みんな、意外にパフォーマーなんですよね。そういうのが好きだし、できる人たち。やっぱり、あの職場の人って優しいなって思います。

福祉司は難しすぎる

みちる　冒頭でお聞きしましたけど、山田さんが常勤の福祉司にならずに、あえて今の働き方にこだわるのには何か理由があるんですか？　もうお子さんも大きくなったから、時間的なことはクリアできるような気がしますけど。

山田　勤めれば勤めるほど、福祉司業務はうまくできないなって思うんです。うまく言えないけど、決められた枠組みの中で正しく支援するってことが、私には難しすぎてできないような気がします。特に虐待ケースは難しい。相手が望んでいない介入が多い中で、ぐんぐん入っていかなきゃいけなくて、相手も自分も傷つくことがあるでしょ。言葉の選び方には慎重にならなきゃいけないし、相手に自分の感性や考えを伝えることは求められていない。それは当然のことなんだけど、みんなよくやってるなって思う。私はきっと自分のやり方を試したくなっちゃうから暴走しそうな気がします。事務仕事なら、やることがきっちり決まっているから、昨日は八点、今日は十点って自分でも評価できるのがいいなと思う。

みちる　なるほど。わかるような気がします。私がこれまで経験してきた仕事も、ちょっとやり方を試して、失敗しても許してもらえて、その失敗を次に生かせる仕事でした。失敗から学ぶ、失敗して成長するみたいな……むしろやり方を試すことが重要だったんです。でも、福祉司業務は失敗が許されない。だから失敗しないために、きちんとやり方が決められている。上にもいちいち相談しなきゃいけない。それでも人間だから失敗するんですけどね。失敗した時のダメージは大きいから、日々の緊張は嫌でも高まります。

山田　ある福祉司さんが「今までこの仕事をしていて、ありがとうって言われたことが一度もない」って言ってたんです。それを聞いて、こんなに傷ついて、責任を背負ってやっていても「ありがとう」って言われないんだと思ったら、すごく難しい仕事なんだなって思った。私には無理だなって。メンタルをやられてお休みする人の気持ちも、すごくわかります。

みちる　「ありがとう」と一度も言われたことがない福祉司は、かなりレアだと思いますけど（笑）。私ね、今でも時々思い出すんですよ。十八歳になって施設を退所する子が、担当福祉司に挨拶しに来たんです。たまたま、そこに保護した時の担当福祉司もいて、その子が「あの時、保護してもらわなかったら、俺はとっくに死んでたと思う。本当にありがとう」って言ったんです。それを聞いて、おばさん福祉司二人が大泣きしていました。きっと、彼女たち支援者にとっても、そこに至るまでの道のりは平坦ではなかったんでしょうね。

山田　そう。本当に厳しい仕事なんですよね。もし私が相談援助の仕事をするんだったら、友だちの子どもの不登校の相談とかが合っていると思う。通信制大学に行ってる時に「一緒に大学を卒業しよう」と言ってくれた人が塾の経営者でした。その人から『塾に不登校の子がいるから相談にのってあげてほしい」と頼まれて、その子の家に行って話したことがあるんですね。その時に思ったのは、何か特別な知識や技能がなくても話を聞いてあげることは誰にでもできるってことでした。最初その子は、二段ベッドの上段で布団をかぶっていたんだけど、「こんなことがヤダ」「あんなことがヤダ」って不満とか嫌なことを話すうちに、なんかちょっと話したい気持ちになって、布団から出てきてくれたんです。最後は私の前に座って、ちゃんと話してくれました。嬉しかったですね。お母さんや先生には言えないことも、関係ないよそのおばちゃんにだったら言えたりするから、そういう人が繰り返し繰り返し話を聞いてあげるのは大事なことだなと思いました。その経験は福祉に興味を持ついいきっかけになって、大学でも不登校の子の援助に関する授業は積極的に受けたし、履歴書にも「不登校の子に興味があります」って書きました。

これからのこと

みちる　これからも、ずっとこの仕事を続けていこうと思ってますか？

山田　今ね、どうしようかなと考えているんです。私ね、やっぱり食物を専攻したし、食品メーカーで長く働いてきたから、本当は「食品ロス」の問題に関わりたいんですよね。前の会社で驚くような量の食品を廃棄しているのを見ていて「それはちょっと違うんじゃないか」って、ずっと違和感を持ち続けていたところに、児童相談所にいながらもSDGsの情報がかなり早い段階で入ってきて、私の中で問題意識がさらに高まりました。それから、私の中には以前、一時保護所の栄養士さんから聞いた話が、ずっと残っているんですよね。その栄養士さんは、なるべく栄養が良くて美味しいものを提供しようと努力していて、実際に彼女がつくる食事は美味しいと評判で、子どもたちもたくさん食べたがるけど、予算があるから作る量は限られてしまうと話していました。

そんな折、前の会社の人たちと食事をする機会があったので、食品ロスをどうにかするつもりはないのかって聞いてみたんです。「あなたたちの会社は大量に食べものを捨てているけど、それはとってもいけないことです」「世の中の流れに反しているから、それをどうにかしなきゃいけないです」「売れ残った食品をうまく活用しましょうよ」って言いました。そして「例えばNPOとかをつくって、何かやれませんか?」って提案したんだけど、逆に怒りを買ってしまいました。一人の先輩に「あれだけ捨ててたおまえが何を言う」みたいに言われて(笑)。「あの時はあの時。今はあの時とは違う私です」って言ったんだけど、結局は喧嘩《けんか》になって気まずい雰囲気のまま、お開きになりました。その中に一人重役がいて、その人は私たちの話を黙って聞きながら日本酒を飲んでたんだけど、駅で解散した後に呼びとめられて「君の言っていることはわかるし、この先世の中の流れはそうなっていくと思うけど、今は会社が大きくなりすぎて、すぐには動けないんだよ」って言われました。やっぱり組織のトップになる人は違いますよね。また意見交換する場をつくりたいと思っているうちにコロナが流行って、今は何もできていないんですけど。

みちる　児童相談所で働いていなかったら、思いつかなかったことかもしれませんね。

山田　それはあります。将来はそういうことに関われたらいいなと思う。

みちる　夢が叶《かな》うといいですね。きっと児童相談所で働いた経験がある山田さんだからこそできることがあると思います。最後に、これだけは言っておきたいと思うことがあったらお話しください。

山田　今回、このインタビューを受けようと思ったのは、児童相談所やそこで働いている人たちのことを、もっと世の中の人に知ってもらいたいと思ったからです。児童相談所って、世間ではあまりよく思われていないけど、もっともっと利用できる機関になればいいなと思うんです。私は相談の電話を受けるたびに「電話してきてえらい！」って思うんですよ。電話をかけるだけでも、ものすごく勇気がいると思うけど、よく頑張って電話してくれたなって。聞いてほしいっていう気持ちはすごく大事。話したい気持ちや、電話をかける勇気は、本当に大事だと思います。

みちる　問題が解決しなくても、誰かに聞いてもらうだけで全然違いますよね。もちろん、聞き方にもよると思いますけど。

山田　そうですね。私のまわりにいる職員さんは、みんな「よく電話してくれましたね」ってスタンスです。だから十八歳未満の子どもに関することで困っていることがあれば、一度利用してみるのもいいと思いますよ。

それから児童相談所で働いている人たちに伝えたいのは、仕事をする中で嫌なこともいっぱいあると思うけど、経験としては本当に貴重だと思うから、その経験を楽しんでほしいってことです。そう言うと、すごく上から目線なんですけど、心から応援しています。志が高い仕事だから、年取った時に「あの時の自分は、すごく頑張ってたな」と、きっと思えるはずです。

みちる　他の職場と比較してどうなのかはわからないですけど、メンタルを病んでしまう職員が多い印象もあります。

山田　そうですね……最近、若くて優秀でおとなしい職員さんばかりになっちゃうと心配だなと思ってるんです。そういう人が集まりやすい場所ではあるんですね。うちの所の心理グループはとても見栄《みば》えがいいんですよ。年配者がいなくて、二十代から三十代の人ばかり。賢くて、女子は可愛くて、男子はイケメン。一昔前の心理グループは、ちょっとクセが強い人ばかりだったでしょ。「こじれてる系」とか、「めんどくさ面白い系」とか、援助方針会議で「何にしても反対派にくる系」とかね（笑）。でも、児童相談所というところは、いろんな意見があって、ちょっとめんどくさいくらいの方がいいと思うんです。そうじゃないと、ちょっと怖い集団になっちゃうから。いろんな人がいて、いろんな意見があって、多様な場だってことが、この仕事には大事なことだなって思います。

みちる　児童相談所には山田さんのような人材も必要だってことですよね。たくさんお話してくださって、ありがとうございました。

仁科典子

四十代女性

児童心理司

プロローグ

児童相談所に勤め始めた頃は、職員の人から「阿部さんは児童相談所の人に見えない」と言われることが多かった。それが一年半くらい経つと、「やっと児童相談所の人って感じになってきた」と言われるようになった。自分では、何も変わっていないと思うし、そもそもそれってほめ言葉なのだろうか？

私からすれば、この職場に最も似つかわしくない人は仁科だった。妖精のような面差し、のんびりと優しい口調、口元には常に笑顔を絶やさず、ふんわりフレアスカートがずっしり重い職場に軽やかな春の気配を運んでくれる。度々行われるシステムのアップデート時には、わかりやすいマニュアルを複数つくり、フロアを巡回してサポートしてくれたりして、パソコン難民の私は何度助けてもらったことだろう。そんな彼女を見て「早く生まれ故郷の『ほのりん星』に帰れるといいのにね」と真顔で言う職員もいる。

しかし、しばらく同じ職場で働いていると、彼女こそ生粋《きっすい》の児童相談所職員だと思うようになった。相変わらず親切で可愛いのに、一体何がそう思わせるのか。確かに、児童相談所職員には独特のニオイがある。

【プロフィール】

昭和の企業戦士の父、専業主婦の母、強烈な個性を持つ姉の四人家族で育つ。中学生の頃から人の話を聴くことや哲学に関心を持ち、「人の役に立ちたい」と心理学の道を志した。大学院在籍時にスクールカウンセラーや児童相談所の非常勤心理職を経験し、広域自治体に入職してすぐに児童相談所に配属される。その後、発達障がい者支援センターで数年間勤務し、再び児童相談所へ。児相歴は十三年になる。

夫と犬との二人と一匹暮らし。

変わっていく児童相談所

みちる　はじめに、児童相談所で今、どんな仕事をしているのか簡単に教えてください。

仁科　「家族再統合チーム」という、うちの自治体が独自に開発して児童相談所内に設置したセクションで働いています。チームって言うと、いっぱい人がいそうですけど、ひとつの児童相談所に二人のみ配置された小さなチームで、必ず福祉司と心理司がペアを組むことになっています。

仕事の軸は大きく二つあって、ひとつは施設や里親に委託されて家族と離れ離れに暮らしているお子さんが、もう一度、家族と一緒に暮らせるようにお手伝いすること。全国にある他の児童相談所と同じように、分離した親子の支援は基本、担当の福祉司と心理司が主体的に行うので、すべての分離家庭に私たちチームが入るわけじゃなくて、一緒に暮らすにはまだまだ時間がかかりそうな困難家庭とか、チームで支援した方がいいと所が判断したケースに入ります。

もうひとつの軸はスタッフ支援。これは児童相談所が関わるすべてのケースが対象で、私たちは会議のファシリテイトをします。スタッフ会議は担当者が支援について困難を抱えたら、いつでも実施できることになっていて、週に一度、所全体で行われる援助方針会議とはまったく別のものです。援助方針会議と違ってスタッフ会議で話し合われたことには決定権がなくて、基本的に担当者のモヤモヤを吐き出して、晴らすことが目的の会議です。

みちる　家族再統合チームって、どんな方が選ばれるんですか？

仁科　担当ケースは持たずにフリーの立場で担当者を支援するので、俯瞰《ふかん》的にケースを見ることができて、家族再統合のために専門的な支援ができる力があるってところで、中堅クラス以上が多いです。

みちる　なるほど。私が地域担当の福祉司だった時、そういう場と立場の人がいれば、すごく力になってもらえるのになと思いました。その時いた児童相談所にはそういうセクションがなかったので。

仁科　わかります。昔と比べて児童相談所が大きく変わったのは職員がものすごく増えたこと、所内での多職種連携が、よりいっそう求められるようになったことです。加えて上下にも職員の層が厚いので、例えば直属の上司であるSVには必ず報告と相談をしなさいと言われます。虐待ケースが爆発的に増えて、昔より危険度とか緊急性が高くなって子どもの生死に関わる意識が強まったからでしょうね。昔は全ケースに占める不登校や育児相談の割合が今より高かったから、母親の面接を福祉司がやり、子どもの面接を心理司がやって、その二人の担当者が「どうしていこうか」って相談して進めていくケースワークもたくさんあったんです。普通のクリニックとかカウンセリングルームで行われる対応とそんなに変わらない感じがありました。今は上に相談して、しっかりスーパーバイズを受けなきゃ怖いって部分がすごくあります。福祉司は担当の心理司と話すだけじゃなくてSVにも相談し、場合によっては保健師や弁護士、課長クラスまでも巻き込まなきゃいけない。ほんとにスタッフが多くて、いろんな人から助言をもらえるのはいいけど、担当が自分の考えを見失う危険性もあります。

みちる　じゃ、家族再統合チームには、そこを整理する役割もありますか？

仁科　そう思って仕事をしています。少なくともスタッフ会議に参加した人たちの間で考えが共有できるので、担当者は終わるとスッキリしますよね。

みちる　スタッフ会議にはどんな人が入るんでしょう？

仁科　メンバーは自由に決めていいんです。「この子の話し合いには課長が必要です」って時は、課長クラスが入ることもあります。逆に「直接担当だけで話し合いたい」ってこともある。それは「省く」ということではなくて「この件については、この立場の人たちでとことん突きつめたいから、上の人たちはひとまず入れずに話し合おう」ってことです。

生まれ育った家庭のこと

みちる　仕事のことを少し脇に置いて、ここからは仁科さんが生まれてから今日まで、どのような道のりを歩んできたのか伺いたいと思います。仁科さんが生まれたのはバブルの頃ですかね？

仁科　はじけるちょっと前です。

みちる　生まれ育ったご家庭のことを伺ってもいいですか？

仁科　両親と姉の四人家族です。父はテレビ局に勤めるサラリーマンで、私が物心ついた時は営業職でした。スポンサーが食品会社だとお菓子をたくさん頂いたり、番組の打ち上げに連れて行ってもらってアイドルとか、いろんな芸能人に会わせてもらったりしました。母は大学を卒業して企業に就職したけど、結婚を機に退職しました。その後、伯母が音楽関係の仕事をしていたので、そのお手伝いを少ししていたようです。

みちる　お父さんは時代的にバリバリの企業戦士ですよね。家には、ほとんどいなかったんじゃないですか？

仁科　そうそう。全然帰ってこなかった。いつも午前様です。華やかな時代だったから、深夜タクシーで帰ってくる。子ども心にお父さんはそういうもんだと思っていました。

みちる　お母さんはお父さんの帰りを待ってる人？

仁科　待ってない。父はいろんなクラブとかを回っているから、帰りがとても遅いんです。家にはほとんどいなかったけど、母は結構家族に干渉する人だから、両親の距離は近かったと思います。夫婦喧嘩《けんか》も多かったけど、仲は良かったんじゃないかな。姉は反対に「喧嘩がすごく多いから、仲が悪い夫婦」って言うけど、私にはよくわからない。両親の関係を客観的に見れないのかもしれないです。とにかく、私は父が夜のおつきあいでもらってくる「いいもの」をすごく楽しみにしていました。例えば、バレンタインデーにはクラブのママとかが美味しいチョコをいっぱいくれるんですよ。父が出世するにつれ、チョコもだんだん増えて質も良くなりました。

みちる　その頃、夫が失業して宅急便のアルバイトをしたことがあって、私も手伝ったんです。配達先にテレビ局の人の家があって、お中元とお歳暮の時期はお届け物がすごかった。玄関ドアの外にハンコが紐でぶら下げてあって、その横に「荷物は置いていってください」と書いてありました。

仁科　うちも頂き物は多かったです。子どもの頃に住んでいた家は玄関が六畳くらいあって広かったんですけど、お中元やお歳暮で埋まるんです。段ボールがず、ず、ずーっと天井まで積みあがっちゃう。母は礼状を書いて、ちゃんとお返ししてましたね。

みちる　仁科さんとお姉さんとの関係はどうでしたか？

仁科　姉との関係は小学校まで良かったです。姉は中学受験して、私立の女子校に入りました。中高一貫のお嬢様学校を選んだつもりが、意外にやんちゃな女の子が多くて、髪を金髪に染めたり、スカートが短かったり。生徒が集団で先生をいじめるようなムードもあったんですよね。偏差値も、そんなに高くない。で、そこで姉はいじめに遭《あ》って、中二くらいから「学校に行きたくない」みたいになった。小学生の私は、姉が布団から出てこないのを、ずっと見ていました。当時のことだから、母は「学校に行け」と強力に登校を促して母子関係がものすごく悪くなり、姉は拒食症になってしまうんです。ほんと骨と皮になっちゃって、かなり深刻な状況でした。今だったら、スクールカウンセラーに入院を迫られるレベル。拒食症って、やっぱり親子関係があると言われているけど、確かに母と姉の関係は最悪でした。母子で対話ができない時代が、そこからずーっと高三くらいまで続くんです。大学に行っても母子関係は悪くて、そこを回復しないまま現在に至ってます。

みちる　噂では、とても優秀なお姉さんだと聞いています。

仁科　IQはすごく高いと思います。でも、偏《かたよ》りがある人なんです。頭が良すぎて、私には理解できない。友人も少ない。でも、小学校の頃は普通に友だちがいっぱいいたんですよ。

みちる　同じ公立小学校に通ってた時は、頼りになるお姉さんだったのかしら?

仁科　そうです。でも、中学になって母と関係が悪くなると、家族全員と関係が悪くなってしまいますよね。姉から見ると、母が私だけを可愛がるように思えたみたい。母から見れば、言うこと聞く子と聞かない子だから、おのずと対応も違ってきますよね。

みちる　ほぼ、お母さんと娘たちだけの生活ですよね。

仁科　そうそうそう。なんか、あの時代のちょっと実入りのいいサラリーマンの家によくある構図があったと思うんですよ。父がいなくて、残された母子がうまくいかないっていうね。当時の私は、そんなもんだと思っていたけど、姉が家を出るまで姉にはものすごく気を使いました。

みちる　どんなふうに気を使うんですか？

仁科　まず、姉と会話がまったくできないんです。部屋に籠《こも》って、ひどい時はごはんをお供えするような生活でした。食べないから、病気になると本当に心配で……本人はバタンとドアを閉めるんですけど、私や母が音をたてるとすごく怒るので、家の中をそろりそろりと歩いたりして。親族も心配して、とにかく大変でした。

みちる　大変でしたね。拒食症って下手すると命に関わりますよね。

仁科　そうなんです。あの時、姉はものすごく痩《や》せてたんですけど、拒食症ってすごいハイパーアクティブ（過活動）になるんですよ。会話も食事もしないで部屋で過活動ってすごいなーと思うんですけど。とにかく、学校については「こんなバカばっかりいるところは嫌だ」みたいな認識になっちゃった。学校も、友だちも、先生も嫌いで、高校時代に一生懸命勉強して東大に進学するんです。東大に行くまでの間、姉の部屋はめちゃくちゃに散らかってました。

みちる　あの学校から東大に行った人って珍しいんじゃないですか？

仁科　当時では唯一じゃないですかね。中高は卒業したけど、学校にはほとんど行かずに、家で勉強してました。塾にはめちゃくちゃ行ってましたね。母と関係が悪いので、塾は自分で決めないと気が済まなくて、そこは病的な感じ。「口は出すな、金は出せ」みたいな……当時から、すごい金食い虫になっちゃったんですよね。父の給料は良かったんでしょうけど、教育費はすごくかかったと思います。だんだんもう、自分の所属団体が嫌になっていって、自分の家がヤダ、学校がヤダ、この国がヤダって、潔癖症みたいになって、最後は「この国を出たい。英語やろう」となりました。そこだけはクリエイティブなんですけど（笑）。ECCでもトップクラスの成績だったけど、それじゃ物足りないからって企業が契約するような英語塾を自分で見つけてきて、その塾で勉強してTOEFLとTOEICを受験してました。目標が定まらないままに関心があるものを全部勉強するから、とにかくお金がかかったと思います。

みちる　じゃ、お姉さんはその時期、勉強にハマってたんですね。

仁科　もう強迫的レベルです。私は姉と距離を取ってたんですけど、姉中心に家を動かさないと回らないので、結局、私の生活もすべて姉中心に動いていました。

みちる　小学校高学年くらいから、お姉さんのために我慢したり、合わせたり、それが普通になってた……私自身の経験で言えば、小学校の高学年って自分がすごく変わっていくというか「自分の力で何かできるんじゃないか」って思えた時期でした。仁科さんはどうでしたか?

仁科　野山を駆け回って男の子みたいな遊びをするのが好きでしたね。家のまわりは、まだ今みたいに開発されてなくて森があったんです。友だちと森に行って秘密基地をつくったり、そういう遊びに夢中でした。そんな感じだから、私自身はそのまま地元の中学に行ってもいいなと思ってたんですけど、母はとんがってるから小学校のガラが悪い雰囲気をバカにしてたところがあったんです。それで、姉に続いて私も中学受験させられて勉強勉強みたいな生活になりました。確かに、勉強にはすごくプレッシャーがかかる家ではありましたね。でも、今思うと母の言うように、あまりいい小学校じゃなかったかもしれない。小五、小六の担任はベテランの男の先生だったんですけど、学級崩壊してしまいました。小生意気な女子が何人もいて、みんなで先生をいじめまくるんです。先生を無視したり、嘲笑《ちょうしょう》したりして、クラスがもう本当にめちゃくちゃになった。

みちる　仁科さんは、そういうのを見て、どんなふうに感じました？

仁科　その時は何も考えてなかったかな。なんか先生も、ほんとにおかしな人だったから。クラスの雰囲気は楽しくなかったけど、一方で塾はすごく楽しかった。人として導かれたとかじゃないけど、とにかく勉強が面白かったんです。「学校の勉強って、つまらなかったんだ。わかるって、すごく面白い！」と思いました。塾の方が友だちもできたし。

みちる　受験はお母さん主導で行われたんですか？

仁科　多分そう。そういう典型的なバブリーな頃のサラリーマン家庭だったんです。それで結局、私が野生の勘で選んだ私立中学を受験して、そこに行くことになりました。男女共学で、大学まである一貫校です。子どもが「ここがいい」と言ったら譲《ゆず》るのは、うちのいいところかもしれません。私が中学に入学した頃から姉が本当におかしかったので、私は「ほったらかし」になりました。姉は私が母に可愛がられてたって言うけど、私からすれば「ほったらかし」。その代わり、中高の六年間は友だちと、とにかくいろいろ楽しいことをしました。人と一緒にいることが、こんなにもクリエイティブだって体感できたのが中学からだった。

みちる　「人と一緒にいることがクリエイティブ」だと感じる経験って、どんなものですか?

仁科　例えば、制服がほんとにダサかったんです。通気性が悪くて、品質もびっくりするほどひどい。中二の時、学校中の生徒のほとんどが授業をボイコットして「制服を変えてほしい」「私たちにも考えさせて」とデモをやりました。今でも印象に残ってるけど、リーダーが中庭に生徒たちを集めて「先生、私たちの話を聞いてください」ってスピーチして。結局、生徒たちの主張にも一理あるから、先生が「わかった。じゃ、君たちと一緒に制服を考えます」ってことになった。それが私にとっては、とても衝撃的だったんです。「あ、ちゃんと主張すれば大人が話を聴く。いじめにならないんだ」「人と一緒にいたり、集団で何かをやるって面白いんだな」ということがわかった。それは、すごく楽しい経験でした。

私たちの学年は、ほんとに仲が良かったんですよ。学校全体の雰囲気は、非行に走る子もいなくて、自分たちなりに考えるんだけど何か力は弱い、運動もできない、その辺を歩いてると地元の学校の子にカツアゲされちゃうような弱々しい生徒ばかりでしたけど、合唱祭とかの行事になると先生はほとんど手を出さず、リーダー格の生徒が積極的に仕事を担って進めていくんです。

生徒会もちゃんと機能していました。合唱祭と言えば、みんなで練習をボイコットするような、そんなぐちゃぐちゃの小学校から行ったから、余計に「すごく面白い」と思ったんです。今でも、あんまり上の人の言うことをきかないのは、そういうところで育ったからかもしれない(笑)。

みちる　生徒が自律的に生活できるように指導できる先生たちだったんですね。

仁科　そう。生徒が踏み外さないように遠くで見ててくれるんだけど、「みんなで考えなさい」って放っておいてくれる。もちろん、生徒が助言を求めて先生のところに行けば、ちゃんと答えてくれる。学校生活を自分たちで考えてやっていくみたいなことは、そこで教えてもらいました。

中高では親友もできて、私を入れた女子三人で、いつも一緒にいました。ずーっと深い話をしてましたね。今になって考えると、子どもの頃の深い話ってどんな感じなんだろうと思うけど。自分なりに悩んでいた家族の話とかね。私は姉のこととかも、そこでよく話したんだと思います。二人から結構、励ましてもらいました。一人は学校の先生になって、もう一人は医者になったんですよ。教師になった子は、すごい人気者で、人を癒す人だったんですよね。側にいてくれて、ずっと慰めてくれたり、寄り添ってくれました。カウンセリングとか、人を癒すみたいなことは、彼女に教わったような気がします。医者になった子は、家族構成が私とよく似ていて、もう箸にも棒にもかからないきょうだいが上にいるんです。彼女の家は両親がすごく仲が悪い。お父さんは一流企業の課長でリッチ。リッチなんだけど、家庭には非常に冷たい空気が流れているって、よく話してましたね。頭が良くて、クリエイティブだけど、すごく傷ついていて、家の話をよくしてました。多分、家庭環境が似てたこともあって、すごく仲良くなったんだと思います。

みちる　なるほど。仁科さんは三人の中でどんな役割だったんですか？

仁科　私は、そうだな……聴き役だったと思います。お互いに聴き役に回るから、私もよく話したけど、やっぱり聴き役。私の中高時代は姉を中心に家がそんな感じで、針のむしろみたいな家だったんですよね。棘《とげ》がある家族の雰囲気に自分なりにすごく悩んでいたところに、それぞれ悩みがある友だちが二人できて、私も相談にのってもらったけど、彼女たちの相談にものる。で、話を聴いて泣いちゃったりとか……人の話を聴くっていうことに、そこで興味が湧いたのかもしれない。二人とも、すごく家のこととか、友だちのことで悩みやすい人で、悩んだら、とにかく話したい子たちだったんですよね。話して、考えて、自分で解決する人たち。私は聴いてるだけなんだけど、彼女たちは話しているうちにスッキリして帰って行く。そういうのは、確かにピア・カウンセリング[*5]だったかもしれないです。友だちと深い話をして、時には傷つくこともあったけど。

みちる　他にも中高時代に影響を受けた人間関係があったら聞かせてください。

仁科　高校の時に出会ったA先生がすごく印象的でした。倫理の男の先生で、すごい太っちょの、なんかラーメン屋さんにいる人みたいな感じの人（笑）。人があまり好きじゃないみたいな雰囲気の先生でした。当時五十代くらいだったのかな？　私立だから、先生の異動がないんですよね。それが、私にとってはすごく良かった。A先生は「僕の授業は、教科書を一度も開けません」とか言って、教科書に書いてあることは一つもやらなかったんです。代わりに、ずっと哲学の話をしてくれました。あの人自身は、個人的には哲学者だったと思う。「今日はデカルトの話をします」とか「『ツァラトゥストラはかく語りき』は読んだ？」とか。カントにも、すごくショックを受けました。A先生がいったい何の体系で話しているのか、私たちにはまったくわからないんです。だって教科書もないし。でも、授業では、本当にたくさんの知識を教えてもらって、大学の講義みたいでした。先生がくれるA3の資料には、ぎっしり知識が詰まっていて捨てられないんです。すごく面白かった。

みちる　へぇえ。高校生の仁科さんは、哲学のどんなところに惹《ひ》かれたんでしょう？

仁科　A先生が教えてくれた哲学の理論がいっぱいあったんです。今は全然思い出せないけど、その時は空で暗唱できるくらい影響を受けました。いろいろ自分が悩んでいることが解決できるのが哲学なんだなって思いました。A先生は「哲学」って言葉も使わなかったから、その時は倫理を学んでいると思っていたけど、あとで倫理の教科書を見たら、まったく別のものでした。例えば……そう、「水に落ちたリンゴ」の話をしてくれました。「リンゴを水に勢いよく投げ落とすと、水にいったん沈むでしょう。でも沈むと、浮力で浮き上がるよね。沈んだ勢いが強ければ強いほど、水面からポンとリンゴが飛び上がる。人間もショックを受けて沈むことがあるけど、必ず浮き上がる。悩んで浮き上がった時は、以前の自分に戻るんじゃなくて、より上の自分になれるんだよ」って、人間の精神をリンゴに喩《たと》えて教えてくれました。

当時、思春期でいろんな悩みがあったと思うんだけど、突きつめて考えることは無駄じゃない、それでいいんだと言われた気がして、すごく感激したのを覚えています。いったいこれが哲学の理論をモチーフにしていたのか、先生独自の哲学だったか覚えていないけど、そういうことを学ぶのが倫理の授業だったんです。思春期の自分たちの思考と不思議とマッチするような内容で、自分が悩んでいたことが理論的に整理される経験は、すごく面白かったですね。ある時は授業で『惑星ソラリス』という映画を見ました。その映画は、宇宙空間の象徴的なシーンが画面にずーっと流れるだけの映画なんだけど、なんか意味がわからないくらい深い。それを見た後、友だちと語り合って深めるんです。「耳の穴がずーっと十秒くらいクローズアップされる意味は何か」とか(笑)。

とにかく、A先生の授業はすごく面白くて、高校生の私は人間の心理についてわかったような気になっちゃった。理屈っぽい、頭でっかちみたいな感じで。それで、大学でもこれを勉強したいと思って、心理学がそういうことを教えてくれるところだと思い込みました。本当にやりたかったのは哲学で、心理学とは違うと薄々気づいてはいたけれど、哲学を学んでも就職できないと誰かから聞いたこともあって、「心理学だったら人間とは何かってことを考えさせてくれるし、治療とか人の役に立てる仕事に就けるに違いない」って思い込んだんです。誤解のもとに心理学を選んで、受かっちゃったのが大学。

みちる　高校生がそういう抽象的な思考に救われたと言うのは興味深いですね。

仁科　とにかく面白かったんです。当時は自分の考えたこと、例えば「命とは何か」とか、そういう哲学的な考えを思いつくたびにノートに書き込んで、ノートが何冊にもなりました。私みたいな生徒は他にもたくさんいたんですよ。考えさせられる授業だから苦手な生徒も少なからずいたけど、真面目に考えることが好きな生徒もいて、A先生に自分の書いたノートを読んでもらったり、家族のこととかを相談する生徒がたくさんいました。A先生は、忘れられない先生です。

みちる　哲学以外の勉強はどうでしたか？

仁科　すごく楽しかった。パズルみたいな感覚。高校から塾に行くようになって、テストの点数は取れるようになりました。でも、英語はできなかったな。母は、子どもに勉強させたいという強迫観念があるので、塾で英語の授業を徹底的に受けさせてもらったんだけど、やっぱり語学の才能っていうのはからきしなくて、毎回日本語に訳すみたいな志向は止まらなかったです。もともと苦手だし、姉がもう本当にすごいところに行ってるのを、ダメなところでゴソゴソしたくないっていうのも多分あったかもしれない。できればやりたくなかったんだけど、途中からは英語もパズルとしては嫌いじゃないってことに気づいて、国立に入れるくらいの成績になりました。

みちる　ちょうどお年頃ですけど、好きな男子はいたんですか？

仁科　そこそこ好きな人っていうのはできるから、常に片思いしてたような気がします。でもね、恋愛体質とまではいかない。そう、母は男の人が嫌いなんですよね。男の人は悪いイメージばかりをくれるから。それで、男子とつき合いたいとか、性に興味が芽生えるまでにはならなかった。高校生の時に、初めて彼氏ができてつき合ったけど、他の女子に取られちゃった。男子って女の子が理屈っぽい話をするのにつき合わないイメージがあったんだけど、その子は一緒に議論してくれる人で、そういうところがすごく好きでした。で、向こうも多分私を好きになってくれて、いつも側にいるようになったけど、なんか二人ともすごい奥手で……多分、まわりはお互い好きなんだろうなって気づいているのに、本人同士は変な自我が邪魔して、なかなか前に進まない。で、そうこうしてるうちに、私のまわりにいる女の子たちが、みんな彼のことを好きになっちゃった。そのうちの一人が彼をものすごく好きになって「じゃ、いいです。お譲りします」ってなった（笑）。なんか、めんどくさくなっちゃったのね。

みちる　仁科さんはお父さんが企業戦士だから、家の中に男性がいないですよね。

仁科　そう。だから、あんまり男性とつき合うイメージがなかったと思うんです。

みちる　お父さんのことは、どう思ってました？

仁科　「不在の人」です。母とは全然立場が違うんですよね。とにかく父がいないから、母はいろんな意味で娘二人にものすごく執着があった。あ、そうそう。母は私に姉のことをすごく相談してたんです。父じゃなくて私にね。なんだろ……私は家の中でカウンセラーになってたんですよね。家事については、母が全部やる。私が家の手伝いをしようとすると、「できないからやらないで」みたいな感じ。「母が命じたことをする」っていうお手伝いはするけど、料理とかを教えてくれることはなかったです。

みちる　自分のテリトリーには「手を出さないで」って感じ？

仁科　そうそうそう。で、特に姉がめちゃくちゃなことをした時には、私が母の相談相手。本来なら父の役割なのかもしれないけど、仕事ばかりで帰ってこないから私が聴き役。とにかく、「慰めて」というか「つらい」みたいなことを、母が一日中ずーっと言ってて。それを聴かないといけない。逃げられないというかね。ごはんを食べてる時も、ずっと言ってるし。

みちる　いやぁ、食事がまずくなりますね。

仁科　でも、そういうもんだと思ってたし、母からは感謝されてたから……「聴いてもらって良かった」みたいなことは言われてたんだと思うんですよね。そういう意味で、母からすごく依存されてました。だから、姉は私のことを嫌いだったんですよ、長くね。姉は家に籠っていることが多かったから、自分とうまくいかない母が、私に涙を見せたりするのを見てるんです。あてつけみたいなことも言うんですよね。「典子はできるのに、おまえはなんだ」とか。勉強のことでも「典子はこんなに言うことをきくのに、おまえは何なんだ」みたいなことを、すごく言って。

みちる　きょうだい仲が悪くなっちゃいますね。

仁科　そうなんです。でも、ものごころつく前からそういうことが始まってたから、私はそういうものだと思って、あまり頭で考えることはしなかった。どっちかって言うと、私はずっと姉が悪いと思ってて、「姉が悪くて母が可哀想」って立場で母の話を聞いてました。とにかく、学校では健全なんだけど、家の中では「変なカウンセラー」役に回されるっていうのはありましたね。だから、感覚として家より外の方が楽しかった。それで母のことは心配だったけど、全寮制の大学を選ぶんです。私も悪いやつだなと思うんですけど、そこに計算はなくて、無意識だと思うんですよね。「家を出たい」とか「この家にいない方がいい」と思ったことはなかったけど、「ここまで聴いたし、もういいよね」みたいな気持ちですかね。母は受かった後に全寮制だってことに気づいて「ギャー」って怒って。「なんでこんな大学なんだ！」って。もうほんとに大変だった。

価値観を問われた大学時代　〜恋愛、就職、結婚〜

仁科　当時はわからなかったけど、今になって思い返すと大学に行っても家の呪縛《じゅばく》みたいなものはありました。週に一度は帰らされるんです。片道五時間かけてですよ。

みちる　片道五時間！　週に一度、そんなに時間をかけて帰って何をするんですか？

仁科　何してたんですかね？　母のお話を聴いてたんじゃないですかね。なんか、あまり覚えてない。とにかく大学がすごく楽しかったから。外で楽しくなるってところにも、母はすごく怒ってました。「家のことをもっと考えろ」みたいな言い方で怒られるんです。「とにかく週に一度は帰れ」「本当に寮に入らなきゃいけないのか？」「通いは無理なのか」って言われ続けました。

みちる　お母さん、寂しかったんですね。

仁科　そう。でも「寂しい」とは言わない人です。「おまえが悪いからだ」って。

みちる　大学での生活はどうでしたか？

仁科　当時は母の価値観が自分の価値観でもあったから、すごく世界が狭かったんです。で、大学の寮がすごい無法地帯。入寮した初日は「こんなに寂しい夜があるのか」と思いました。その日、私は友だちができなくて、一人で寮に帰ったんですけど、両隣の子は友だちをいっぱい連れて来て、どんちゃん騒ぎ。それが全部壁越しに聞こえるんです。中高の友だちは自分と同じような環境で育った人が多くて、優しい子たちばかりだったから、ぐいぐい行かないと友だちができないっていうのがなかったんですよね。いじめもなかったし。でも、大学はマンモス校で学生がものすごくいっぱいいる。本当にいろんな人がいました。女子寮では男子を連れ込み放題で同棲してる子も多かったし、別れたら今度は麻雀三昧(笑)。なんかすごい環境。そこに一年いて、二年生以降は近くにアパートを借りて暮らしました。

みちる　心理学はどうでしたか?

仁科　反射とかパブロフの犬とか、大学で教わったことはいっぱいあるけど、やっぱり期待していたものとは違っていました。先生も「心理学を学んだら、人間の心がわかると勘違いして来る人が多いんだよね」って言ってて、「あ、それ私のことだ」って(笑)。でも、「人の役に立ちたい」っていう気持ちが根底にあったから、カウンセラーみたいな資格を取ることにシフトチェンジしました。

みちる　大学ではどんな人たちと知り合うんですか?

仁科　学内が広すぎて、友だちができても授業以外でなかなか会えなかったけど、部活動が始まって人間関係が広がりました。部活は四年間、混声合唱団。音楽にはまったく興味がない人間だったんですけど、先輩たちが楽しい人たちでした。髙田三郎さんって作曲家の『水のいのち』という混声合唱組曲の中にある『川』という曲が好きでした。高野喜久雄さんの歌詞が哲学的で、自然に喩えて人間を謳《うた》うのが、高校のA先生の授業を彷彿《ほうふつ》とさせて、すごく素敵だなと思いました。それと、とにかく飲み会が多いのも楽しかった。そこでのお酒の飲み方がスタンダードになって、就職した時に「違うんだ」ってカルチャーショックを受けました（笑）。

みちる　仁科さんはお酒が強いですよね。

仁科　幸いなことに、強い家系で良かったです。練習の後は必ずみんなでどこかの家に集まって朝まで飲みました。楽しかった。私にとって大学の人間関係は大きかったですね。それまで私の人間に対する考え方は母がモデルになっていて「こうあるべき」っていうのがあったんです。母はすごく寂しい人。友だちも少ない。理屈っぽいし、ダメなものはダメだし。例えば食べ物でお寿司ひとつを取っても、「回転寿司とか本当にありえない」とか言って、世界を切っちゃう。ニュースに出てくる今どきの若者も全部バッサリ。私もそうなってたんですね。お好み焼きとか食べたことがなかったし。そういう偏狭《へんきょう》な考え方が、大学のカルチャーによって塗り変えられていきました。大学で友だちと話すと「一体どういう世界で生きてきたの？」と驚かれました。「おまえのそういうところ、おかしいぞ」って、みんなから突っ込まれた。例えば、私は友だちに過干渉な関わりをする。男にではなく、女にですよ。「お世話好き」って言えば、そうなんだけど、例えば飲み会でずっとお皿を洗ってたりする。「友だちなんだから、生活でも対等にやればいい。そんなことする必要ないよ」って、よく言われました。衣食住を友だちと共有する中で、「おまえの家は変だぞ」って、すっごい言われて……ようやく自分の家族を客観的に見られるようになったのが大学三年生くらい。友だちに対しても「これやって」って言えば、やってくれるもんだと勘違いしてたところがありました。「助けて」と言えば、助けてくれるみたいな。でも、世の中ってそうでもない。「やって」と言っても、やってもらえないこともあって「そうなの？」って思いました。母に似て、すごい理屈っぽい、いい子志向の、人をがんじがらめにするような思考が私にもあったんですね。それを大学の友だちにズバッと指摘されました。高校の友だちは、私のそういうところもわかったうえで、許してくれてたんだと思います。

みちる　衣食住を共にしてなかったしね。

仁科　そうそう。高校の友だちと泊まりに行ったりできなかったんです。大学では、週末に家に帰ってたんだけど、そこも「なんで親の言うことをきいて、帰らなきゃいけないんだ？」って友だちから言われる。「でも、帰らないとお母さんがおかしくなっちゃう」って言うと、「大人だろ？」とか返されて（笑）。そう言われるたび、私も「そうなのか」と思って……そんな私を母がすごく心配しました。

みちる　「典子が変わっていく」みたいな？

仁科　そうそう。大学に入って、母とはかなりやり合いました。「私だってしたいことがあるのに、なんで家に帰らなきゃいけないの？」って。それに対して、母は嫌な言い方をするんです。

「犬の散歩のために帰れ」とか、「犬が可哀想」「犬のことを何とも思ってないのか?」って(笑)。

みちる　その頃、お姉さんはどうされてたんですか?

仁科　父が会社の派閥争いに負けて地方に転勤になり、私も寮に入り、母と姉と二人だけの生活が一年くらいありました。それもあって、週に一度、私が家に帰る必要があったんです。姉は東大に入ったものの、やっぱりうまくいかない。母と仲が悪いくせに、姉こそ母の思考を引き継いでいて、当時は人を上下関係で見るところがあったんですよね。姉は文学部に入ったんですけど、東大の中では明確にヒエラルキーがあるから下に見られることもあったらしく、バカにされるのが嫌で法学部に転部しました。転部するのは普通に受け直すよりも難しいから無理だって言われたけど、転部しちゃった。法律に興味があるかっていうとないんですよ。転部したら、全部うまくいくって思ってたかどうかはわからないけど、結局友だちもできないし、ひとりぼっちだったんですよね。幸せそうじゃなかった。で、法学部を卒業するんだけど、法律家として仕事に就く気はない。それで、法学の発祥地であるフランスに行って、法学を勉強することになりました。大嫌いな日本を捨てて、フランスに行くことにしたんです。渡仏して一年くらい経ったところで父と一緒に会いに行ったら、今度は法律を全部捨てて絵描きになるって言い出した。私が育った家庭は、母が価値観、姉が家の方向性に強い影響を与えるんですけど、その姉の動きがめちゃくちゃなんですよ。

みちる　それはまた、驚きの展開ですね。

仁科　そう。びっくりしました。姉がフランスに行ってしまって、母は一人で生活するようになり、月に一度は地方に住む父のところへ通うようになりました。その頃は私も月一くらいしか家に帰らなくなって、父も本社に戻りそうにないので、母は結局、家を引き払って夫婦で父の赴任先に住むことにしたんです。結果的に私が家を出たことが両親にとっては良かったなって今は思うんですけど、その当時の私は全然いいと思わなかった。というのは、母に「おまえが家を捨てたから全部悪くなった」みたいなことを言われ続けたから。「できる限り家に帰らなきゃいけない」っていう思いと、「なんで私がこんなにつきあわなきゃいけないんだ」っていう思いの中で、大学と家を行ったり来たりしていました。両親は、姉がフランスに行った後も、ずっと姉に振り回されていて、「今まで教育のためにつぎ込んだお金はなんだったんだ」とか喧嘩しつつも、姉は言い出したら聞かないから、仕方なく好きにさせていました。「自分でやれ」って突き放せばいいいんだけど、やっぱり心配だからずーっとお金を送り続けて、たびたびフランスまで様子を見に行ってたりしてたんです。

　私はそういう、よくわからない父と母と姉とのぐちゃぐちゃっとしたものに巻き込まれそうになるけれど、大学三年生くらいから「私は私で大学で楽しくやればいい」「自分の主は自分なんだから」と、ようやくふっきることができるようになりました。学生相談のカウンセリングをよく受けたんですよね。最初は、「自分もそういう仕事をしたいから、クライアントの側に立ってみたい」とか言って、偉そうだったんです。でも、やっぱり本音としては家のことですごく悩んでいたから、カウンセリングを受けたんだと思う。二人の教授がカウンセラーになってくれました。夢分析が専門の先生は、あんまり家の問題に注目してくれなかったけど、もう一人の人間心理学の先生に「君の話は、お姉さんの話ばっかりだね」って言われて、私、すごく怒ったんです。その先生に「家のために奉仕すれば、なんかいいものがくると思ってるの?」とか「頑張れば認められると思ってるの?」みたいな、直面化するようなことを何回か言われて、「こんなに家のために考えてやってるのに、なんてこと言うんだ」って激怒しました。

みちる　頑張れば認められる?

仁科　「話を聴いて奉仕すれば、お母さんが自分を認めてくれるかもしれないみたいな、そういう意識なんじゃないの?」って言われたんです。その言葉に当時すごいショックを受けて、「こんなにも人を傷つける人って何なんだ?」って腹が立ちました。要するにね、私は姉ほど勉強ができない。姉がすごく勉強ができて、私がそんなにできないことにコンプレックスがあるんです。で、姉をバカにしながらも、結構慕うみたいな、なんとも言えない思いがあって……「姉が頑張っているところ以外で活躍しなければ」っていう思いがあったんだと思います。

みちる　早いうちに言ってもらって良かったかもしれませんね。

仁科　そうそう。先生に言われたことは本当にその通りで……「あ、そうか。そういうことで自分は家に囚《とら》われてたんだ」ってわかった。でも、その時は怒って、その先生のセッションを切っちゃった。その先生に会いに行けなくなっちゃったんですよ。怒っているのもあるけど、恥ずかしかった。

みちる　きっと、それまで自分が考えもしなかったようなことを言われたんですね？

仁科　そうそう。ところが、時間が経つと、その先生の言葉が薬みたいにだんだん効いてきて、「あ、そういうことか」と思えるようになった。そこで、なんでもいいから家と離れたところで自分の価値観を持たなきゃと思ったら、家との距離がちょっとできました。家の方でも、姉がフランスに行ったり、両親が同居し始めたりとごちゃごちゃしてて、蚊帳の外に置かれていた私は大学で先生や友だちと楽しくやればいいんだと思える状況になった。

みちる　大学では恋愛もあったでしょう？

仁科　うちの大学は恋愛大国なんですよ。私もつき合ってる人はずっといました。

みちる　仁科さんはモテるでしょ。きれいだし、優しいから。

仁科　私、大学時代はすごく太ってたんですよ。過食があったんです。一人暮らしをしてると過食しやすくなるでしょ。今、ちょうど大学に入学した時と同じ体重です。

みちる　痩せてますよね。

仁科　その頃は自分のことを太っていると思ってて、痩せたかったんです。母は子どもの食事はしっかり管理する人だったから、食事を残すことを許しませんでした。だから、寮に入ったらダイエットできると思ったんです。それで、いろいろダイエットを試してみるんですけど、大学二年生くらいから失敗を繰り返して、大学院一年生の時は七十キロか八十キロあったと思います。で、恋愛の話に戻ると……心理学は、すごく勉強したいと思っていて、中でもユング系に惹かれました。高校の時にA先生が教えてくれた世界と通じるところがあって面白かったんです。でも大学では学べなかったので、二年生の頃からユング派の研究所が主催する勉強会に月一度、高速バスに乗って通いました。四年生の時、研究所から帰るバスの中で出会った人が、学生時代で一番思い出に残っている彼氏です。事故があってバスのルートが途中で変わったんですよね。普段は隣の人と会話なんかしないんですけど、「ルートが変わりましたね？」「何かあったんでしょうか？」って会話したのが知り合ったきっかけです。その頃、ちょうどつき合っている人がいないこともありました。

みちる　映画みたい。

仁科　その人は研究者で、その時は国立の研究所に勤めてました。とにかく枠にはまらない人で、すごく頭のいい人。人工石の研究をしてたんですけど、人の心にもすごく興味があって「心理の勉強をしてるんだったら教えてほしい」と言われて会うようになりました。でも、私が一方的に教えるんじゃなくて、彼に教わることも多かった。彼は「心理っておもしろいね」と言いつつ、「なんか変だね」って言うんです。人を治療するような心理学はフロイトの頃にできたんだけど、今は治療効果のエビデンスを重視した認知行動心理学理論を治療に使う流れになっていて、どんどん主流になっているんですね。でも、彼は「僕は科学者だから、行動心理学のエビデンスっていうのが理解できない」って言うんです。心理学の研究方法は、調査結果で95％有効だと言えれば採用できるんですけど、彼は「僕の領域では99・999％保障されて、初めて有効だと言える。95％だったらゴミです」って。「そもそも僕は人よりちょっと外れているから、絶対5％側の人間で、5％側の人間が治療できない治療法なんて意味がない」「だったら初めからエビデンスなんか放棄しちゃえばいいんだ」と言われて、「ほんとにそうだな」と思いました。彼とは二年ほどおつき合いしたんですが、その間、フロイトやユングの勉強会に一緒に行きました。ユング系ってエビデンスを追求することより、人の深いところまで見る。それが、すごく面白い。彼は最終的に、自分で見つけた心理学のスーパーバイズを受けて、独自の心理学にいっちゃったんですよ。それこそ「気」もやるし、「呼吸」もやる。エビデンスもあったり、なかったり。「宇宙人」や「オーラ」とかも信じる世界です。

みちる　どうして別れることになったんですか？

仁科　つき合っている最中にも、将来どうしようかとか考えるじゃないですか。私は、卒業したら就職しようかなとか、資格を取って心理の仕事をやった方がいいのかなとか堅実なことを考える。一方の彼は、全然枠にはまらない人だから、研究所の収入はいいのに「契約を更新せずにプー（無職者）になろう」とか言って、すごく自由なんです。だんだん会話がかみ合わなくなってきて、私がちょっと堅実なことをすると彼が嫌がるようになりました。「つまらないと思います」とか言われる。かみ合わないうちに、向こうに好きな人ができて別れました。

その彼と別れたことが、すごくショックで……まだ好きだったんですね。大学院二年生の頃に別れたんですけど、それから一年くらいして「やっぱり捨てられたんだな」と思ったら、そこからすごいショックがやってきた。ちょうど大学院の修士課程を終えて三年目とか四年目に入ったあたり。そこからゴハンを食べなくてもよくなっちゃったんですよ。彼のことを思って食べられないというよりは、途中から胃が小さくなって食べなくてもよくなった。そしたら、なんか面白いようにポンポンポンポーンって急激に痩せていって、「だったら、このままいくか」みたいな……八十キロあった体重が四十キロを切って、まわりが心配しました。その頃、もう研究者にはなりたくないと思ってたから、大学院の授業は全然受けませんでした。ちょうど臨床心理士の資格ができる頃で、資格を取って仕事が決まったら、大学院は辞めようと決めて休学してたんです。大学院に在籍したまま資格が取れる条件が満たされるまで、スクールカウンセラーの臨床のアルバイトをして、大学院五年目に臨床心理士の資格を取った後、今の自治体に就職しました。夫とは、その前年に出会いました。

みちる　ダンナさんとはどうやって知り合ったんですか？

仁科　スクールカウンセラーは、アルバイトでも「先生、先生」って呼ばれるんです。大したこともできないのに偉い人扱いされたり、お金をたくさんもらうのが、すごく気持ち悪かった。その頃は大学院の人たちともうまくいかなかったから、他大学の人とかインターネットで知り合った気の合う友だちと仲良くしてました。その人たちとは、たまに会って飲んだりもしてて、心理以外の人と話すのが、すごく楽しかったんです。その中に、私とはお酒が共通の趣味のヨネちゃんって男の子がいて、ヨネちゃんとダンナとはゲーム友だちでした。ヨネちゃんは社交的だから、彼を中心にいろんな人たちと仲良くなりました。ダンナはお酒を飲まないけど飲み会は好きなので、関西から参加して私と出会ったんです。最初は友だちづきあい。何回か会ううちに、つき合うことになりました。

みちる　ダンナさんの第一印象を教えてください。

仁科　すごく優しい。他愛もない話をよく聞いてくれます。おしゃべりなんですよ。お酒は飲まないけど、すごいおしゃべり。で、彼がすごいのは、誰とでも仲良くなっちゃうんです。すごい社交的。私は人を選ぶところがあると思うんですけど、彼は人に対して線を引いたりせず、とにかく友だちになるタイプです。関西人らしい「ノリツッコミ」のコミュニケーションで、ダンナがいると場がまろやかになる。私には、そういうところがなかったので惹かれたんだと思います。私は常に理屈っぽくしゃべっちゃうから。一緒にいて、大した話でもない話を何時間しゃべってても楽しくて「すごく気が合う」と思ったんですね。それで「つき合っちゃおう」と思って。

みちる　先ほど話が出ましたけど、その頃、スクールカウンセラーの報酬ってすごく良かったんですってね。

仁科　そうです。臨床心理士の資格を取ったら時給が六千円に跳ね上がりました。当時、スクールカウンセラーが初めてできた年で、価格設定の限度額がおかしかった。一日五時間働いて三万円くらい。

みちる　すごい！　ずっとその仕事でも良さそうですけど？

仁科　やっぱり、常勤で働きたかったんです。別れた自由な彼氏にも「パートでやっていけばいい」って言われたけど、パートで一生やっていけるほど、私は頭が良くないなと思ってて……当時は心理職で常勤の仕事って全然なかったんです。一生、心理をやるんだったら、やっぱり公務員になるのが一番いいと思いました。「資格なんか取らなくてもいいじゃない」とも言われて、「その通り」とも思ったけど、やっぱり資格も取りたかった。資格を取って、スクールカウンセラーや自治体の常勤職をいくつか受けました。

みちる　お母さんや友だちの悩みを傾聴して「人の役に立てる仕事をしたい」と思った気持ちは、

ずっと持ち続けていたんですか？

仁科　そう。ずっと母の話を聴いてきたから、「人の役に立たないと意味がない」って強迫観念が自分の中にすごくありました。心理学でも研究者になるっていうのは今ひとつピンとこなくて、やっぱり誰かと向き合って一対一で話を聴く方が役に立つ感じがしたんです。私の場合、人の役に立ちたいという思いと、安定した生活の両方を実現できるギリギリの線が公務員でした。

みちる　ダンナさんは仁科さんと結婚するために、関西からこちらに来てくれたんですね？

仁科　私の就職が決まったところで別れることになりました。そりゃそうです。ダンナは長男だから家を守らなきゃならない。私としては気が合うし好きだけど、こっちで働くから関西で生活するつもりはまったくなくて、将来がないから別れようってことになったんです。でも、別れてからも毎晩スカイプで一時間くらい話す習慣は一年くらい続きました。

みちる　何がきっかけで結婚することになったのでしょうか？

仁科　両親は遠いところに住んでいたので、就職して私は寮に入りました。しばらくして、同じ寮に住んでる人から「つき合おう」って言われて、つき合うことにしたんです。つき合ってみたら性格的に全然合わなくて、結局別れました。その話をダンナにスカイプでしたら、慌ててこっちに来て「もう一度つき合いたい」という話になった。「だって無理でしょ」って言ったら、ダンナが考えてくれて「こっちで就職する」って言ってくれたんです。「え、実家はどうするの？」

「とにかく行く」って。ダンナはその頃、フリーターだったんですよ。家は農家なんだけど、農業で全部は成り立たないので、長男坊は地元の企業で働きながら土地を守っていくというのが、そのあたりでは一般的なスタイルでした。ダンナは大学を出たものの、自分が土地を守りながら会社で営業とかしているイメージがどうしても持てなくて、フリーターをやってたんです。とにかく資格が何もない人だから一年間は就職セミナーを受けて、受講者を採用してくれる企業に入社して、こちらに引っ越してきました。ご両親も「家は、あなたの好きなようにしていい」と言ってくださって。

みちる　大恋愛ですね。

仁科　有難いことですよね。私もそこまでしてくれると思ってなかったから有難かったです。私から「来てほしい」って言ったことは一度もないんですよ。初めから無理だと諦《あきら》めてました。

みちる　ダンナさんは情熱的な方なんですね。

仁科　いえ。そんな人じゃないんです。すぐ諦めちゃう人。だから、フリーターをやってたんです。で、まずはお金を貯めるために一緒に住もうということになり、私の両親に挨拶に行ったのが結婚するきっかけ。挨拶が済んで、「一緒に住もうと思ってます」と言ったら、父が「結婚しないのか！」って、すごく怒っちゃった。「ただ同棲するなんて許さんぞ！　将来をどう考えているんだ？」って言われて……結局、うちの父って子煩悩なんですよね。で、二人で世帯寮に引っ越してから結婚式を挙げました。

大切な人たちとの出会い

みちる　仁科さんとは数年来のおつき合いですが、お話を伺って「ああ、こういう方だったのか」と改めて思いました。才色兼備な方だけど、実生活ではお母さんをはじめとして、身近に出会った人たちとの関係性の中で、自分自身を切磋琢磨《せっさたくま》して成長してきたんだなと。児童相談所で働くようになってからも、またいろんな人との出会いがあって成長してこられたと思います。その辺のことを聞かせていただけますか?

仁科　この道で影響を受けた人というと、少し遡《さかのぼ》りますが大学か大学院の頃に出会ったB病院のカウンセラーのC先生が、心理学で私を最初に導いてくださった先生だと思っています。B病院はとても歴史が古い精神病院で、広大な森の中にある閉鎖的な感じの敷地の中で患者さんが生活しています。精神疾患を抱えた人を地域から隔離して治療するという選択があった時にできた病院です。私が出た大学は、入ってから気づいたんですけど、どちらかというと研究者を養成するところでした。だから自分の臨床をどう育てていけばいいかがわからなかったんです。お話ししたように、研究所に通ったりして自分なりに勉強してはいたけれど、なんか付け焼刃《やきば》的な感じは否めなかったんですね。そんな時、C先生と出会いました。C先生は、固い心理学をしっかり修めたうえで「患者と遊ぶ」っていうんですかね。もう何十年も入院してて回復の見通しが立たない患者さんを心から尊敬してカウンセリングするんだけど、突きつめてばかりだと患者さんに負担がかかるから、時にはタロットカードとか、そんな「遊び」を入れたりする。すごく面白いんです。

当時、スーパーバイザーを見つけるのは本当に難しかったけど、大学の後半から児童相談所に入った一年目くらいまでC先生のスーパーバイズを受けることができました。あの頃、スクールカウンセラーとして出会った子どもたちには、もっと難しい問題があるような気がしてたけど、大学の指導教諭のスーパーバイズは当たり障りのないことしか教えてくれないから、なんかしっくりこなかったんです。C先生に出会って教わったことは、当時のカウンセリングにすごく役立ったし、今でもずーっと役立っています。

みちる　その頃に出会った子どもたちの現実と、研究としての学問との乖離《かいり》を感じたということでしょうか?

仁科　そう、現場と学問の乖離はすさまじかった。研究には量的な研究と質的な研究があって、私が出た大学は量的研究がほとんどでした。量的研究で「95%信頼できます」と言うために、百人とか千人とかの調査対象者を前提とした質問紙をつくる。その質問紙の項目をつくるのが大学の研究です。もちろん、それは意味のあることなんだけど、目の前で苦しんでいる人に今すぐ役立つわけじゃないから、当時は何のためにそれをやっているのかがわからなかった。

一方で、臨床の現場で苦しむことも多かったです。例えば、子どもがスクールカウンセラーに「誰にも言わないで」って話したことでも、内容によっては「集団守秘義務」という概念で学校と共有できるんだけど、先生の中にはその概念を理解していない人もいて、子どもに「仁科さんから聞いたんだけど」とか言ってしまう人もいました。でも、やっぱり先生と協力してやっていくことはすごく大切だから、「子どもの心を大事にしてやっていくには、どうしたらいいんだろう?」と悩みました。

そんな時に、C先生が臨床の立場で導いてくださって、ようやく本に書いてあること、授業で学んだこと、自分の目の前にいる子どもや学校が繋《つな》がりました。それまでは、教科書に書いてあることを、ただ現場でなぞるだけで、今から思うと本当に危うい感じでした。C先生にスーパーバイズを受けたことで、少しまとまった仕事ができるようになって、ようやく自分も臨床でやっていけるかもしれないと思えたんです。だから、私にとってC先生は神様。あの先生がいなかったら、どうなってたかって思いますね。就職して児童相談所に配属されてからも一年目は月に一度、片道二時間以上かけてC先生のスーパーバイズを受けに行きました。今考えると依存に近い関係だったかもしれない。

みちる　児童相談所って相談業務だけじゃなくて行政職としての仕事もたくさんあるから、一年目は馴染んだり、覚えたりすることが多くて大変だったと思います。それでも教えを請いに、そんな遠くまで月一回通っていた……仁科さんを突き動かしていたものは何だったんでしょうか？

仁科　やっぱり、私は心理でケアをやりたかったんです。だから、研究者になるための大学院は続けられなかった。でも、人のケアをするって本当に難しくて、大学院でちゃんとスーパーバイザーの先生に教わっている人は違うのかもしれないけど、私は本や勉強会で教わったことを現場でアワアワしながらやっていた。事例発表はたくさんしたけど、そんなの点でしかなくて、本当に心細い。自分が子どもや学校の先生と会って話したことを、その都度つぶさに聞いてもらって、経験豊かな師匠から助言してもらうことが絶対に必要でした。

みちる　なるほど。それは職場の師弟関係で埋まらないものなんですか？

仁科　私は無理だと思いました。一般的にカウンセラーやセラピストの養成で大事なのは、ケースに対するスーパービジョンを受けることと、教育分析だと言われてます。教育分析というのはカウンセラー自身を分析することで、カウンセラーの生き方とか価値観がクライアントに影響しないようにするために大事なことです。私の場合も、自分の価値観で子どもの話をコントロールすることがないように、自分と向き合うことが必要でした。公務員の職場では、教育分析までは難しいんじゃないかな。C先生にはスーパーバイズと教育分析の両輪を担っていただきました。

みちる　そういうスーパーバイズが受けられれば、クライアントと向き合う中で自分自身も成長できるような気がしますね。

仁科　そうですね。やっぱり、生まれ育った環境の中で培《つちか》ってきた価値観っていうのが、カウンセリングの中で時々顔を出す時があるんです。それをC先生に指摘されると、「ああ、やっぱりこの価値観って一般的じゃないんだな」「私、知らないうちに、それを相手に押しつけてたんだな」と気づきました。

みちる　誰にでも、そういうバイアスってありますよね。

仁科　ありますね。バイアスをなくすことはできないけど、意識化することがすごく大事だと思います。両輪のスーパーバイズは職場だけではなくて、まず大学や大学院で指導教官に受けるものだと思うんですけど、児童相談所の心理司には、そうしたスーパーバイズを受けてる人もいれば受けてない人もいます。もちろん、受けてない人の中には、ちゃんと受けたいって思う人もいると思う。

みちる　そういうスーパーバイザーを個人的に持っていない心理司さんは、結構つらいんですか？

仁科　私はつらいと思いますけど……本当に児相のケースって難しいですよ。

みちる　児相のケースは難しい？

仁科　難しいです。子どもって会っていると、一緒に泣いたり、笑ったり、なんとなく楽しく時間が流れるんですけど……ただ、虐待ケースは本当に難しくて、結局うまくいかないと「やっぱり自分がうまくできてないんじゃないか」っていう不全感が紙を重ねるように積み重なっていくんです。だから、自分のカウンセリングを、少しでも客観的に見ることができるって大事です。

みちる　就職して、いきなり児童相談所に配属された時は、どんなふうに感じました？　難しいケースが多いということですが。

仁科　私の時代は就職難で、とにかく常勤の仕事に就きたいと思っていたから、採用してもらって、まずはホッとしました。やっぱり非常勤の立場って、すごく弱い。今もそうだけど、日本では常勤の心理職って、とても少ないんですよ。私の場合、採用にあたって自治体から「福祉職採用だから、心理ではない部署に配属されるかもしれない」と言われたけど、結局、児童相談所の心理職に就けて、ずっと心理のことを考えていてもいい立場になれたっていうのが、ものすごく嬉しかった。あと、一人職場じゃないのが初めての経験だったので、班に心理司がたくさんいて自分の話を隣にしてもいいっていう安心感も大きかったです。しかも尊敬できる先輩もいて、「嬉しい」「楽しい」「ハッピー」の三拍子でした。

入職する前に、別の自治体の児童相談所で非常勤として働いた経験もあるんですが、うちの自治体は他機関との連携や虐待対応が前の自治体よりスムーズだなぁと感じました。当時は、児童福祉法の改正で市町村も虐待対応の窓口になることが明記された頃で、学校や市町村との連携に関しては今より地域差があったと思います。前の自治体は、都市部から離れた農村部だったから支援機関も少なくて、深刻なケースは児童相談所しか関わらなかったり、関係者会議で他機関の支援者が「虐待は児相でしょ」と発言するのを聞いて、「この子どもに、どうして児相以外が手を伸ばさないの?」と心が痛むことがたくさんありました。その自治体で働く自信が持てなくて、うちの自治体を受けたんですけど、うちの方が児童相談所の職員数も支援機関も多くて、しかも機関同士の連携が取れているから虐待対応が迅速でした。

みちる　それは随分前のことだと思いますが、今でもやっぱり児童相談所間での地域差はありますよね。私も実際、二カ所で働いてみて感じましたけど。

仁科　あると思います。うちの自治体では、ちゃんと市や学校を巻き込んで、関係機関が協力して虐待の原則に基づいて対応しているのを見て、すごくホッとしました。「ああ、やっぱり児童虐待って、こうやって対応すればいいんだ」と思ったのを覚えています。それもあって、最初の三年間は仕事をしていて、まったく葛藤《かっとう》がなかった。繰り返しになりますが、子どもと会っていると、子どもと楽しくやるとか、子どもに寄り添うっていうのは、理屈が無くてもできるし、難しいことも一緒に時間を過ごす中で、回復や癒しにつながることはあるし、それなりに楽しくやれるんです。

でも、やっぱり児童相談所が難しいと感じたのは、発達障がい者支援センターに異動になって、障がいのある子どもとその親を担当した時です。そこでは支援が積み上がるんですよね。子どもが変わる。親も変わる。支援者の助言を、親が家に帰って実際に試してみて、その結果を支援者と共有する。前回、こちらが言ったことを親が覚えている。だから積み上がるんです。そうやって相談の主訴《しゅそ》が解決して、終了していくっていう一連の流れを、初めて担当心理司として経験しました。その前に児童相談所にいた時は、ペアレントトレーニングとか、いろんな技術は無力で意味がないと思い込んでたんですよね。でも、やっぱり意味があるんだってことを、発達障がい者支援センターで働くようになって、ようやく理解できました。それで、改めて児童相談所のケースが難しいことがわかったんです。児童相談所では、子どもが変わる前に保護者が来なくなったり、子どもが心を開いてくれても生活の変化が激しくて積み重なっていかなかったり、親が関わる様子が全然なかったり、話がうまく通じなかったりということが当たり前にあるでしょ。そういう中で臨床をやってると、実はボディブローのように自分に自信がなくなっていくっていうか……偏った場所なんだなと気がつきました。

みちる　児童相談所の特に虐待ケースの場合は、その子どもや親にニーズがあって自分から相談しに来るわけじゃないってことが大きいのでしょうか？

仁科　そうだと思います。「私たちが会ってる人たちって、相談ニーズがまだ持てていない人なんだ」ってことに気がついたのは、ずっと後のことです。大学では主訴は本人が探すもので、その主訴に沿って一緒に考えていくって教わったけど、児童相談所は違います。「主訴は何だろう？」って子どもや親に聞くと、困っていることを語ってくれるけど、通告をきっかけに児童相談所の方から介入した人たちなので、まだ「何とかしよう」「自分たちが何とかしないと」と思っていなかったりします。発達障がい者支援センターは、自分から相談しに来ているのでモチベーションが違う。「こんなに技術とか、カウンセリングとかの相談行為が人の役に立つんだ」って驚きました。センターでは心理職でもソーシャルワーカーのような動きを少しするんです。例えば、お母さんの話を聴いて、一緒に支援機関に行って繋ぐとか。カウンセラーとして深めずに社会資源に繋げていくだけでも、親や子どもが変わっていく。それを目の当たりにして「すごいな」と思いました。そこで、改めて児童相談所は大変なんだということがわかったんです。最初の児童相談所勤務の時には気づかなかった。

みちる　私から見ると、仁科さんは恵まれた環境で育った人だから常勤職に就くことにこだわらなくてもいいと思うし、何もわざわざ児童相談所みたいな大変な場所で働かなくてもいいんじゃないかと思ってしまうんですけど……不躾《ぶしつけ》な質問ですみません。

仁科　私は自分の家が恵まれてるとか裕福だって意識を実感として持ったことがないんですよ。母から姉のことで「お金がないのに、こんなにかかる」ってずっと相談されてきたでしょ。こんなに、こんなに、こんなにって言われてきたから、私は親のお金を使っちゃいけないってずっと思ってたんです。だから、大学も国立を選んだし、お金を使っちゃいけないっていう思いが強いから、奨学金も申請しました。裕福だって感覚がない。あんまり自分が恵まれていて、困っている人たちに関係ないって意識はなくて、自分の家が結構大変で悩みの種みたいなところが、ずっと生まれ育ちの中であったんです。発達の中で、子どもに問題がある家庭には、必ず親子の葛藤があるじゃないですか。そこは、すごく共感したのかもしれない。悩みを抱えている人が自分に近いものを持っていて、その人の話を聴きたいっていうのはすごくありました。

みちる なるほど。自分の経験を生かして、相談者の力になれると思ったんですね？

仁科 多分、そうだと思います。児童相談所が関わる子どもたちと自分とは違うって認識は、今も全然ないです。でも、やっぱり違うし、わかったような気にはなれないんですけどね。とにかく、自分がゴハンを食べていくのに一番いいのは公務員の心理職になることで、それには児童相談所が一番良い選択肢だと思ったんですね。親に養ってもらおうと思ったことはなかったです。親はすごく不安定だと思っていたから。家にいれば、やっぱりすごく影響を受けるし、自分が自由じゃない感覚があって、直感的に親とは離れたかった。母は、子どもたちには「男に依存する女はダメ」って言い続けていたから、小さい頃から自分のことは自分で養うって気持ちはありました。

みちる　他にも児童相談所で影響を受けた人がいたら教えてください。

仁科　入職してすぐに勤務した児童相談所でお世話になったのが心理司のD先輩です。今は退職されたけど、その頃は四十代の中堅どころ。隣にいて、私がいろいろ失敗するたびに優しく教えてくれました。D先輩が側にいてくれると安心できて、すごく有難かった。D先輩は自治体内の児童心理司を中心とした非公式の勉強会にも誘ってくださいました。その勉強会は月一回、平日の夜に心理司が十人くらい集まって事例の話をする会。当時、その勉強会の中心にいたEさんというOBが、後々私のスーパーバイズを引き受けてくださることになるので、この会に繋いでくださったD先輩には本当に感謝してます。

それから、その時のSVにもすごく影響を受けましたね。おじいちゃんぽい雰囲気で、臨床動作法という技法をお持ちの方でした。心理学って言語面接ばかりのイメージがあるけど、その技法は動作に注目して、体を曲げたり、立たせたり、作業療法士のようなことをするんです。そのSVのたった一時間の面接で、麻痺《まひ》で立てなかった子どもが立てたりするので、「すご過ぎる」と驚きました。ほとんどしゃべらない人で、「僕のを見てれば、なんとなくわかるようになるんじゃない」みたいな感じで、三年間、全然教えてくれなかったけど、臨床動作法に出会えたのはラッキーでした。それを機に、手で人を癒せる技法を身に付けたいと思って、今でも臨床動作法は学び続けています。うちの自治体に就職して本当に良かったと思うのは、職場に同じ職種で尊敬できる先輩が何人もいるってことですね。最初の職場で影響を受けたのは、D先輩とSVのお二人で、今も教えていただいているお師匠さんです。

みちる　仁科さんのいる自治体は人材の層が厚いんですね。

仁科　厚い。本当に有難いです。中でも、私が一番影響を受けたのは、やっぱりEさんですね。B病院のC先生に続いて、二人目のスーパーバイザーを引き受けてくださった方。他にもEさんにスーパーバイズを受けている心理司は何人かいました。

児童相談所でやっていけると思えるまでに十年かかった

みちる　仁科さん自身が影響を受けた児童相談所での印象的なケースがあったら、お話しできる範囲でいいので聞かせてください。

仁科　二つあります。ひとつは心理職として影響を受けたケース、もうひとつは児童相談所職員として影響を受けたケースです。Eさんとのスーパーバイズに絡むので、心理職として影響を受けたケースを先にお話ししますね。

発達障がい者支援センターから再び児童相談所の心理司に戻って、そこでEさんと再会して、四人の子どもたちのスーパーバイズをしてもらいました。その四人目の子どもがすごく印象的だったんです。小学校高学年の女の子で、虐待を受けた期間が長くて重篤《じゅうとく》なケースでした。鬱《うつ》とか神経症的な症状はなくて、体も健康なんだけど、初めて会った時に「この子、五歳かな？」と思うような外見をしてた。小柄で、何より表情が圧倒的に幼い。うまく言えないけど、会った瞬間に「ああ、なんかこの子、深刻な虐待の影響を受けてるな」と感じるような独特な空気の違いがある。人との間にある基本的な安心感や信頼感が、この子には無いと感じました。例えば面接で話をすると、会話のキャッチボールをしているようで、パターン的な会話しか返ってこない。「学校で○○はどうだった？　好き？　苦手？」と聞けば、即座に「好きー」と返事して、それで会話が終わってしまう。「学校は」と聞かれれば「好き」と答えることになっているかのような感じ。あらゆる言葉に無難な回答しか返してこなくて、この子が考えていることがわからないという感覚がありました。Eさんに「それは人が怖いから、安全な会話しかできないようになっているんだよ」「普通、この年齢の子にとっての大人って、無条件で信頼できる存在なんだけど、この子にとって大人は無条件に信頼できない存在なんだと思う」と言われて納得しました。大人を無条件で信頼できない、他者と安心した関係を結べない、常に対人関係で緊張感を持っているのが、この子にとって「普通」になってしまっていて、「子どもって、虐待でこんなにも変わっちゃうんだ」と思いました。人を、ただ自分の要求を満たしてくれるか、満たしてくれないかだけで測っているように見えるんです。満たしてくれないんだったらその人のことはスルーして、自分の要求をどこで通すかってことしか考えてないような感じ。会話でも、安全な会話しかしないんですよ。「何が好き?」って聞くと、「イチゴ!」とか答えが返ってくるけど、本当はイチゴなんて好きじゃないんです。「学校好き?」って聞くと、「好き!」って答えるけど、別の時にポロッと「学校はね、ほんと、休み時間しかマシな時間はない」とか言う。信頼関係が結べない中で、その子の治療をどうしていけばいいのかが全然見えない時に、Eさんのスーパーバイズを受け続けました。親は関係機関も尻込みするような、とても難しい人。保護することはできたけど、子どもは自分の要求が通らないと「帰りたい」と言い出すので、担当福祉司は手を焼いていました。愛されるような振る舞いは一切できない子です。最初は「おはようございます」って可愛く挨拶したりするけど、いっぱい嘘をつくし、すぐばれるし、自分の要求を通すためだけの行動を重ねる。関わる職員みんなが手を焼いている時に、今この子がどういう状態にあるのか、一体この子は何を望んでいるのかを全部翻訳してくれたのがEさんのスーパーバイズでした。私の面接スタイルについて、Eさんから「ほんとにヘタ」ってダメ出しされて、徹底的に叩き直されました。

みちる　どんなスーパーバイズなのか具体的に教えてもらえますか?

仁科　まず、一回一回の面接の内容を、全部文字に起こします。ある子どもは一回の面接で必ず二時間はしゃべるんですけど、その二時間を全部文字に起こすんです。ICレコーダーは使っちゃいけない。

みちる　子どもが警戒しちゃうからですね。録音せずに膨大な量のやりとりを、どうやって記録するんですか？

仁科　子どもの了解をとってメモを取ります。話しながら、子どもが話した言葉と自分が言った言葉、子どものため息とか沈黙、動作すべてを書きとめていく。その時、自分が何を考えたかもメモする。慣れてくると、何も考えず、紙を見ないでメモできるようになりました。紙に書いてあることと記憶が乖離してから記録に起こすと、「時間が経ってから起こしただろ」ってEさんに見抜かれるから「怖い」と思って（笑）。だから二時間面接した後に、二時間かけて書き起こすっていう作業を毎回やってました。このやり方だと録音していなくても、私がどんな面接をしたかEさんに伝わるんです。

Eさんは、その記録を、まず三回読むそうです。次に私の立場に立って読んで、私が何を考えたかをトレースして、最後は子どもの立場に立って読む。合計五回読んで、子どもが何を考えているのか、子どもに何を考えてもらえばいいのかっていうことを、月に一度、徹底的にスーパーバイズしてくれました。お陰で面接している時に子どもが考えていることと、自分が考えていることが、ようやくかみ合うようになったんです。すごく勉強になりました。

Eさんのスーパーバイズを受けてから、私の面接は変わりました。虐待のダメージが大きいと思う子ほど、子どもの話をそのまま聴くようになったんです。聴き手は、虐待の程度が重ければ重いほど子どもの発言に対して感情を言語化したり、慰めたり、自分の言葉を伝えたくなるものだけど、まずは子どもの話を徹底的に引き出して傾聴することに意識を向けるようになりました。

例えば、子どもが何気なく、家での体験をあっけらかんと話す。その子にしてみれば日常のことで、ひどい体験だとは思っていない。でも、こちらが「え？　そんなことがあったの？」とか「それはつらかったね」と言えば、その子は自分で話すのをやめて「そうなの、つらかった」と返して話が終わってしまいます。Eさんに「大人を信頼できずに育った子は、聴き手の感想を言うと、即座にその言葉を吸収して使う。大人が言ったことを繰り返した方が安全だと直感的にわかっているんだよ」「『つらかった』なんて、この子はまだ思っていない。聴き手の言葉が盗まれただけ」「聴き手が『つらかったね』なんて思わぬ反応をしたから、この子は無難な会話で終わらせただけ。こんな会話を繰り返していても、この子の言葉、この子の心はわからない」と言われて、なるほどと思いました。「例えば『あなたはどう思ったの？』と聞くのはどうですか？」と質問したら、「それこそ自由に答えられすぎて、怖くて答えられないよ」と笑われました。警戒しているのに「気持ちを言え」と言われたら、子どもは怖いということだと思います。「それよりも、まずその子が言った言葉を真摯《しんし》に聴いて繰り返してごらん」って。例えば「ゴハンくれないから、家に誰もいない時に冷蔵庫から勝手に食べてたんだ」と言ったら、「誰もいない時に冷蔵庫から食べてたんだね」と返す。その子の言葉を繰り返すことで、まず「あなたの話をちゃんと聞いている」ということをわかってもらう。聴き手の感想や質問は一切入れない。そうすることで、少しずつ「この人、私の話を遮《さえぎ》らないな」「批判したり、否定したりしないんだな」と伝わるようになると教えてもらいました。

そうやって少しずつ、緊張や警戒がほぐれてくると、子どもがポロッと本音を話すようになるんです。Eさんには「ポロッと出た言葉の方が本音だから聞き逃さないこと」「子どものため息とか、自然な動きに目を向けること」と言われました。スーパーバイズでEさんから「今、この子はこういう状態だよ。だから、こうしてごらん」と言われると、それを次の面接でやってみる。そして記録を起こし、Eさんに読んでもらって、またスーパーバイズを受ける。そのサイクルを繰り返し積み上げていく中で、子どもが少しずつ面接を楽しみにするようになって、自分の気持ちとか、つらかったことを本音で話してくれるようになっていきました。結局、その子が本当につらかったのは、食事を与えられないことでも、殴られたり暴言を吐かれることでもなくて、身近な人から差別されることと、誰からも大事にされないと感じることだということがわかったんです。もしEさんのスーパーバイズを受けていなければ、ただ漫然《まんぜん》と子どもと遊んでいるだけになったと思います。とにかくその子がプレイルームで好きに遊んでいたいと要求してくる中で、言葉の面接を入れながら、どうやって子どもの状態を評価するか――子どもの評価こそ、児童相談所の心理司に求められるものです。そのやり方をEさんに教えてもらいました。
「この子をケアするのは心理面接じゃない」というEさんの言葉にも衝撃を受けました。心理司には、その専門性から子どもの心を癒す役割が与えられているイメージがあると思うけど、Eさんから「これまで長い生活の中で捻じ曲げられてしまった子どもの虐待の傷跡を、週一回とか月一回、一時間だけの面接で変えられると思わないこと」「虐待という日常生活で生じた傷のケアは、施設職員や里親といった生活に寄り添う人が主体となって行うもの」だと教わりました。ケアの主体は心理司じゃなくて、心理司の役割は生活を支える人たちが、その子を誤解せずに理解し、可愛がることができるように助けることだというのです。その前提には、子どもたちにとって当たり前の生活が一番の癒しになるという考え方があります。施設職員や里親と同じく、「担当福祉司や他の支援者も子どもにとって重要な存在だから、ちゃんと子どものことが理解できるように繋ぎなさい」とも教わりました。親の話をする福祉司を毛嫌いする子は多くて、この子も例外じゃなかった。児童相談所の心理司は、子どもの気持ちや状態を他の支援者が理解しやすいよう翻訳して伝える橋渡しだと今は理解しています。

みちる　子どもと福祉司を繋ぐために、心理司は具体的にどのような動きをすればいいのでしょう？

仁科　福祉司には子どもと話をするタイミングがいくつかあって、その時に「福祉司とその子がちゃんと話をできるようにサポートしなさい」と助言されました。私は子どもを励まして、その場に同席したりしてサポートしました。施設職員については、子どもの状態を説明して共有するよう努めました。「これだけ重い虐待を受けて傷ついているから、この問題行動は大人への報復なんじゃないか」って考える人もいるけど、この子の場合はそうじゃなかった。心の発達の問題で、健全な世界で心の育て直しが必要だったんです。施設の担当職員には「ダメなものはダメ、いいものはいいと教えてあげて」とお願いしました。具体的にどう教えるかについては、Eさんから細かくレクチャーを受けて、それを伝えました。施設職員の方も勘が良くて、「問題を起こした時、ただ叱るよりも、そんなことをしたら相手はこう思うよとか、その都度、人がどう感じるのかという『人の気持ち』をこの子に教えてあげればいいんですね」と言ってくれました。あとは機会があるたびに、その子の施設での様子や心理面接についてお互いに情報共有しました。私は子どもに関わっている他の職員が、その子を支えやすいように繋ぎになるという考え方で、ずっと動きました。

みちる　仁科さんは、子ども時代からお母さんや友だちの悩みを聴いてきた経験から「人の役に立ちたい」という思いで心理職に就かれたわけですけど、そのケースで学んだことは、それまでの仕事についての考え方を変えるものだったのでしょうか？

仁科　そうです、そうです。まず、心理面接だけで癒すことの限界を教わりました。特に、重篤なケースでは支援者の連携こそが重要です。心理職ができる深い意味での連携とは何かが、やっと腑《ふ》に落ちた。心理職が基本的にやるべきことは、子どもの状態や気持ちを翻訳して、他の担当職員の仕事に役立つよう伝えることだと思うようになりました。そんなふうに動いていったら、子どもがほんとに少しずつだけど変わっていきました。自分の気持ちを担当職員に言えるようになったんです。この子は、施設でもいろいろ問題を起こすんですけど、ある時、悪いことをして夜中に担当職員と話し合う中で、「自分は生まれてから、ずっと嫌なことはティッシュにくるんでゴミ箱にポイしてきたんだ」って言ったんです。担当職員が「そうか。ずっとそうやってゴミ箱にポイして一人で片付けてきたんだね。でもさ、ゴミ箱っていっぱいになっちゃうでしょ。私には、あなたのゴミ箱が溢《あふ》れているように見えるんだけど」って言ったら、子どもが「でも、ゴミ箱に入れるしかないから、全部ゴミ箱に捨てればいいんだ」と言って泣き出した。そうやって身近にいる人に自分の気持ちを吐き出して泣くっていう経験は、多分その子にとって人生で初めてのことだったと思います。劇的には変わらないんですよ。もともと変わるべき素地がないから変わりようがない。劇的には変わらないんだけど、それでもほんとにちょっとずつ変わって、人と一緒にいることが楽しいと思うようになっていきました。半年くらい経つと「人に何かしてあげたい」と思うようになって、手作りのチョコを施設のみんなに配ったんです。私の面接でもチョコを配ったことを報告してくれたんですけど、その様子がほんとに楽しそうでした。なんか体中から「楽しい」「嬉しい」気持ちが溢れ出ているような感じ。私が「あなたは、どんな気持ちだったの？」って聞いたら、「なんかね、自分がチョコになっちゃったような感じ」と言ってました。ゴミ箱の喩えもそうだけど、イメージで語るんです。イメージの絵がすごく豊かに浮かぶ子どもでした。Eさんも「あの子がここまで回復した」ってすごく喜んでくれました。私も嬉しかったです。その子に対して直接私が何かケアしたわけではないけど、施設の職員と一緒に考えられたことが嬉しかった。子どもって変わる余地があるタイミングで育て直しをすることが大事だと思います。今は「育て直し」って言葉だけが独り歩きしているけど、実はすごく難しくて、慎重にやらないといけないんだということも学びました。その子は、ほんとにギリギリ間に合ったという感じでした。私とは一年にも満たない関わりだったけれど、忘れられないケースです。

みちる　それが心理職として一番影響を受けたケースですね。そのケースに関わったことで、仁科さんはどのように変わったのでしょう？

仁科　安心しましたよね。安心した。ようやく虐待された子どものケアで一番大事なものがわかった気がしました。トラウマケアとか、サインズとか[*1]、いろんな技法はあるけれど、その軸となる「子どもとどうやって関わればいいのか」を、子ども目線で理解できた。これでやっと児童相談所で子どものケアを何年でもやっていけると思えました。結局、Eさんには三年間スーパーバイズを受けたんですけど、その記録は教科書として今でも大切に保管しています。

みちる　これでやっと児童相談所で子どものケアをやっていけると思えた……それは入庁して何年目の出来事ですか？
仁科　十年目です。
みちる　十年かかったんですね。そのくらい難しい仕事だってことですね。
仁科　そうだと思います。

子どもの死が身近になった

みちる　その後、仁科さんは自治体の児童相談所を横断する虐待専門班に配属されるんですよね？
仁科　はい。2000年になってすぐ、虐待防止法の改正に絡んで立ち上がった部署です。当時の児童相談所は、今みたいに虐待対応がメインじゃなくて、職員たちの間に「虐待ばかりが仕事の中心になってしまった」みたいな戸惑いが出てきた時代です。でも、これからはケアと介入の両輪をやっていかなきゃならないということで、児童虐待の専門班をうちの自治体が独自につくったんです。
黎明《れいめい》期の専門班はいろんなことをやっていて、例えば、今私がいる家族再統合チームの前身や、医療や法律などの専門家を児童相談所や施設に巡回させて困難ケースの専門的助言をしてもらう仕組みをつくりました。あと、児童相談所だけでは判断できない医療的なセカンドオピニオンを引き受けてくれるところを発掘したり、親子関係を評価する技法を習得するための職員研修もやってます。研究事業もあって、平成二十七年の通知から全国に広がった性的虐待の被害確認面接も、その何年も前から取り組んでいました。私が配属された頃の専門班は、事業が大分整理されていて、自治体内の各児童相談所のバックアップが基本的な仕事でした。例えば、医療支援では SBS（乳幼児揺さぶられ症候群）などの重篤なケースが起きた時に法医学者と繋げたり、今は各児童相談所でやることになってますけど、二十八条ケース[*2]は、ほとんど専門班がやっていたんです。

専門班に異動になった時はEさんのスーパーバイズでもっと学びたいと思っていたので、泣く泣く行きました。専門班では、本当にわからないことばかりで大変でしたけど、そこでの学びは大きくふたつあって、ひとつは性的虐待というものを深く知ることができたことです。その調査報告書をまとめるのが最初の課題でした。もうひとつは、間接的にですけど、死亡事例に関わったこと。それまで子どもの死は、どこか遠いところにあったんですよね。でも、子どもが亡くなるケースは現実にあって、それは本当に大変なことだと知ったのは専門班に行ってからです。詳しくお話しすることはできないけど、児童相談所職員として私自身が大きな影響を受けたのは、子どもが亡くなったケースです。それ以来、人が死ぬってことを、身近に意識するようになりました。
今、家族再統合チームにいて福祉司の手助けをする立場なので、一人の子どもの心を深く見ていく心理司とは違って、福祉司とケースワークの整理をすることが多いんですけど、頭のどこか片隅に「死」が常にありますね。それでも、やはり死亡事例はなくならない。たまに職場で「仁科さん、昔より雰囲気が怖くなりましたね」って言われます。ケース対応を考える時に「そんな対応で死んでしまったらどうしよう」って思いが影響してるのかなと思います。「それでいいよね」とか「いいよ、いいよ」って言えなくなっちゃった。やっぱり過去の死亡事例が頭をよぎるんですよね。

みちる　最後に、今後のご自身や仕事についてお聞きしたいです。

仁科　今後ね……どうしましょうね？（笑）

みちる　これからも児童相談所でやっていかれるんですよね？

仁科　コロナが流行る前は児童相談所でやっていきたいことが明確にあったんです。今はそのチャレンジみたいな気持ちが少し停滞してきて、漫然と過ごしているような気がします。

みちる　チャレンジしたかったことって何ですか？

仁科　虐待専門班にいた時、子どもの複雑性トラウマがＩＣＤ（国際疾病《しっぺい》分類）－11に入って、虐待によるＰＴＳＤ（心的外傷後ストレス障害）として認められることになりました。で、子どものＰＴＳＤの治療技法の研修を受けたんですけど、「これはかみ砕いてみんなで共有しなきゃいけない概念だ」って思ったんです。それ以来、虐待による子どものトラウマについて、組織として何をやっていかなきゃいけないのか、そのイメージが私の中にずっとあって……そこをみんなで共有できるようにしたいです。大事なことだから、仲間を見つけて広めたいって思いがあるけど、コロナで気軽に集まれなくなって、一緒に勉強するのがすごく難しい。そこが今、やりたいと思ってやり残しているところです。そういう治療技法を組織的に理解できれば、施設のケアも大分視点が変わると思うんです。

みちる　子どもの回復に貢献できますね？

仁科　そうです。あと、虐待の影響について前向きに考えられることは、職員にとってもすごく救いになると思うんですね。あとはどうやって……わからないんですよね。人の巻き込み方とかもわかってなくて。どうやったら仲間を見つけられるんだろう？

みちる　仁科さんは今までいろんな困難もあったけど、人との出会いによって人生を切り開いてこられた方だから、今おっしゃった思いも、誰かと出会うことで開かれていくような気がします。だから、これからもずっとその思いをイメージし続けてほしいです。

仁科　はい。そうしたいと思います。

みちる　長時間にわたって、貴重なお話をありがとうございました。

黒川俊平

五十代男性

児童福祉司

プロローグ

「何言ってんのよ！　バカじゃないの、あんた！」

金切り声というのは、きっとこういう声なんだろう。罵詈雑言《ばりぞうごん》が矢のように耳元の電話口から鼓膜に突き刺さる。母は怒っていた。怒る理由もちゃんとある。母は女手ひとつで小さな子どもを育てている。バリバリ働いて、人一倍稼いで、マイホームも手に入れた。そして、捨てる神あれば拾う神あり。新しい男と恋に落ち、再び人生の春が訪れた。しかし、女にルーズで働かない男と、たびたび衝突するようになり、深夜の激しい諍《いさか》いを一一〇番通報されて児童相談所にも連絡がいってしまったのだ。誰よりも頑張って生きてきたのに、その見返りがこれか？　人生は不条理だ。

一方、新米福祉司は途方に暮れていた。半世紀以上生きているけど、他人からこれだけ罵声《ばせい》を浴びせられるのは生まれて初めて。だが、なんとか母をなだめ、子どもの様子を聞きたい。その時、目の前に一枚のメモがすっと置かれた。そこには短く対応のアドバイスが書いてある。顔をあげると、先輩福祉司の黒川がメモを指して頷《うなず》いた。先輩のお陰で、何とか母と話を続けることができた。メモは何十枚も飛んでくる。やがて、それは次第にセリフ調になり、「……ということなのよ」「……じゃないかしら?」と女性口調になっていった。もちろん、黒川は大真面目。しかし、新米福祉司は急に可笑しくなった。自分が置かれている状況を少し離れたところから俯《ふ》瞰《かん》して見ることができたからだと思う。

きっとあの時からだ。群れることなく、いつも飄々《ひょうひょう》としているが、誰かが困っていると、いち早く助け船を出してくれる、そんな黒川に興味を持ったのは。

【プロフィール】

自衛官の長男として生まれ、父母と年の離れた弟の四人家族で育つ。中学でビートルズに出会い、寝ても覚めても音楽に夢中な中学高校期を送る。大学では経済を専攻し、知的障がい児とその親を支援するボランティアサークルで活動。その後、広域自治体に福祉職として入職し、重度身体障がい者と知的障がい者（児）の施設で二十年働いた。

児相歴は一時保護所を含めて十五年のベテラン福祉司。現在は児童虐待の重篤《じゅうとく》化を未然に防ぐことを目的とした「家庭支援チーム」のSVとしてチームを取りまとめている。過去に新規虐待受理件数の自治体トップになったこともあり、児童相談所で出会った子どもと家族の数は相当数に上る。

同じ自治体で働く妻との間に、社会人と大学生の二人の子どもがいる。

重篤な虐待を予防する!

みちる　黒川さんは、私が虐待対応の非常勤事務職から児童福祉司に職種替えした最初の年に、同じ家庭支援チームにいた大先輩です。一緒に家庭訪問に行ってケースワークの実際について教えていただいたり、困っている時に助け船を出してくださったりと、いろいろお世話になりました。私の中で黒川さんはチャーミングで個性的な福祉司という印象があります。今日は黒川さんが、どのような道のりを経て、そんな福祉司になったのかを伺えればと思います。今は「家庭支援チーム」のSVとして係をまとめておられますが、まず最初に家庭支援チームの仕事について教えてもらえますか?

黒川　家庭支援チームでは、警察や近隣住民、学校など関係機関からの通告の中で、虐待の程度が比較的軽いと児童相談所が判断したケースの対応をします。一方、子どもが怪我をしているとか、「このままいったら、ちょっとまずいぞ」という緊急性や重篤度が高いケースは、地域担当チームが対応する。家庭支援チームが対応した後に、改めて重篤度が高いと見直されたケースを地域担当チームが引き継ぐこともありますが、大部分は最後まで家庭支援チームが関わります。家庭支援チームが扱うケースは虐待の程度こそ低いけど、数はものすごく多くて、中でも警察からの通告が一番多いです。

みちる　数はべらぼうに多いですよね。ケースワークに関わる事務的作業がものすごく多い中で、とにかく通告がきて受理したら四十八時間以内に子どもの安否を確認して、すぐに保護者と面接の約束を取りつけなきゃいけない。それを一人の福祉司が同時期に何十ケースも抱えています。

黒川　確かに児童相談所で出会った子どもと家族は、すごい数になりますね。

みちる　私は福祉司になった年に年間で二百ケースを担当しました。黒川さんは、確かその何倍も持っていたと思います。

黒川　あの時は、自治体で新規虐待受理件数の歴代トップになった年でした。ほんと、もうやらざるを得ない。夜九時とか十時まで残ってやったね。

みちる「早く帰ってください！」って所長によく叱られました。でも帰れないですよね？

黒川　帰れない。あれだけ数が多くなると、全体がどう動いているのかわからなくなっちゃう。それで休みの日に事務所に来て整理する。その方が精神的にいいかなと思って。本当は良くないってわかってるんだけど……特に若い人にはね。そんなのを続けてたらおかしくなりますよ。

みちる　本当にそう思います。家庭支援チームと地域担当チームの違いについて、もう少し詳しく教えてください。

黒川　やっぱり、そこの違いを自覚することが私たちにとって、とても重要だと思います。今は軽微《けいび》なケースでも、この先このままいった時に、もっと大きなことが起こる可能性もありますよね。それを未然に防止するために、今何ができるかという「予防的な支援」にエネルギーを注ぐのが家庭支援チームの役割です。死亡事例のような重篤なケースも、過去を辿《たど》っていけば、おそらく軽微なサインを出していたと思うんです。だから、その時点で、その家族に適切に関わる人がいたら、もしかすると重大な結果を招かなかったかもしれない。でも、そういうケースって何の前触れもなくポンと重篤なケースと一緒に飛び込んでくるから、どうしても重いケースが優先されてしまいがちなんですね。そうした軽微なケースに潜《ひそ》むリスクを見逃さないために家庭支援チームがあります。一方の地域担当チームは、今すでに起きていることが子どもの命に関わるような危険なことだったり、子どもへの影響がすごく大きい場合に、一時保護とか、いわゆる介入的な色合いの伝え方や手段を取ります。やむを得ず保護者と分離した子どもについては、家庭に戻すための調整もする。家庭支援チームと地域担当チームには、このような違いがあるので、単純に「あっちは難しくて、こっちは簡単」「あっちが重くて、こっちが軽い」と比較することはできません。ただ、家庭支援チームは取り扱うケース数がものすごく多い。だから、福祉司が自分の仕事の意味をしっかりと理解して、こだわりを持ってケースワークをしないと「ただ処理していく」という感覚になってしまって、その世界に深く入っていくことができなくなるので注意が必要です。

みちる　すごく大事なポイントですね。他自治体の児童相談所で、ケースワークの最初の部分だけを扱う「初動班」というセクションがありますけど、家庭支援チームとは違いますね。

黒川　まったく違います。家庭支援チームは虐待の予防的な支援なので、その出来事がどういった状況の中で起きたかという問題の背景に踏み込むことが重要になります。私たちが関わったことが、その家族にとって、いいきっかけになればいいと思って、みんな仕事をしていると思います。

みちる　いいきっかけになるとは、具体的にどういうことですか？

黒川　例えば、子どもの前で無自覚に夫婦喧嘩《けんか》を繰り返している家庭があるとすると、児童相談所が関わることで、立ち止まって考える時間をつくることができます。夫婦喧嘩をしている、その瞬間の子どもの表情や様子を親御さんに思い浮かべてもらう。そうすると、親から見てちょっと困った子どもの行動の原因は、ひょっとしたらそこにあるかもしれないと気づいたりする。そういうことを立ち止まって想像してもらうんです。私たちが関わることが保護者の想像力を呼び起こすきっかけになって、「やっぱり、この状態はまずいよね」というふうになるといいかなと思いますね。そのお手伝いをするのが私たちの役割です。今言った面前での夫婦喧嘩の例で言えば、「それをやると、子どもにこんな影響が出ますよ」と注意喚起するというよりは、こちらが質問することで「ひょっとしたら、私たちのやってることが子どもに影響しているかもしれない」とか「子どもに喧嘩を見せないためには、こういうやり方があるのかな」って親御さん自身に気づいてもらって、それを言葉に出すっていうところが、私たちの面接の大きな目標になると思います。そこから二年経ち、三年経ち、「あの時、あの人があんなことを言ってたな」って、どこかに記憶を残すような深い関わりというか、印象づけができるかどうかが私たちのこだわり。「ただ処理をしていく」という感覚になってしまうと、相手にそういった強い印象を与えるのは難しくなってしまいます。

小学校の先生から大事なことを教わった

みちる　「面接した相手のどこかに記憶を残すような深い関わり」については、黒川さんの生まれてから今日までのライフストーリーの中で詳しく語っていただくとして、まずは生まれた時のことを教えていただけますか?

黒川　私は東京オリンピックの年、関東圏にある湖のほとりで生まれました。当時は町というより雑木林でしたね。両親と私、九歳離れた弟の四人家族です。父が自衛官だったので、小学校四年生まで基地の中にいっぱい並んだ官舎で生活していました。そこにはPXと呼ばれる食べものや日用品を売る店があったり、独身の人たちが住むカマボコ型の組み立て兵舎にはビリヤード場があったりして、どことなくアメリカナイズされた雰囲気があった。

みちる　子どもの頃の最初の記憶を覚えてますか？

黒川　大雪が降った時に外で雪だるまを作ってたら、官舎の二階から母親が顔をのぞかせて「寒くないの？」って声をかけたシーンかな。あと、小学校一年生くらいだったと思うんですけど、一階に住んでいた幼稚園の子どもと一緒に基地の外に出ちゃって大騒ぎになったこと。結局、父親が自転車で捜し回って私たちを見つけたんですけど、その時に父親が怒らなかった。それを鮮明に覚えています。父から「俊平は放浪癖があるからな」と言われたことがあります。

みちる　親が言うから間違いないですね？

黒川　間違いないです。なんかね、ぼーっとできるような場所が好きだったのかな。一人で下水処理場に行って、ただ見て帰ってきたり、自転車でうろうろしたり。うろうろするのは小学校を卒業するくらいまで続きました。だから夕方遅くまで遊んでいると、米山商店のおばさんに「俊ちゃん、また鍵閉められちゃうよ」なんて言われるんです。で、血相変えて帰ると、もうガチャンと閉まっている。そういう時はしょうがないから、官舎の横にあった焼却場で父親の帰りを待ちました。で、帰ってきた父親の後からすっと家に入る（笑）。

みちる　友だちとは、どんなことをして遊んだんですか？

黒川　メンコとかやりましたね。官舎にわーっと子どもがいる時代です。ほんとに昔の団地の雰囲気。

みちる　ぼーっとできる場所を探してうろうろして、友だちとメンコで遊ぶ。他に、どんな遊びをしたんでしょう？

黒川　小学校まで歩いて三十分かかるんですけど、通学路の途中に養豚所があって、時々寄り道して養豚所を眺めて帰ってくるんですよね。いまだに不思議なんですけど、そこで子豚が死んでたりするんです。その死骸に棒を刺して、持ち上げて女の子を追い回したりしました。それから給食の時、みんなからジャムのポーションを集めて、それを道路に撒《ま》いて車に踏んづけさせて喜ぶとか（笑）。今から思えば、母親の干渉が強かったのかな。やっぱり何か束縛感があって、ひょっとしたら憂さ晴らしにそういう悪さをしてたのかなと思います。

みちる　弟さんとは九つ違うから、小学校高学年まではほとんど一人っ子のように育ったんでしょうか？

黒川　そうですね。弟が小さい頃は厄介な存在でした。私が大切にしているものを二階から落っことすし、いろんなものを投げるし。一緒に遊ぶことは、あまりなかったかもしれないです。

みちる　お母さんは専業主婦？　昭和の母で、いろいろ面倒見が良くて、という感じでしょうか？

黒川　そうです。面倒見が良くて、でも叩かれる。機嫌がいい悪いがあるんじゃないですかね。朝起きて、母親の機嫌が気になる。だから、朝が嫌だったです。ババロアとかおやつを作ってくれて、「また作って」と言うと、「いいよ」って時もあるし、「もう絶対作らない！」って時もある。わからないんですよ。その時の気分なんです。いつもガミガミ怒るかといえば、それも続かない。出たところを叩くという感じ。一番理不尽に感じたのは、小学校三年生くらいの時に母親とデパートに行った帰りのバス停で、「○○ちゃんのお母さんに通信簿のことを聞かれたの？」って母親に聞かれたんです。「聞かれたよ」「で、あんた教えたの？」「教えた」って答えたら、すごく怒られた。「なんで怒るんだろう？」と思いました。

みちる　あの時代って、近所のおばさんが通信簿の点数を聞いてくるんですよ。そういう時代でした。それで、成績は良かったんですか？

黒川　いや、オール3とかだったと思いますね。勉強なんかしてなかったし。だから、今の仕事で親の心理とか、子どもの気持ちとか考える時にね。火遊びしちゃうとか、自転車でほっつき回るとか……ひょっとしたら、親の束縛から無意識に逃れるみたいな、そういう手段なんじゃないかって、自分の経験と照らし合わせて思う時があります。あくまでも想像ですけど。

みちる　なるほど。ちゃんとご飯も食べさせてもらえるし、両親は可愛がってくれる。何の問題もない普通の家庭なんだけど、なんか母親のいっぱいの愛が鬱陶《うっとう》しかった？

黒川　そうそうそう。鬱陶しかった。子どもには理解できない何かで母親が不機嫌になったり、怒られたり。子どもの時って理解できないじゃないですか。布団叩きで叩かれたシーンは覚えていても、なんで叩かれたかの記憶がまったくない。

みちる　あー、私もそういうことありました。というか、母親については、ほとんどそういうことばっかりでした。なんで怒られるのかが、さっぱりわからない。でも、母親の目つきとかで「ああ、今日はやられるな」と思うと、小学校の低学年くらいなのに家の掃除を始めたりするんですよ。だけどやっぱり怒られるみたいな（笑）。

黒川　親御さんに「子どもを叩いても、何をしたかっていうところは子どもに入りませんよ」って、よくお伝えしますよね。ほんと、そうだなと思うんですよね。思い返すと、怒られたシーンは覚えていても、なんでそうなったかは思い出せない。逆に褒《ほ》められたことは、よく覚えてます。

みちる　どんなことを褒められました？

黒川　例えば、小学校一年生の時の授業参観の後、父親が母親に「俊平の動物園に行った感想、あれは大したもんだよ」と話していたシーンとか、母親が誰かに「こう見えても、この子は優しい」と言ったシーンは、今でも思い出すことがあります。自分に向けて発した言葉じゃないですけど。とにかく私の子ども時代は年相応の落ち着きとか安定感とか、まったくなかったです。今も、そういうものが自分には欠けてるなと思ってるんですよ。

みちる　若々しく見えますよね。

黒川　よく言えばね。本当にね、遅いんですよ。普通の大人になる過程が。まして小学校の時なんか全然なんですよ。まったくのデタラメ。何もわかっていない。そういった意味では、母親のしつけは間違っていたんじゃないかな（笑）。

みちる　お母さんがしつけについて大切にされていたことはあったんでしょうか？

黒川　ないんですよね。例えば食事の時の茶碗や箸の持ち方とか、姿勢だとかをしつけられた覚えがない。人にこういうことを言ってはいけないとか、そういうのもなし。そういうのはゼロだったと思うんですよ。ここに母親がいたら「そんなことない。あんたが全然聞いてないだけ」って言うと思うんですけど（笑）。私の感覚では、いわゆる「ちゃんとしなさい」っていうね、何が「ちゃんと」なのかっていうインプットが、まったくなかったと思います。母親は、何も教えないくせして、何かあるたびに点で突いてくる。子どもは、なんで怒られるのかが全然わからない。後々本人が気づくまでに、すごく時間がかかるんです。だから、まわりの成長に追いつくのに人一倍時間がかかりました。言っていいこと悪いこと、やっていいことダメなこと、そういう善悪の判断がつかない状態が中学校に入る頃まで続きました。小五の時、担任のA先生に「おまえは、どこかおかしいんじゃないか?」って言われたことがあるんですよ。四十代の男の先生でした。

みちる　「おまえは、どこかおかしい」……どういう意味なんでしょう?

黒川　私が同級生に差別的な言葉を言ってたんです。今から考えると「なんでそういうことを言うのかな？」「それ言っちゃマズいだろ？」ってことを、何の悪気もなく友だちに言っていた。その子は目がちっちゃくて、いつも鼻水を垂らしていて、コウモリみたいに細い顔をしていました。ある時、私が遊んでいたら、その子のお兄さんが来て「おまえ、俺の弟のことを悪く言っただろ」って言われたんです。すごく怒っていました。普通、小学校高学年にもなれば、そんなふうに言われたらショックを受けるとか、「あ、俺はおかしいな」と思うじゃないですか。でも、私は全然ピンとこなかった。だからバカだったんですよね、ほんとに。しかも自分が悪いと思っていないから、そのことを「こんなこと言われた」ってA先生に言いつけたんです。そしたら、A先生に「そういうことを言うおまえが、どこかおかしいんじゃないか？」って言われました。その一言がズドーンときましたね。じゃ、なんでそういうことを言うのが悪いのかって聞かれたら、説明できなかったと思うけど。A先生にそう言われて「俺は本当にマズいことを言ったんだな」と初めて気がついた。

みちる　ズドーンときたのはどうしてでしょうね？　今まで、お母さんやいろんな人から注意されても、よくわからなくて聞き流していた子どもの心に、その時、その先生の言葉が、そんなにも響いたというのは不思議ですね。

黒川　多分、その時、A先生はそんなに長々と私と話したわけではないですよね。私をこう一瞥《いちべつ》して、一言「おまえは、どこかおかしいんじゃないか？」と言った。だから、あれは言葉じゃないですね。言葉じゃない伝え方というか、伝わったというか……私は「ほんとに悪いことをしたんだな」「いけないことだったんだな」と思いました。A先生は「いけない」とか「悪い」とか、ましてや「差別」だとか、そんなこと言わないですよね。ただ、私がその子に言ったことを、そのまま私に突きつけた。先生の言葉は痛かったです。グッときた。私がその子に言った感覚が、そのまま私に返ってきたような……そういう感じです。だから今は、すごく感謝してるね。いい先生だった。早く亡くなられましたけど。

みちる 他に、A先生との思い出はありますか?

黒川 それより前のことだと思うんですけど、校庭で遊んでいたら職員室の窓が開いていて、たまたま中で別の先生と話しているA先生の声が聞こえてきたんです。「黒川は子どもらしい子どもだ」って。

みちる ああ、A先生は黒川さんのことを、そういうふうに見てくれていたんですね。

黒川 そうです。だから、A先生に言われたことが堪《こた》えたのかもしれませんね。小学校ではA先生の他にも三、四年生の担任だったB先生が印象に残っています。学校を卒業したばかりの可愛い女の先生でした。お休みの日に自転車に乗って先生のアパートに遊びに行ったり、夏休みには友だちと電車に乗ってB先生の実家に泊まりに行きました。蚊取り線香の匂いがする田舎のおうちで、B先生の親御さんが「ほんと、よく来た、よく来た」って喜んで出迎えてくれた。だから、親が家を買って少し離れた町へ引っ越すことになった時、B先生と別れるのが寂しかったです。B先生が太っててね。私も週末に家族で大型スーパーに買い物に行くたびに、こんなでっかいポテトチップスを買ってもらって食べてたから、その時期は太ってたんですよね。私は当時、人から「太ってる」って言われるのが何よりも嫌だったんです。ある時、B先生に「黒川くんも先生と一緒に走らない?」って言われたんですよ。今から思うと、半分からかっていたのかな。そう言えば、その頃も、私は坊主頭の友だちをバカにしていましたね。五年生になって新しい小学校に転校し、そこでA先生にグサッと言われた後も、同じレベルのことは中一くらいまで繰り返していたと思います。

みちる　私が小学校高学年の時、同じクラスに知的障がいのある男の子がいて、特別支援級がなかったから学校にいる時はずっと一緒に過ごしていたんです。ちょうど第二次性徴期ですよね。彼は私に性的な言葉を浴びせて、自分の股間を触りながら近づいてくる。ニヤニヤ笑いながら……怖いんです。だからこっちも「なにすんのよ!」と必死で抵抗しました。主に飛び蹴りです。正当防衛なんだけど、彼には特性があるんだから、そういうことをしちゃいけないとか、違う手段で対応するとか、そんな理解や知恵はまったくなかった。誰も教えてくれなかったし、自分の心も痛まなかったし。彼が悪いんだからしょうがないと思ってました。ある時、クラスの友だちと町を歩いていたら、彼と小さなきょうだい何人かを連れたお母さんに会ったんですよね。お母さんは「この子は好きでこんなふうになったわけじゃないんだから、仲良くするのがあたりまえだろ！」と私たちを怒鳴りつけました。みんなポカーンですよね。今になって時々思い出すんですよ、その時のお母さんのこと……どんな気持ちだったんでしょうね。

黒川　無知って怖いですね。

みちる　はい。人はどうやってそういうことを学んでいけばいいんですかね？　黒川さんの小学校時代の話を伺うと、お母さんに束縛されたというほどでもなかったのかなと……自由にのびのびやっていたようにも聞こえます。中学生活はいかがでしたか？

ビートルズがやってきた！

黒川　小学校では地域のサッカーチームに入ってたんですけど、公立中学に進学して野球部に入りました。開発途中の地域だったので、どんどん子どもが増えて、中二からは新しくできた中学校に転校しました。そこでも野球部に入って、結局野球を三年間続けました。中学では……うーん……まだ悪いことをしてましたね。単独犯ではなかったんですけど、建設中のショッピングセンターの蛍光灯を割ったり、造成中の立ち入り禁止区域に入って爆竹や泥だんごで戦争ごっこしたり。もっとひどいのは、高層住宅の屋上からペンキを撒くとか。

みちる　なかなかですね。

黒川　そうです。だから本当にまずかったんですよ、私は。これはもう、児童相談所に連れてこられるレベルだと思います。

みちる　当時は学校自体も荒れていたんでしょうか？

黒川　入学した中学は、そういう感じがありましたね。次に行った中学は、新しくできたばかりで人数も一クラス二十何人しかいなかった。新しい中学校は空港が近くて、航空会社に勤めている人の子どもが多かったんです。航空会社の社宅がずらりと並んでいて、そこから通ってくる。で、そこの子どもたちは、全然雰囲気が違うんですよ。

みちる　ブタの死骸に棒を刺して遊んでいた子どもとは全然違う？（笑）

黒川　全然違う。一人、お父さんがパーサーで、ドイツから帰ってきた子がいたんです。あの頃の旅客機は、操縦席に機長と副操縦士の他にパーサーという乗務員がいたんですよね。その子には、まず大人の雰囲気と、穏やかな横顔があるんです。で、彼はもう一気に私の中に入ってきました。どうやって入ったかと言うと「ビートルズ」と一緒にです。彼がかぶれてたんでしょうね。もちろん、第一世代ではないですけどね。彼はビートルズのレコードを持っているので、TDKのカセットを渡しては録音してもらって、もうそればっかり聞きました。「録音して」と言うと、時々「またか」みたいな顔をするんですよ。「録音するのも大変なんだよ」とか言われ、迷惑がられながらもお願いしていました。それが私と洋楽との出会い。もともと音楽は好きで、ガッチャマン、デビルマン、マジンガーZとかテレビアニメの主題歌が大好きだったんです。今聴いてもいいですよね。かっこよくて、わかりやすい。アレンジとかもしっかり作ってますよね。

みちる　すごく良かったですよね。今でも全部歌えます。

黒川　メロディーがあって、雰囲気があってね。小学校の時、父親が『刑事コロンボ』を見てたのを、隣で一緒に見てたんですよね。あのテーマ曲も雰囲気があって良かった。土曜日だったかな？　遅い時間だけど、次の日がお休みだったから一緒に見るのを許されたんです。だから、今でもあの曲を聴くと……すごくなんかもう……。

みちる　亡くなったお父さんのことを思い出す？

黒川　そう。父親のここらへん（横顔）、ここらへんが目に浮かぶんです。

みちる　お父さんは、どういう方だったんですか？

黒川　穏やかで、怒られたことがほとんどなかったですね。母親とも仲が良かった。父親は七人きょうだいの二番目に生まれて、単身で江田島の兵学校へ行って、それで自衛隊に入隊した。後半は補給隊でした。とにかく転勤が多くて、一年間くらい海外や国内にある基地に赴任する。家を買っちゃったから、単身赴任でずっと行きっぱなし。だから日常の中で父親の影は薄かったですね。覚えているのは、私が小さかった時の父親。『刑事コロンボ』を一緒に見たことや、自転車の前に乗せてくれて松林の中を走ってるシーンです。自衛隊の社員旅行みたいなところに連れて行ってくれたり、「俊平は自転車が上手いな」とポッと言った一言が残っています。だから、なんか父親と過ごした時間は短かったけど、そういう思い出はありますね。

みちる　お父さんには、そういう温かい思い出があるんですね。

黒川　そうですね。でも一時期、父親がカリカリしていた時期がありました。私が大学の頃です。なんかイライラして気持ちが狭くなっている、そういう感じでしたね。今から思えば多分、仕事のことだったんじゃないかな。自衛隊は退職が早いから……その時はわからなかったけど、自分自身が退職を間近に控えた今になって、あの時の父親の気持ちがなんとなくわかるような気がします。

みちる　今になってわかる親の気持ち……ちょっと切ないですね。話を音楽に戻しましょうか。

黒川　小六あたりからはポール・モーリア。つまり映画音楽に親しんで、そのあたりを聴いてました。そして中学になってビートルズ。ロックがやってきた。もう夢中になっちゃって。中学ではドイツ帰りの彼と、私と、あと二人を加えて四人揃って、音楽発表会で演奏したりしました。

みちる　楽器は何を担当したんですか？

黒川　中学時代はギターを買ってもらえなかったんです。親に「高校受験に差し支えるから、受かったら買ってやる」って言われて。へそを曲げながらも「そうかな」と思うからガマンして、その代わりカセットウォークマンを買ってもらいました。ドイツ帰りの彼はギターを持っていたんですね。もう一人、お父さんが自衛隊の通信隊で、私と一緒に基地から流れてきた子がいて、その子もギターを持っていたので、その二人がギター担当でした。あと一人がベース。残ったのはドラムしかないから、私の担当はドラムです。でも、ドラムなんか持ってるわけないんで、音楽室にあった鼓笛隊で使う小太鼓や大太鼓、シンバルを工夫して組み合わせてやるわけ。バスドラムのペダルもないから、もう一人の友だちを足元に仕込んで叩いてもらう（笑）。他の三人は楽器を持っているから家で練習してたんだろうけど、私はできないからぶっつけ本番で適当にやってました。その時の音楽のC先生が印象的だった。陽に灼けてツルツルの丸い顔をした男の先生で、いつもニコニコしているんです。ある時、音楽の授業でイーグルスの『ホテル・カリフォルニア』をギターの二人がお披露目したんですよね。その時に、C先生が「リズムセクションもあるといいよね。それができる人もいるし」って言ってくれた。それは今でも心に残っていますね。なんか「見てくれてるんだな」と思って。中学になっても悪いことをするのは続いてたんですけど、音楽に目覚めた中二あたりからなくなりました。そして高校に入り、ギターをやっと買ってもらった。高校でも野球部に入るんですけど、すぐにやめちゃって新たなメンバー四人で音楽活動を始めました。相変わらず基本はビートルズだったけど、聴く方はいろんなものを聴いていました。

初恋と高校生活を同時に失った

みちる　音楽は中学から。女性に目覚めたのはいつからですか？

黒川　高校ですね。遅いんですよ、何もかも。

みちる　いい成績取って、いい高校に入ろうとか、そういう野心みたいなものもない？

黒川　もう全然ない。高校だって、家から自転車で通えるから、そこでいいやって決めた。身近にいた友だちが、いい高校に行っても、まったくの他人事ね。「あ、すごいねー」「さすがー」って心底そう思ってた。あの頃は人と比較するってことがなかったからハッピーでしたよ。もう好きなことをやりたい放題。ところが数十年経って、人と比較するということと関連して「暗黒時代」が訪れるんです。子どもの頃はシンプルで良かったですよね。A先生のような自分を見てくれる人がいてくれれば、それで幸せ。時々、母親にバッと叱られて「なんだ、急に？」と思うくらいで。

みちる　黒川さんにも暗黒時代があった……それについては追々伺うとして、高校での生活について、もう少し聞かせてください。

黒川　高校の三年間は、今思い出しても学校での記憶がないんです。まわりにいた人間がガラリと変わって、極端に言うと知らない人ばっかりになりました。私を「くろちゃん、くろちゃん」って呼んでくれる友だちがいなくなって、代わりに周辺の農村部からツッパリ連中が電車に乗ってやって来ました。ビシッとリーゼントを決めた男子と、スカートが長い女子。ガラッと文化が変わったところに、いきなり私のようなバカな子どもがすっと入ったわけなんです。そしたら、とたんにしゃべれなくなっちゃった。自分をそのまんま出せない。危険とか、そういう感覚はなかったけど、ひたすら自分を閉ざすみたいな感じの高校生活が始まりました。私は自転車通学で、彼らは電車やバス通学だから、一緒に遊ぶとか接点がないんですね。孤独で、薄ら寂しい学校生活でした。

今でも集団の中に放り込まれるのは苦手なんです。どうやってふるまっていいのかわからない。一対一だと、いくらでも話せるんですけど。時々、職場の中でもありますよ。ぼーっとしていると、そのうち隣で会話が始まる。そんな時、すごい疎外感を感じるんです。これはもう私の性分だから仕方ないなと思っていて、最近では諦《あきら》めています。その傾向が極端に出たのが高校に入った時。野球部に入部はしたけど、先輩に目をつけられるわけですよ。「おめえのそういうところが気に食わねえんだよ」とか言われる。試合なんか出られないから、マラソンばっかりでしょ。あとは球拾い。つまらないから、グラウンドの後ろの方で打ち解けない、殻に閉じこもって何を考えているかわからないオーラを出しながら、遠くの山並みを見てる。先輩たちが盛り上がっていてもクスリともしない。それでいて、ちょっと親しい人とはしゃべるんです。だから先輩からしても、いけ好かない雰囲気だったんでしょうね。

そんな時、同じクラスに外資系航空会社のパイロットのお父さんを持つ娘がいました。その子が、ちょっと洋風の顔立ちで、いかにも外資系なんです（笑）。ビートルズで洋風かぶれしているから、その子のことがいいなと思って。周囲から自分を閉ざす一方で、洋風の顔立ちをした彼女にだけは注意がいきました。それで、その子の下駄箱の中に手紙を入れたんです。

みちる　勇気ありますね。差し支えなければ手紙の内容を教えてください。

黒川　何だったんだろうな？　多分ね、「今度話せたらいいな」くらいの内容です。そしたら、すれ違った時に彼女がこちらを意識してくれるようになった。でも、何も言ってこないの。そんな状況が続いてバレンタインデーがきた。そしたら、下駄箱の中に彼女からのチョコレートがあったんですよ！

みちる　憎からず思ってくれていたんですね。

黒川　うん。あったんですよ。でもね、期待していた内容の紙は何も入っていなかった。そんなことがあったある日、ツッパリ連中の中でも一番グレードの低いヤツがやってきて「おまえな、あの子はやめとけ」って言うんです。理由を聞いたら「あの子は、あいつとつき合ってる」って。驚いたね。あいつっていうのは、なんと生徒会長でした。スラーッとしてイケメンの、そしてあろうことか……リーゼントだったんです！

みちる　意外な展開ですね。

黒川　私が絶対につながりようがないと思っていた、その姿をしている、その男と彼女がつき合っている……あの瞬間から、私の中の天真爛漫《てんしんらんまん》だったものが一気に崩れ去って人間不信になりました。

みちる　つき合ってる人がいるのに、なんで俺にチョコレートをくれるんだって不信感？

黒川　いや……彼女に思いを寄せているのは、自分の勝手な思い込みだという気持ちはあったんです。そのくらいの慎みはあった。そんなことより、カッコよくて生徒会長で……しかもリーゼントですよ。

みちる　彼は、いろんなものを持っていたんですね？

黒川　そうです。だから、それを知った時に「自分なんて」と思いました。しょせん俺なんて太刀打ちできない。まったくほんとに俺ってヤツはもうって……ちなみに、それから少し時間が経ってからのことですけど、そのコソコソ言いに来たヤツの仲間を殴りました。休み時間に教室で、そいつらが彼女のことに絡めて私を茶化して嗤《わら》ってたんです。それで、私はそいつの胸倉をつかみ、机を倒しながら壁にそいつを押しつけました。隣の教室からも「キャー」なんて言って、みんな見に来ました。

みちる　黒川さんは小さい時からケンカ慣れしていたんですか？

黒川　してない、してない。でも、そういうふうになると結構激しい感情は持っていると思います。そのあと、体育でソフトボールを練習してた時にも別のツッパリが、いきなり至近距離から私の顔面めがけて思い切りボールを投げてきたんですよ。それで私は思わず、相手のみぞおちに膝蹴りを入れた。小さい時から少林寺拳法を習っていたから、とっさに出ちゃったんですね。向こうは私が想像以上の反撃をしてきたから驚いたと思います。そして私は、翌日から護身用のナイフを持ち歩くようになりました。リーゼント連中が、農村部から徒党を組んで襲ってくるという妄想を抱くわけですよ。そういうことがあって、あの高校は一年ちょっとでストップしてしまいました。

みちる　初恋と高校生活を同時に失ってしまった……それは、かなり危機的な経験ですね。

黒川　同じクラスにスミレの花のように、ひっそりと私に気持ちを寄せてくれていたテニス部の女の子もいたんですよ。穏やかで可愛い女の子でした。なんでそっちにしなかったのかなと思って。派手なものに目を奪われて、人とは違うもので見せたいっていう欲求があったんだと思います。バカだから、いつも失ってから気づくんです。そんなわけで野球部は一年でやめて、バンド活動を再開しました。

みちる　メンバーは同じ高校ですか？

黒川　みんな違う高校。中学時代の友だち四人です。その中にちょっと大きな家の子どもがいて、その家に集まってジャカジャカやった。もうそっちばかりになって、高校に行った記憶がないんです。先生もどんな人だったか、あまり覚えていない。どっぷりミュージックですよね。演奏するだけじゃなくて、曲も聴いたし、ビートルズの詩集を読んで「ああ、こういうことを歌っているのか」って感動したり。FMラジオの『JET STREAM』や『クロスオーバー・イレブン』で、いろんな音楽を聴きました。音楽の幅がどんどん広がって、寝ても覚めてもミュージック。もう好きで好きで。いまだに七十年、八十年代の曲が自分の中で生きていると感じます。ステレオを買ってもらったので、お小遣いが入るとすぐにレコードを買いました。二枚組を買ったら四千円だから、あっという間にお金がなくなっちゃう。でも、あの時は全然惜しくなかったですね。

みちる　野球と護身用ナイフの生活から一転して、音楽一色の世界になった。学校に行かなくても卒業できたんですか？

黒川　卒業はできたんです。でも、受験勉強は全然やってないですよね。だけど、なぜか大学に行くって頭はあるから、一年浪人して勉強しようって簡単に思ってました。不思議なことに、あれだけ口うるさかった母親が何も言わないんですよ。音楽のことも、浪人のことも、着の身着のまま自転車で二時間半かけて海に行って海水浴して帰ってきても、バイクの免許取っても、何も言わない。無関心なのかなと思うくらい。

みちる　ごはんを作ってくれて、やりたいようにやらせてくれる、すごくいいお母さんです。

黒川　考えてみたらそうなんです。卒業式の日、担任から「どうせ大学なんか受かりゃしない」って言われたんですよ。さすがに悔しくて、家に帰って母親にそう言ったんです。そしたら母親が隣の奥さんと「そういう言い方ないよね」って話してました。

みちる　息子と一緒になって先生の悪口を言う親も多いですけど、黒川さんのお母さんはそうじゃなかったんですね。結局、浪人したんですか？

黒川　そう。あの一年は特別な時間でしたね。都会のど真ん中にある名門予備校に毎日、何時間もかけて通いました。朝、家を出る時は、まだ空に星がまたたいているんです。夜も遅くまで勉強して、ストレスでアトピー性皮膚炎と貧血になり、電車の中で倒れたりする青年期の一年間でした。よくやったなぁと思います。でもね、それだけ頑張っていたけど、なぜ大学に行くのかとか、大学に行って何を学びたいかっていうのは何もなかった。ただ、偏差値で行ける大学を選ぶって、そういう考えしかない。それはバカだったなと思います。一番点数が取れた政治経済を選択して、あとは自分の偏差値に見合った大学を受けて、合格した中で一番偏差値が高かった大学を選びました。

みちる　そういう時代だったかもしれないですよね。多くの人がそうだったかもしれないです。

ボランティアサークルで活動した大学時代

黒川　大学に入ってからも、めちゃくちゃなんですよ。大学の近くにアパートを借りたんですが、学校に行かずにパチンコに行く。パチンコ狂いになって学生ローンに手を出し、一年留年してしまうんです。

みちる　パチンコに狂っちゃった？

黒川　そうなんですよ。本当にバカでした。つまりね、高校に入った時に自分を閉ざしたじゃないですか。それが、大学でまた再現されたんです。自分の殻に閉じこもっちゃって、友だちとかがつくれない。

みちる　文化の壁？

黒川　文化じゃなくて単純に人見知りです。久しぶりに大学に行くと、あんな大きな集団の中でも仲間ができている。そこに暗い青年が一人、ポツンといるんですよ。つまらないじゃないですか。そうすると、ますます大学が遠のくんです。それまで、一年間必死に勉強だけしていたのが、一気に解放されて、その解放感の持っていき場がわからない。燃え尽き症候群もあったかもしれないですね。でね、「Dの会」という伝統のあるボランティアサークルに入りました。そのサークルは当時、精神薄弱児と呼ばれていた知的障がい児の施設でずっと活動していたんですけど、ちょうどその時期は活動の場を失っていて、行くたびに会議なんですよ。「ボランティア精神とは何か?」「既成ボランティア概念を脱却するにはどうすればいいか?」について議論する。やることがないから討議一本なんですけど、結局は飲み会。それだけは楽しかったです。もう行っちゃ飲んで、行っちゃ飲んで……そこには自分のコミュニティがありました。

みちる　音楽サークルじゃなくて、ボランティアサークルに入ったんですね。これまで福祉というキーワードは、どこにも出てこなかったですけど。

黒川　なんで入ったのかな?　……新歓(新入部員の勧誘活動)のお祭り騒ぎの中をE君とうろうろしてたんですよね。E君は地元の同級生で、同じ予備校に通った仲。彼もまた偏差値でその大学を選んだんです。で、うろうろしてたらDの会のブースが目に留まったんですよね。福祉に特別な興味はなかったんですけど。

みちる　出会ってしまった。

黒川　そう。あの時、E君と私は互いを何て呼び合ってたと思います?「君」って呼んでたんです。「君は」とか「今度はこうしたまえ」とか。

みちる　(爆笑)

黒川　だから、新歓のお祭り騒ぎの中でチャラチャラしていた軽音楽部の連中とか、テニス部とかゴルフ部なんて「とんでもない」って思ってたんですね。きらびやかなそんなものって非常に軽薄で、時代にのせられたバカな連中がやっている。もっと重いテーマを自分はやるんだって、そういうのがあったかもしれない。

みちる　政治経済を勉強していたから、そこには問題意識もあったんじゃないですか？

黒川　あったかもしれない。一番問題を感じていたのは戦争でした。予備校が古本屋街にあったから、戦争に関する本を買って読んでいたんです。印象に残っているのは、新聞社がまとめた報道写真集。「太平洋戦争」とか「二等兵」とか。それを見て、戦争って結局は弱い者が割を食うんだなって十八歳の浪人生は思ったんです。「強い者はいくらでもいい思いができるんだ。じゃ、誰のための戦争、何のための人殺しだったのか？」ってね。そういう目覚めがちょっとあった。で、予備校で政経をちょっと学んでいたので、体制を反対側から見る目っていうのはあったんですね。バブルのきらびやかな時代にあって、話し言葉は「君は」「しかるに」「したまえ」です。駅から大学までの坂道をE君と肩を並べて歩きながら、まるでアリストテレスと会話するように話していましたね。かぶれちゃって。カッコつけてました。

みちる　抽象的な議論が好きだったんですね。

黒川　今でも好きです。人は「現実を見ろ」と言いますけど、夢物語とか理想とか、それが一番大切じゃないかなって思います。大学に入ってからは哲学とか形而上学とか、そういう世界に傾倒して、思考がそういうふうになっちゃった。また、かぶれちゃったんですね。ビートルズに夢中になったように。なりきっちゃった。「君は」とか「そうしたまえ」とか言って（笑）。ドストエフスキーの『罪と罰』を読んで衝撃を受けて、それからはトルストイとかロシア文学を読み続けました。洋風かぶれだから。でも、日本の作家の本も読みました。芥川龍之介や太宰治。特に太宰は連続して読みました。別系統で新田次郎も好きでしたね。それで、読んだ本についてサークルの先輩たちと討論するんです。一升瓶を抱えて先輩のアパートへ行き、飲みながら議論する。私はそういう場には行くけど、大学の授業には出ない。その時間、何をやってるかというとパチンコです。それで留年しちゃった。その時ばかりは、あの穏やかな父親も「何やってんだ？」って激怒しましたね。「帰ってこい」と言われて、アパートを引き払って家から大学まで片道三時間かけて通うことになった。ちょうどその頃、サークルは新しい活動の場をやっと見つけたところでした。複数の地域班に分かれて、週末になるとサークル員がそこに行って知的障がいを持つ子どもたちと遊ぶ活動が始まっていた。だけど、私はとにかく通学が大変だったし、留年した恥ずかしさもあって、あれだけ入り浸っていたサークルと距離を置くんです。

みちる　新しい活動が始まっているのにですか？

黒川　始まっているのにです。大学までの坂道を、こんなふうに顔を隠しながら歩く。知った顔に会って「おう、大丈夫か？」と声をかけられても一言二言しか返さない。その状態が夏休み前まで続きました。さすがに通学がもたないと思って「金輪際《こんりんざい》こういうことはしませんから」と親に泣きついて、夏休みにまとまったバイトをして稼いだお金で、もう一度大学の近くにアパートを借りました。古いアパートで、家賃は一万七千円。四畳半一間で部屋に小さなキッチンがついていて共同トイレでした。入居できるまでに少し間があって困っていたところに、サークルで同期だったF君が「うちに来れば」と声をかけてくれました。彼に対する私の印象は「こんなにもひどい、どうしようもない人間がこの世の中にいるのか?」でした。

みちる　最低な印象ですね。

黒川　はい。彼は引きつけるように笑うんです。その引き笑いとともに人の不幸を語る人で「変だな、こいつは」って思ってたんです。「君」とか「たまえ」で頭を固くしてやってた私が、そんな変なタイプに出会って、生理的な嫌悪感を持った。でも、F君が声をかけてくれたので、彼のぼろーいアパートに転がり込むことになりました。

みちる　断らなかったのはどうしてですか? 普通、生理的に合わない人間と一緒に暮らすなんて考えられないですよね?

黒川　あの時に気づいたの。F君も俺と同じだなって。彼は他の友だちとワイワイやれるようなタイプじゃないし、チャラチャラもしていなかった。彼は、読んでいる人をあまり見たことがない思想雑誌を読んでいるんですよ。そんなの読んでるんだから、彼も孤独だったんです。私も戸別訪問している宗教関係の人を家にあげて話をするくらい孤独だったから、孤独同士が一緒に暮らすのもいいかなと思って六畳一間の彼のアパートにすっと入った。それから、男二人の同棲生活が始まりました。お金がなくて自炊してたから、彼が出かければ私が味噌汁を作る。帰ってくると「おかえり」と出迎える(笑)。同棲生活は短い期間でしたけど、あれは私にとって大きな経験でした。つまりね、「絶対ありえない」ことが起こった。「こんなにもひどい、どうしようもない人間がこの世の中にいるのか?」くらいまで嫌悪していた人間と、狭い部屋で寝食を共にして、思想雑誌を読んで議論している。こんなにも親しくなるなんて奇跡ですよ。あれだけ決めつけていたのに、なんで今はこうなんだ?と思いました。

だから世の中は概して、人であっても何であっても絶対悪だとか、絶対いいとか、絶対というものはないと、あの時に強烈に感じました。相反する者同士でも、必ずどこかでわかりあう何かがある。絶対主義なんてね、ダメです。絶対なんてありえないんだから。「ものごとは中庸《ちゅうよう》」なんです。「繋《つな》がりとバランス」なんです。例えば「スペクトラム」って概念がありますよね。障がいを見る時に、白と黒とか○と×とか二元論ではなくて、いろんな傾向の程度で見るという見方。それと同じです。二元論でその人を見てしまうと、私がF君を拒否したあの時と同じように、もう見えるものも見えなくなっちゃう。私たち支援者も同じで、自分たちの仕事を改善するサインを見失ってしまいます。この世の中には絶対なんかなくて、逆に絶対どうだとか言ってる人ほど怪しいものはないと今は思いますね。

みちる　ものごとは中庸とバランス？

黒川　そうです。人生にはいい時もあれば悪い時もあるでしょ？　今、自分は暗黒面に入ってるなと感じる時もあれば、イケイケの時もある。暗黒面で大事なことに気づいたりすることもあるから、一概に暗黒が悪いってわけでもないし、陽の当たる場所でいつも有頂天になってクルクル回っているのが幸せかと言えばそうではないし……だから、そこを行ったり来たりするバランスが大切だと思うんです。そういう見方をすれば、私たちの仕事でも固定的に子どもや家族の状態像を見ないようになります。やっぱり子どもも家族も常に動いてますよね。揺らいでいる。その揺らぎを見ていくと「なんでこのタイミングで、こうした出来事が起きたんだろう？」という見方になる。揺らぎのバランスが崩れたタイミングで、その出来事は起きたのかもしれない。そういった視点をもって考えれば、状況を改善するためのサインを親御さん自らが気づくかもしれません。

みちる　なるほど。絶対ではなく「ものごとは中庸」という視点を、ご自身のケースワークに生かしているんですね。後ほど、その辺りをもう少し具体的に聞かせていただくとして、話を黒川さんの大学時代に戻しますね。Fさんとの出会いの他に、大学時代で重要な出会いはありましたか？

黒川　やはりF君も含め、サークルを通じた人たちとの出会いが大きかったですね。後々、サークルの一年後輩と結婚しましたし。

みちる　奥さんとは大学時代に出会われて結婚されたんですね。

黒川　そうです。やっぱりサークルの先輩や仲間たちと人生を語り合ったことが、私にとって大きかったです。私の場合、高校で人間関係が希薄になって、浪人してその傾向がさらに強まったから、サークルに入ってその一人ひとりと深く話したり、接する時間が持てたっていうのが、すごく良かったんじゃないかなって思いますね。いろんな人がいて、いろんな考えがあって……で、人っていうのは、こういうふうにやり取りすることで、お互いに高め合ったり、わかり合ったりするんだということがわかった。人と深く語り合うことの楽しさを知ったというかね。私は今でも、みんなでどこかに行ったり、一緒に何かをするって友だち関係ってないんですよ。別に人が嫌いっていうわけじゃないんですけど。

みちる　人が嫌いだったら、今の仕事はできないですよね。

黒川　一対一とか小さい単位になると、途端に自分が開かれて、お互い深く入っていけるんです。だから、軽いつき合いじゃ済まないんですよね。軽いつき合いはつまんない。億劫《おっくう》になっちゃうんです。職場でも声をかけられれば多少はつき合いますけど、そのうちに自分からいなくなります。なんか、めんどくさくなっちゃうんですよね。

みちる　大学のサークルには、深く入っていけるつき合いがあったんですね。

黒川　そうですね。全国のいろんな場所から集まってきているんだけど、みんなぼろいアパートに住んでいて、お金がないのは同じわけですよ。南こうせつの『神田川』の世界です。あの頃、時代はバブルで繁華街は華やかでしたけど、私たちは先輩のぼろいアパートに行って、安い酒を飲みながら討論なんです。お互いに抽象的な、よくわからない議論を戦わせる。最初は、そこから始まり、そのうちに個人的な面白おかしい会話が生まれて、いつか話題は「人生とは」とか「幸福とは」とかになってくる。そういうのが好きでした。

みちる　特に印象に残っている先輩はいますか?

黒川　四国のG先輩。お金がないのに、よく居酒屋でおごってくれました。お国言葉がいいんですよね。お国が違うという感覚と、言葉の雰囲気が、なんとも優しいんです。それから、やっぱり面倒見の良さ。それがあったんだと思うんですよね。G先輩との間に何か大きなことがあったわけではないんですけど、そういった今はない深い人間関係が、G先輩だけじゃなくて他にもあったような気がします。思い返せば、そういう時間って、あの時期以外にはなかったです。いや、小学校の時にはあったかもしれないな。

みちる　親でもきょうだいでもない赤の他人同士が、そういう共同体的な結びつきの中で交流する。魅力的ですね。

黒川　そう。シンプルに「慕う」って感覚です。もう、なんかこの人と一生……って思う。後輩である自分が、一つの生き方を先輩から学んでいたんでしょうね。自分より先を行ってる人や目上の人を見て、こんなふうになりたいとか、少しでも近づきたいと思いました。

みちる　Dの会では子どもや、その親たちともつきあいますよね？　後々それをボランティアではなく、仕事にするわけですけど。

黒川　そうですね。だからサークルでの経験は、今すごく役立っていると思います。見えないものを深く見つめて、何かと照らし合わせて、その価値を見つけることとか、その価値を今の世の中で、どう表現していけばいいのかとかね。論理的な筋道を追って抽象的な思考を組み立てていくというスタイルは、学生時代に学んだことだと思います。それまでは、自分の頭の中でポンポン浮かんだことを行動に移していただけだったけど、サークルでは大きな抽象的な概念を、実践の場に生かすことを学びました。討論して、活動して、また討論する、の繰り返しです。反省会ばかりで、考え過ぎになっちゃうんだけどね。

みちる　奥さんとの出会いについても聞かせてください。

黒川　後輩なんですけど、なんと彼女は私が生まれた町の出身だった。

みちる　運命的な出会いですね！

黒川　はい。びっくりしました。ある日、部室に行ったら妻がいたんです。勧誘されたんでしょうね。そこでニコニコ座っていて。第一印象は「声がいいな」でした。

みちる　第一声から心に残る方だった……どのようにお二人の仲は深まっていったんでしょうか？

黒川　サークルの会議で、よく顔を合わせるようになって、彼女が新入部員として悩んでいるって聞いたんです。それで「これはちょうどいいや」と思って、メモをそっと渡して駅のホームの一番後ろで待ち合わせしました。それが一対一の初めての時間でしたね。ジャズ喫茶でお茶を飲んで話をして、帰りは彼女をアパートまで送っていきました。アパートと言っても、大家さんの家の一室を間借りしていたので、家に上げてくれたんですよ。他にも間借りしている学生がいて、その人も一緒に夜遅くまで話しこんで帰りました。そしたら終電に乗り遅れてしまって、仕方ないから十駅先の家まで歩きました。思ったよりも遠くて、着いたのは明け方の四時か五時だった。

みちる　その時の心持ちはどうだったんですか？

黒川　失意ですね。自分の中で、何か期待していた最後のお別れのシーンが、多分感じられなかったんです。だから、また例のあれになった。「あ、俺ってバカだな」ってやつです。調子に乗って何かを期待してやって……で、今、こんなふうにトボトボと歩いて帰っていく。

みちる　一人反省会になっちゃった。

黒川　修行です、修行。ネガティブなんですよね。すぐにそうなっちゃう。自分の思い込みが強すぎて、それと少しでもずれたことに直面すると受け容れるのが大変なんです。

みちる　奥さんに、何かそれ以上のものを期待していた？

黒川　また来てくださいとか、また会いましょうとか。次を感じさせるようなことを言ってほしかったんだけど、それがなかった。失意です。翌日は疲れ果てて大学を休みました。そしたら彼女から電話がかかってきたんです。「大丈夫でした？　あのあと、電車がないのに気づいて追いかけたんですよ」って。そしたらね、こんなふうにうなだれていたのが一気に息を吹き返しました（笑）。

みちる　わかりやすーい。そうなんですか。奥さんは優しい方ですね。

黒川　そうですね。妻は私の性格とは真逆です。考えない人です。

みちる　考えないというのは天真爛漫ということですか？

黒川　そうそう。いわゆる、そのままのタイプ。湖のほとりの農家の娘で、天然なんです。そういうところがいいなと思いました。今でも妻に救われるところはありますね。こっちが理屈で言って、理屈で返してくることはないですから。「うん、そうだよね」「こうすればいいんじゃない」とかね。話に起承転結がないんですよ。シンプルなんです。性格は穏やかで、基本ニコニコしてます。そのくせ、しぶといんですよね。私なんか打たれ弱くて、なんだかんだ偉そうなこと言いながら、しょぼんとなっちゃうんですけど、妻は何かあっても、あまり動じないですね。見てると、向こうの父親の気質を持ってます。細かいことは気にしない。長いことクヨクヨ悩まないです。トルストイが描いたロシアの農民と同じような気質を持ってますよ。いいですよね。

みちる　素敵な奥さんと出会って、大学を卒業し、そして広域自治体に入職したんですね？

黒川　いえ。卒業して勤めた会社は出版社でした。思ったような仕事ではなくて三カ月で辞めてしまい、就職浪人したんです。つき合っていた妻に「辞めた」って言ったら、「えーっ、どうするの？」って。それで妻が自治体を受けると言うので一緒に受けて、ようやく社会人になれた。人よりも三年も回り道しました。

一時保護所と子どもたち

みちる　自治体職員としては、どんな道のりを歩んでこられたんでしょう？

黒川　まず重度身体障がい者と知的障がい者（児）の施設で二十年働きました。その後、児童相談所に配属されて、一時保護所で五年勤務した後、現在まで児童福祉司として働いています。児相歴は一時保護所を含めて、トータルで十五年くらいですね。

みちる　介護の現場が長かったんですね。大学のサークルでは、知的障がい児の現場で活動していたわけですけど、仕事として入ってみていかがでしたか？

黒川　うーん、ストレスフルでしたね。サークルでは同じような考え方の人たちと、狭いところでやってきたでしょ。その環境に慣れきっていたのが、わーっと変わっちゃった。変わるのが苦手なんですよね。頭でっかちの討論好きの青年が、いきなり福祉の現場に入って、業務の中での職員の言葉がけだとか、対応とか、仕事に対するスタンスとかを見ると、いちいち違和感を覚えるんです。「これでいいのかな」「現場ってこんなもんなのかな」と思いました。かと言って、自分から何かを発信したり、動いたりはできないんです。でも、なんとなく納得できないオーラを出しているから、職員の中には、そういう私を生意気だと感じるタイプと、青年らしいと思うタイプがいたと思いますね。何年か職場に馴染めなくて、居心地が悪かったかな。途中で結婚して、子どもが二人生まれ、共働きで子育てが大変だったのもあって、そこは徐々に流されていきました。だから、後悔はないって言ったら嘘になりますけど……うーん、しょうがないですね。

みちる　先ほど「暗黒時代」とおっしゃっていましたけど？

黒川　「失われた十年」と言った方がいいかもしれない。最初の十五年くらいは順調にキャリアを伸ばしていったんだけど、そこで止まっちゃった。仕事の質として、もう少しちゃんと向き合ってやっていれば、また違ういろんなものを吸収できてたのかなという反省はあります。でもね、同期と比べてってところでは、すごく苦しみました。自分の中でどう収めるかってところで……そこは暗黒時代。今ある結果は他人のせいじゃなくて、全部自分の問題だと今は割り切って考えています。

みちる　なるほど。子どもを育てるのに必死だったということでしょうか？

黒川　それしか頭になかったんですね。妻も夜勤があったから、シフト表が出るたびに「子どもはどうするんだ？」って喧嘩したりしてね。もっと時間をうまく使って、仕事を深めるために勉強したり、人と会う時間にあてることもできたんでしょうけど……保育園の送り迎えとか、感覚的にはいつも時間に追われている感じ。「うちに帰ったら、こうしてあして」とか「今度の休みはおばあちゃんのところに連れて行くしかないな」とかね。そんな調子だから、希望する職場を聞かれても「通える範囲は、ここここだけです」「夫婦どちらかを必ず日勤にしてください」とか、そんなことしか言わなかった。

みちる　職員の人たちを見ていると、安心して子育てできる環境にいるなとは思いますね。守られている感じです。先ほど「後悔はないと言ったら嘘になる」とおっしゃいましたけど？

黒川　いや、やっぱり悔いはないです。子どもたちも、いい子に育ってくれてるし。でもね、違う手はなかったのかな？っていうのはあるんですよ。「子育ての時期はこうなんだ」って決めつけすぎてたかなと……こういう形でも、できるんじゃないかみたいな道を探さなかった。今ね、児童相談所でまわりの人たちを見ると、大変な職場にいながらも、ちゃんと子育てしている人もいる。そう考えると、「どうせ」みたいに考えないで、もう少し柔軟に考えてもよかったのかなとは思いますけどね。あの時は、児童相談所で働くなんて、およそ選択肢になかったんです。ものすごく忙しくて大変な職場だっていうのは知ってたから、絶対無理だと思ってました。おじいちゃんやおばあちゃんが子育ての主戦力だとか、よっぽど他にやることがない人たちがやってるのかなって勝手に思い込んでました（笑）。

みちる　なのに児童相談所に異動になったのはどうしてでしょう？

黒川　子どもたちの保育園の送迎が一段落して、意向申告書に「どこでも構いません」と書いたら、一時保護所に異動になりました。もちろん、希望を出したわけじゃありません。

みちる　一時保護所は、いかがでしたか？

黒川　結構ショックでしたね。まずは保護所のルール。いろいろあるんですよね。それが、まず自分に馴染まなかった。なんで、そんなに細かいルールがあるのかが理解できないんです。例えば「床に寝っ転がらない」とかね……その時は古巣の職員が仕切ってて、その鋭い目は中途半端な新米職員にも向くわけですよ。「黒川さん、そこちゃんとやってくれなきゃ困るよ」「子どもだって、ちゃんとやってるんだから」って。日がな一日、軍隊じゃあるまいし、「なんだろ、この人は」と思って。それでまた嫌になっちゃった。

子どもたちとの関係のところでは、普通にやろうとしても、なかなか普通にできない子どもたちなんだっていうのが、だんだんわかるようになりました。指さしとか言葉とか、ほんのちょっとのことが刺激になって子ども同士のトラブルになる。子どもによって違いますけど、ゲームやスポーツをしても、こちらが勝っちゃいけないとか、子どもが勝った時も必要以上に褒めちゃいけないとか、他にも「ちょっとした注意の仕方で、この子はこんなふうになっちゃうんだな」「こちらが不穏な空気を出したら、この子とこの子の間でいろいろ始まるんだな」とか、いろんなことに気づけるようになりました。その子どもの状態によって、どういうふうに声かけしたらいいかとか、あるいはその子との適正な距離の取り方とか、そういう専門的なところにも、ようやく入っていけた。前の職場で学んだ「ＴＥＡＣＣＨプログラム」（自閉症及び、それに準ずるコミュニケーション課題を抱える子ども向けのケアと教育）が、とても役立ちました。その考え方で、子どもたちにあまり負荷をかけずに、わかりやすく保護所のルールを伝えるやり方を、自分なりに工夫してやってみたんです。例えば、視覚的なカードを使って伝える方法。言葉使いとか、廊下を走るとか、ルール違反はいくらでもやるので、それをいちいち注意しても埒《らち》が明かない。だから、廊下を走ってきたら、こうカードを掲げるんです。イエローカードです。で、時には向こうから走ってくる音がすると陰にそっと隠れて、来たらおもむろに出て行ってイエローカードを出す。

みちる　おもしろい（笑）。そしたら子どもはどう反応するんですか？

黒川　そしたら、そこに「遊び」が入るんですよ。注意の前にワンクッションね。そうすると物事がスムーズにいくようになる。今度は「イエローカードが三枚になったらレッドカードになるんだよ」と子どもに教える。レッドカードをもらったらペナルティがあるから、自分が苦しむことになります。ところが、ここにグリーンカードという魔法のカードがあって、ルールを守れたり、いいことをした時にもらえるんです。グリーンカードはイエローカードを一枚減らす力があって、持っていればレッドカードになるのを防げる。

こうした「遊び」が入ることのいい面はね、雰囲気が良くなります。例えば、私は職員だけど、わざと床に寝っ転がって子どもに注意される。子どもは「大人の方がいい加減だね」って呆れたり、笑ったりします。あとね、子どもはよく「黒川さんは何歳なの？」と聞いてくるんです。そこで、自分の年齢よりうんと多めの年を言うと、子どもはびっくりするわけ。「もう、そんな年なんだ？」ってね。嘘なんですけどね。年を取ってるってだけで、子どもには偉く見えるみたい。面白いですよ。なりすましてね。そんなやり取りの中で、子どもは少し楽になるんです。やっぱり虐待の影響なんでしょうね。どうしても自分でイライラを止められない子どもがいます。突然、バーンと大きい音をたてたり、自分より弱い子を攻撃したりね。そういう子たちもいます。そういう子どもたちと向き合ってるこちらも、どうしたらいいかなんてわからない。でも、一つだけ言えるのは何か面白い雰囲気、楽しい雰囲気をつくると、そういう世界が子どもたちを救ってくれるんです。とにかく、それは理屈じゃなくて。なんか緊張が解けるんでしょうね。

みちる　ロベルト・ベニーニ監督の映画『ライフ・イズ・ビューティフル』を思い出しました。そう言えば、黒川さんは映画の中に出てくるお父さんに、どこか似てます。

黒川　そう？　楽しい雰囲気にするコツはね、こっちをいい加減に見せるんですよ。子どもが自分を止められないような状態になっちゃった時は、もう止められないです。楽しい雰囲気も効かない。だから、そうなる前に、ずっと一緒に座ってブランコしたり、トランプしたり、卓球したりする。で、勤務が終わって家に帰ると、家でもきょうだい喧嘩してるでしょ。嫌になっちゃうね。それで、家でもこんなふうにイエローカードを出したりしてね（笑）。二カ所目の一時保護所では、ルールを最小限にしました。その代わり、職員の子ども対応について新しいルールをつくった。例えば暴力や暴言がひどくて他の子と生活できないくらいの状態の子は、個室で落ち着くまで生活してもらいますけど、その時は嫌がられても一時間に一度は職員がその子と話をするとかね。

みちる　子どもの話を聞く。そこは大事なところなんですね。ルールをつくる時に、どういうことを大事にされたんですか？

黒川　やっぱり子どもの権利です。なんやかんや言っても、一時保護は子どもの自由を制限しているから、ルールをつくるにも、それなりの必要性と、運用にあたっての子どもの気持ちへの配慮は絶対に必要ですよね。だから、そこは気にしていました。保護所で子どもたちとつきあっていて感じたことは、子どもは疎外感を持った時、例えば置いてきぼりとか、つまはじきとか、それに近いきっかけで、すごく不安定な気持ちになるんです。だから、子どもに声をかけて「うっせえ！」ってなるかもしれないけど、だからと言って背中を向けて離れていくんじゃなくて、少なくとも「あなたに関心を持っている」と伝え続けることは大事かなと思います。

みちる　なるほど……私が担当した子どもは問題行動が華々しい子で、一時保護所でも持て余されていたんです。退所した後でも、ずーっと「例えば○○君みたいな」という代名詞になるくらい職員の皆さんにご迷惑をかけました。私は一時保護所で働いたことがないからわからないんですけど、危機的状況にある子どもたちと直接ぶつかり合うところだから、ご苦労の多い仕事だと思います。

黒川　そうなんですよね。直接対応の部署は人間対人間なので、それなりの難しさがあります。頭だけでできることじゃない。職員だって人間だから、子ども相手にカッとなることだってありますよ。それはいけないことだと自分を責めたり、溜めてしまわないで、職員同士で会話できる環境は必要だと思います。ガス抜きっていうかな。「わかるよ。自分もそうなった」とか「じゃ、こういうふうに対応してみようよ」とか話すことが大事ね。あと、よくあるのは子どもとの関係が悪くなったら一旦離れるという方法。

みちる　一時保護所に来る多くの子どもたちに共通して言えることって何でしょうか？

黒川　そうですね。やっぱり自己肯定感が低い。その裏返しで、勝ち負けにすごくこだわります。うっかりオセロとかやれないです。褒めるのも難しいですよ。褒めると怒り出す子もいます。それから、「他の子の批判をしない」ってグランドルールがありますけど、どうしてもやりますね。やっぱりそこは特徴がある子どもたちなのかなと思います。おおもとの自由がね、生活全体で束縛されている環境があそこなんです。それを前提にしたうえでの子どもとのつき合い方を考えていかないとね。ルールとか原則論だけで縛るのはナンセンスです。だから、世の中がそうであるように、よっぽどのことがない限り、適当に流れたり、流されたり。ごまかしているのがわかってても、あえて知らんふりしたりとか。で、時々手を差し伸べる……実際に働いてみた実感として、その方がいいかなと私は思いましたね。私が保護所にいた時の班長がね、子どもの無意識の要求に対する非言語の世界での受け止めが素晴らしい人でした。一番面倒な子が、何かあるとまず、その人のところに行く。

みちる　それって名人芸的な匠《たくみ》の技ですよね。一時保護所の仕事は、子どもとだけつき合っていればいいわけじゃなくて、担当福祉司や心理司とのやりとりもありますけど、そこら辺はどうですかね？

黒川　やっぱりワーカー次第ですね。しょっちゅう子どもの様子を見に来る人もいれば、来ない人もいるし、来ても何も聞いてこない人もいます。

みちる　黒川さんがおつきあいされて、すごくいいワーカーだなと思った方はいますか？

黒川　何人かいますよ。そういう人は、こっちの話に耳を傾けてくれますよね。そして、話してくる。「このケース、こう考えていて、こういうふうにしようかなって思っているんだけど」って。つまり、こちらと会話ができる人。決まりきった報告をするだけじゃなくてね。ケースワークのプロセスについて会話できる。こちらの言うことを参考にしてケースワークに生かしてくれます。あと、子どもたちの様子を見にきて、子どものタイミングを見て声をかけて面接室に連れていける人。そういう細やかさっていうかな。そういうものを持っているワーカーはいいなと思いましたね。

みちる　チームでケースワークしているという実感はありましたか？

黒川　私はなかったですね。保護所で子どもたちを日々見るのが自分の仕事だと思っていましたから。役割分担ですね。先の見通しがつかなくて子どもが不安定になると、保護所の職員の中には福祉司の方針についてあれこれ言い出す人がいるんです。それは、あんまり理解できなかった。それって今、保護所が大変だから言ってるわけで、大変なところをどうするかっていうのがこちらの仕事でしょと思いました。とにかく「今どうすればいいの？」っていうことが一番大事な場所です。

ケースワークで大切にしていること

みちる　先ほど黒川さんのケースワークの根幹に「絶対はない。ものごとは中庸」という考え方があるとおっしゃってましたけど、そこのところを実際のケースワークの流れにあてはめて教えていただけますか？

黒川　例えば、お母さんが子どもを叩いてしまって、児童相談所に連絡がきたとします。まず私たちが最初に確認すべきことは、今現在子どもが置かれた状況と、虐待の重篤度。そこをアセスメントする。次に、お母さんと面接する前に、子どもやその家庭について調査します。するとケースワーカーの中に、この家庭のストーリーが見えてくる。例えば、子どもの行動に困っているとか、家族の関係性とか、親御さんのキャラクターとか。でも、それはあくまでイメージであって、それがケースワーカーの中でバイアスになってしまうと、安全だと過信してしまったり、逆にこの家庭の強みだとか、お母さんから伝わってくる子どもにとっての安全のサインだとか、お母さん自身が良い方向へ変化しているのを感じ取れなくなってしまうので、注意が必要です。だから、そこで終わらずに、足りなかったり、不完全だったり、矛盾する情報について、そのあとお母さんに会って教えてもらうことでバランスを取っていきます。

お母さんとの面接では、まず相手の事情、手を上げざるを得なかったその時の状況だったり、気持ちだったり、考えだったりを「教えてください」って聴くところから始めます。子どもに暴力をふるうのは良くないってことは誰だってわかってますよね。でも、やっちゃう。思うところがあっても、ついついそうなっちゃう。わかっちゃいるけど自分や子どもを傷つけちゃう。それはどうしてなのかは、お母さんから話を聴かないとわかりません。そういう人に「でも、それって子どもによくないからやめてください」と言っても、相手にまったく刺さりません。むしろ、わかっていることを人から言われると、誰だってカチンときます。ケースワーカーは、普通にできない、そこのところに関心を持って、寄り添って話を聴いていかないと、相手は私たちが主訴《しゅそ》として扱いたい子どもへの影響の話には乗ってこないです。先に進まない。

みちる　本当にそうですね。

黒川　例えばね、子どもを叩くお父さんがいるとします。調査の中で「父親の衝動性」が見えてきて、実際にお父さんと面接してみたら、確かに怒りがこみ上げると衝動的に手が出てしまうという語りがあった。「自分も小さい頃、オヤジにそうされてきた」「オヤジにやられたから今の自分がいるんだ」と言うお父さんに、「ああ、なるほど。そうだったんですね」と、一旦そこを受け止めることが大事です。「そうは言ってもお父さんね、時代が違いますよ」と返すのは、まだいい方。「法律で、それは禁じられています」とか「それは虐待にあたります」と言うのはとてもマズい。お父さんだって、そんなことよくわかってるんです。自分だって叩かれて嬉しかったはずがない。わかっちゃいるけど、どうしても手が出ちゃう。だから、こちらはそこのところに徹底的に寄り添って聴きます。「お父さんはわかっているんだけど、どうしても自分の気持ちが抑えられなくなって手を上げてしまうんですね」とね。そうしてお父さんの話をしっかり聴いた後に「じゃ、お父さん、本当はどういう気持ちなの？」と聞くと、「俺だって子どもに手を上げたくないよ」って言うかもしれない。あるいは「自分はそういうふうに育てられたけれども、それが本当に自分にとって良かったんだろうか？」とかね。そしたら、例えば「そもそもお父さんは、自分がされたことと同じことはやってこなかったと言ってましたね？」「その時は、仕事の問題があってイライラしてたって教えてくれましたよね？」などと聞いていき、お父さんと一緒に別のやり方を探します。そうしたやり取りの中で、虐待の子どもへの影響についてお父さんの気づきと理解が深まるように話をもっていくんです。

みちる　そうすると、相手はかなり変わりますか？

黒川　人によりますけど、少なくとも無駄な対立は招かないですね。そもそも相手は悩みや問題を抱えていて、今結果がこうなっているわけなんで、そこに寄り添っていかなきゃ始まらない。そうやって対応していくと、相手はこちらが言う言葉に頷いたり、耳を傾けてくれるようになります。ここからが本当のスタートで、コツは相手が主体的に考えるように持っていくことです。例えばね、お父さんから「俺だって、別に好きで殴ってるわけじゃないよ。子どもがこんなことをやったから、わかってほしくてやるだけで」って語りが出たら、間髪をいれず「おっしゃる通りです」って私は言います。そして「じゃ、あれですか？　お父さんはその時に、本当はどういうふうに凌《しの》げればいいと思ってるの？」って、お父さんの中にある「こうなればいいな」という理想のゴールを聞く。そこで「俺は別に殴らなくても、本人がわかってくれればいい」って言ったら、すかさず「そうなんですね。殴らなくても、子どもが少しは言うことを聞いてくれたことが今までにあったと思うんですけど、教えてもらえますか？」と聞きます。これが「例外探し」ですね。仮に「ない」と言われても、お父さんから理想のゴールを聴いているから、あきらめないで一緒に例外を探していきます。少しでもたくさん具体的な例外を思い出してもらえるよう、こちらは働きかける。そうすると、親子にとってのテーマや課題がある程度絞られていきます。そしたら今度は、課題への対応の仕方をお父さんに考えてもらうんです。考えるヒントとしては、今までやってきたこと、既にやっていること、最近忙しくて忘れちゃってたことなんかを思い出してもらう形。これはね、解決志向型[*3]の面接技法です。「例外」をひとつのヒントとして解決に向けて考えていくやり方。私たちは「子どもを叩いた」という主訴で行くんですけど、話を聴くと夫婦関係とか、病気とか、お金のこととか、子どもの育てづらさとかでストレスを抱えていて、それが「子どもを叩いた」ということと密接に関連していることが多いです。実は、お父さんやお母さんが一番困っているところはそこだから、結局、私たちは主訴の背景を扱うことになります。「お父さんやお母さんが一番困っているところはどこなんだ？」ってところを聴いて、そこを少しでも親御さん自身が整理するお手伝いができて、解決のために今日からできる何か小さなものをひとつ、面接が終わった時にお土産に置いてくる。そこまでが最初の面接の目標です。

ケースによってやり方は違うけど、とにかく大切なのは、いつもいつも子どもを叩いたり、怒鳴ったりしているわけじゃないってことを思い出してもらうこと。それから子どもも、いつもいつも言うことを聞かないわけじゃないことを思い出してもらうこと。つまりね、できてる自分、やれてる自分を思い出してもらって、それをもう一度、普段の生活の中でやってみてもらうんです。そうした関わりを増やせば、パターン化された悪しき習慣を断つことができると気づいてもらえます。それは、とても小さなことかもしれません。でも、どんな小さなことでも実際にやるのは難しいから、そこを励まして支えていくのが私たちの仕事です。あくまでも変えていくのは親御さんであって、私たちじゃありません。

繋ぐ　～自己と他者との境界線を超えて～

みちる　貴重なお話をありがとうございます。児童福祉司になる前に、このお話を聞いていたら、もう少し質の高いケースワークができたかもしれないと思いました。福祉司を経験した今だからこそ、少し理解できたように感じるのかもしれませんけど。それからお話を聞いていて、今、そういうケースワークにたどり着いた黒川さんの背景ってなんだろうなって思いました。多分、そこは理屈じゃなくてご自身の経験の中で統合されていったものだと思うんですけど。

黒川　お話ししたように、私はひとつのことに集中して、己を律し、ひたすらそこを極めていったり、長い時間をかけて何かを作りあげていくっていうタイプではないんですよね。関心はあるけど持続性に欠ける。だから、そこは教えてもらったり、学んだり、経験する中で「これは使えるな」とピンときたものを、いいとこ取りして繋げていく。例えば、さっき話した「TEACCHプログラム」もそうです。知的障がい児施設で働く中で、自閉症の子どもたちと、どうやってつき合っていったらいいのか全然わからなかったけど、TEACCHプログラムを学ぶことで大枠のロジックを得ることができた。そしたら、あとは自分の中で汎用して、その子によって対応の細かいところを考えていくことができるようになりました。児童相談所に入ってケースワークが全然わからなかった時も、先輩から面接の進め方について構造的に理解する方法を教えてもらった。それが解決志向アプローチを使った面接技法でした。その先輩には、今でもすごく感謝しています。そのあと、本屋で「認知行動療法」について書かれた本に出会い、その考え方も自分のケースワークに取り入れていきました。

でも一番意識して取り入れたのは「唯識論《ゆいしき》」です。岡野守也さんの『唯識と論理療法～仏教と心理療法・その統合と実践』という本に出会ったのが大きかった。さっき、私自身の失われた十年の話をしましたよね。そこではもう、すごく苦しくて、自分の魂を救いたかったんです。それは、やっぱり神様とか仏様の領域ですよ。執着する自分を少しでもコントロールして、自分の中にある「苦」を、どうやって断ち切っていけばいいのか知りたいと思ったんです。そんな時、本屋でその本に出会いました。本には自分と他者を分けるってことが「苦」の始まりだと書いてありました。すべては繋がっているから、自分と誰かの間に線を引いたり、比較するのは意味がないし、それが「苦」を生み出すんだと……目からウロコでした。それからは日常的に私の頭の中に「繋ぐ」というキーワードが浮かぶようになったんです。この世界から浮きそうになった時、自分の中で「繋ぐ!」って思う。例えば、それが運転している時であれば「ピチチチーッ」と前の車や後ろの車と繋がるような感覚が持てるんです。私にとって「繋ぐ」というキーワードは大きかったですね。仕事でも同じで、聞きかじったいろんな知識を繋げてやろうって意識が働くようになったし、ありとあらゆるものは繋げようと思えば繋げられるんだっていうことを実感できるようになった。例えば中学高校期に一生懸命聴いた大好きな歌の歌詞が、目の前にいるお母さんや女子高生と繋がるんですよ。そうすると自然に相手の今の有り様が理解できて、その普通にできないところを、もうちょっと深く理解できるような気がするんです。高校時代から「俺だけが」「どうせ俺なんて」と、あれだけ強い疎外感に苛《さいな》まれ続けた自分が、今は「繋がる」ということを知りました。悟りを開くじゃないけど、これを日常にしたいです。死ぬまでこれを深めていきたいと思っています。

みちる　黒川さんのケースワークの根底に仏教思想があることを、今日初めて知りました。最後に、これからのことについて一言お願いします。

黒川　なんだかんだ言って、これまで仕事にかける時間が人生のほとんどを占めてきたんですけど、少し前から仕事に置き換わるような何かが見つけられればいいなと思い始めました。これだけ否応なく時間を割かれてきたものから、ちょっと違うものにシフトしていきたい。でもきっと、そこで選んでいくものって、これまでやってきたことと繋がっているとは思うんですけどね。何か違うもので、自分を表現してみたいです。

みちる　変化し続ける黒川さんを、これからもウォッチングしていきたいです。ありがとうございました。

おわりに　〜私の物語〜

大学で福祉を学んだものの、卒業して三十年以上、福祉とはまったく違う業界で働いてきた私が、ご縁があって児童相談所で働くことになったのは、仕事を通じて困難な状況にいる子どもたちと出会ったことがきっかけでした。犯罪少年の更生施設がある町で、少年を囲んで町の人たちがお食事会を開いたその席に招待してもらったのです。少年は、これまで人からたくさん傷つけられて今ここにいるけれど、その傷を癒すのも、また人なのだと感じました。

その後も、傷ついた子どもたちや、彼らを支援する人たちと出会う機会を得た私は、もう一度福祉を学び直したいと思うようになりました。ちょうどその頃、父の病気が悪化したので、その治療に伴走しながら、まずは大学院で社会的養護をテーマにした修士論文を書きました。2000年を境に、日本の社会福祉は根本からその有り様が変わったので、潑剌《はつらつ》とした大学生たちに交じって「社会福祉原理論」の講義に足を運び、社会福祉士の資格を取りました。

児童相談所の採用面接を受けたのは、父が亡くなった一ヵ月後のことです。福祉の現場で働きたい一心で、老いていく体にむち打ち、私なりに努力したあげくに受けた面接ですが、面接してくれた支援課長は、かなり渋い顔でした。他にも何人か応募者がいたようで、どうやら形勢は私にとって圧倒的に不利のようでした。やっぱり現場で働いたことがない五十代後半のおばさんには無理だと思われても仕方ないのかなと諦《あきら》めていたところ、もう一人の面接官だった副所長が強く推してくださって、虐待対応の非常勤職員として採用してもらえることになったのです。

児童虐待相談対応件数は国が統計を取り始めた1990年から右肩上がりで激増し、私が入職した年には一三〇倍以上にもなっていました。第二次世界大戦直後に制定されてから、ほとんど手を入れられないままの児童福祉法で規定された当時の児童相談所は、時代の激しい変化についていくことができず、事あるごとにマスコミやインターネットで激しく叩かれていた頃です。

初日、おっかなびっくり職場に顔を出した私は、いきなり緊急保護の手伝いを命じられました。医療機関から生まれて間もない赤ちゃんを連れてくる役目です。何が起きているのかさっぱりわからないまま、指示されるままに赤ちゃんを抱いて病院を出ました。車中、私の腕の中で寝ていた赤ちゃんは、標準よりもずっと小さくて弱々しく見えましたが、温かくてしっかりと呼吸していました。その瞬間、もういい加減では済まされないことに気づいたのです。今日、自分が関わったことについて自分なりの答えを見つけなければ、私がここにいるきっかけをつくってくれた子どもたちに合わせる顔がないし、それをきっかけに福祉を学んだことも全部嘘になってしまうと思いました。

入職後しばらくして、私は児童福祉司に職種替えし、目黒女児虐待事件（2018）や野田小四女児虐待事件（2019）が起きて、児童相談所に吹き荒れる逆風は、さらに強まりました。そんな中、私は何百キロも離れた別の広域自治体の児童相談所で地域担当福祉司として働くことにしました。文化の違う地域の児童相談所でも働いてみたかったのです。結局、児童相談所には満四年お世話になりました。

わずか四年の経験ですが、私は相談援助職の深さと尊さについて学びました。そして一緒に働いている多くの職員が日々懸命に仕事をしている姿にも、少なからず心を動かされました。膨大な業務量に加えて、しばしば子どもの命に関わるような局面に対峙《たいじ》する場面もあり、綱渡りの毎日です。

さらに職員は人の話を聴く仕事に日々明け暮れているにもかかわらず、自分の声を社会に向けて表現する場がほとんど無いことにも気づきました。職員はケースとの関わりはもちろん、組織内部や関係機関など、内外とのさまざまな軋轢《あつれき》によって、とてつもなくストレスフルな生活を送っています。世間から「子どもをさらっていく恐ろしい機関」と叩かれる一方で、児童相談所が関わって救われた命については、ほとんど取り上げられることはありません。誰にも褒《ほ》められず、家族にすら自分の仕事について語ることができません。職員が業務の中でトラウマを負うことも少なくはなく、精神を病んで辞めたり、療養休暇を取る人もいて、組織内のメンタルケア・マネジメントは今や児童相談所の喫緊《きっきん》の課題となっています。

世の中の人たちに児童相談所職員の素顔を知ってほしい、また職員の人たちは自分たちの声を発信したり、あるいは他の職員の声を聴くことで、明日からの活力を得たり、目の前の壁を乗り越えられるのではないかと考えたのが、このインタビューを思いついた理由の一つです。

また、日本の児童福祉領域において、資金、人、施設、どれを取っても児童相談所に匹敵する規模の組織はないことから、児童相談所は私たち日本人にとって重要な資源だと言えます。その資源を、本当の意味で国民が自分たちのために享受《きょうじゅ》できるようにするためには、児童相談所がもっと一般に開かれる必要があると思います。話が大きくなってしまいましたが、針の穴ほどでもいい、その突破口になってくれればという願いを込めて、この本をつくりました。

ご自身の人生をシェアしてくださった勇気あるインタビュイーの皆さんに、心から尊敬と感謝の意を表して筆をおくことにします。最後まで読んでくださった読者の皆様、ありがとうございました。

2024年1月22日

阿部みちる

註

＊1：「サインズ・オブ・セーフティ・アプローチ」（the Signs of Safety Approach=「SofS」）

１９９０年代、オーストラリアで開発された児童虐待対応の手法。私の教科書は『子ども虐待対応におけるサインズ・オブ・セーフティ・アプローチ実践ガイド――子どもの安全（セーフティ）を家族とつくる道すじ』（菱川愛、渡邉直、鈴木浩之編著　明石書店　２０１７年）。

＊2：「二十八条ケース」

児童福祉法第二十八条に関わるケースのこと。「保護者が、その児童を虐待し、著しくその監護を怠り、その他保護者に監護させることが著しく当該児童の福祉を害する」（条文）ため、施設入所や里親委託などによる親子分離が必要だと児童相談所が判断したケースにおいて保護者の同意が得られない場合、児童相談所は家庭裁判所に対して親権者の同意に代わる承認を得るための審判を申し立てることができる。

＊3：「解決志向アプローチ」(Solution-Focused Approach)

米国のソーシャルワーカー、心理療法士のスティーブ・ド・シェイザーとインスー・キム・バーグ夫妻が開発した、短期間で行われるセラピーでの面接アプローチ。クライアントが抱える問題を、臨床家が専門知識によって評価・介入する従来の手法とは対照的に、クライアントと臨床家が協働し、対話を重ねることで、クライアントの長所と力量を引き出し、クライアント自身が望む解決（理想の未来のイメージ）を構築していく実践である。

私の教科書は、『解決のための面接技法――ソリューション・フォーカストアプローチの手引き』第4版（ピーター・ディヤング、インスー・キム・バーグ著　桐田弘江、住谷祐子、玉真慎子訳　金剛出版　2016年）。また、解決志向アプローチではないが、同じく社会構成主義の流れをくむ『新装版　会話・言語・そして可能性――コラボレイティヴとは？セラピーとは？』（ハーレーン・アンダーソン著　野村直樹、青木義子、吉川悟訳　金剛出版　2019年）、『関係からはじまる――社会構成主義がひらく人間観』（ケネス・J・ガーゲン著　鮫島輝美、東村知子訳　ナカニシヤ出版　2020年）、『オープンダイアローグとは何か』（斎藤環著訳　医学書院　2015年）などの著書からも、相談援助業務に携わる中で、たくさんの示唆と導きを与えていただいた。

＊4：「ゲートキーパー」(Gatekeeper)

自殺対策におけるゲートキーパーとは「命の門番」の意。自殺の兆候に気づき、適切な声かけ、傾聴、見守りなど必要な支援に繋げる人のこと。

＊5：「ピア・カウンセリング」(peer counseling)

peerは英語で「仲間」「年齢・地位・能力などが同等な者」という意味。同じような立場や悩みを抱えた人たちが対等な立場で話を聴き合い、支え合うカウンセリング。

阿部　みちる（あべ　みちる）

二十年にわたり、テレビドラマの脚本制作に携わる。二男一女の母。趣味はピアノ。最近は料理と占星術にはまっている。

児童相談所のプロフェッショナルたち

2024年3月9日　初版第1刷発行

著　　者　阿部みちる
発 行 者　中 田 典 昭
発 行 所　東京図書出版
発行発売　株式会社 リフレ出版
〒112-0001　東京都文京区白山 5-4-1-2F
電話（03)6772-7906　FAX 0120-41-8080
印　　刷　株式会社 ブレイン

ISBN978-4-86641-738-7 C0036
Printed in Japan 2024